Jennie Afman Dimkoff

Wenn der Mond am Himmel steht

Geschichten und Andachten für Frauen

Über die Autorin

Jennie Afman Dimkoff ist eine gefragte Rednerin bei Konferenzen und Seminaren in den USA und in Kanada. Sie und ihr Mann, Graydon W. Dimkoff, haben zwei erwachsene Kinder, Amber und Joshua, und leben in Fremont, Michigan.

Jennie Afman Dimkoff

Wenn der Mond am Himmel steht

Geschichten und Andachten für Frauen

GerthMedien

Die amerikanische Originalausgabe erschien im Verlag
Baker Book House, Grand Rapids, Michigan, 49516, USA,
unter dem Titel „Night Whispers".

Aus dem Amerikanischen übersetzt von Mechthild Bruchmann.

Best.-Nr. 815 961
ISBN 3-89437-961-8
1. Auflage 2005
Umschlaggestaltung: Hanni Plato
Umschlagfoto: getty images/George F. Mobley
Satz: Die Feder GmbH, Wetzlar
Druck und Verarbeitung: Ebner & Spiegel, Ulm
Printed in Germany

Dieses Buch richtet sich an alle Frauen,
die (wie ich) ein Morgenmuffel sind.
Es ist meiner liebsten Geschichtenerzählerin,
Pauline Wielhouwer Afman, gewidmet, die mir
ganz besonders unter dem Namen „Mama“ vertraut ist.
Liebe Mama, meine schönsten Kindheitserinnerungen
sind ganz eng mit deiner vollen Altstimme verbunden,
mit der du mir immer Geschichten erzählt hast,
die sich ihren Weg zu meinem Herzen gebahnt haben.
Ich liebe deine Geschichten, Mama. Danke vor allem für
die Geschichten, die von Gottes Liebe zu mir erzählten.
Sie haben mein Leben sehr beeinflusst.
Danke für deine bedingungslose Liebe, dein Mut
machendes Vertrauen und deine konstante
Gebetsunterstützung. Ich liebe dich.

Jennie Afman Dimkoff

Inhalt

Einführung

Eines späten Vormittags im Jahr 1986 fuhr ich vom Finanzamt kommend über die Landstraße nach Hause. Unsere Steuererklärung war fällig gewesen. Am Abend vorher hatte ich bis tief in die Nacht gearbeitet, Daten gesucht und Listen und Zahlen zusammengestellt, die ich am nächsten Morgen brauchte. Was für ein Kampf, rechtzeitig aufzustehen und pünktlich beim Finanzamt zu sein! Aber alles war gut gelaufen, und während ich die 45 Meilen nach Hause zurückfuhr, fühlte ich mich wunderbar erleichtert und so frei wie ein Vogel. Ich fuhr unbekümmert und glücklich auf einer langen, einsamen, geradlinigen, asphaltierten Landstraße dahin, und weil die Sonne strahlte, sang ich aus voller Kehle: „I'm so glad I'm a part of the family of God ..." (dt. Übers.: „Ich bin froh, zur Familie Gottes zu gehören ...") Doch als ich sah, wie mir von einer Anhöhe aus ein Polizeiauto mit Rotlicht entgegengerast kam, stoppte ich meinen Gesang abrupt.

Der Streifenwagen sauste an mir vorbei, um hinter mir eine scharfe 180-Grad-Wendung zu vollziehen. Mir rutschte das Herz in die Hose und mit zitternden Händen lenkte ich mein Auto an den Seitenstreifen und kurbelte die Scheibe runter, um mich dem Polizeibeamten zu stellen, der jetzt an meine Fahrertür trat.

„Darf ich bitte Ihre Fahrzeugpapiere, Ihren Führerschein und Versicherungsausweis sehen?"

Nun habe ich immer eine große Handtasche bei mir. Und die ist schwer, weil ich alles darin aufbewahre, was ich brauchen könnte, wenn ich unterwegs bin. Sie enthält leider nicht nur meine Ausweispapiere, Geld und Kreditkarten, sondern auch Pfefferminzbonbons gegen schlechten Atem, Kopfschmerztabletten, Nagellack, Lippenstift, Bleistifte, Kugelschreiber, Visitenkarten, Schlüssel, Taschentücher (frische und gebrauchte), Kassenbelege, Briefmarken, Tesafilm, Nähzeug ... Die Liste ließe sich noch weiter fortsetzen.

„Jaaaaaaa, Moment bitte." Meine Stimme zitterte. „Hier ist mein Führerschein. Nach den übrigen Papieren muss ich noch suchen."

„Jennie Dimkoff aus Fremont." Er hatte eine angenehme Stimme. „Nun, Mrs Dimkoff, wissen Sie auch, wie schnell Sie gefahren sind?"

Unwillkürlich zuckte ich zusammen. „Nein. Ich fürchte, das müssen *Sie* mir sagen", antwortete ich schuldbewusst.

„Ich habe 115 km/h gemessen, Mrs Dimkoff, und hier sind nur 80 km/h erlaubt! Würden Sie mir bitte sagen, warum Sie es so eilig haben?"

Ich seufzte tief und schaute von meinem Gewühle in der Handtasche auf. Plötzlich sprudelte ein Wort nach dem anderen aus mir heraus: „Dafür gibt es absolut keine Entschuldigung. Ich komme gerade vom Finanzamt. Gestern Abend bin ich so spät zu Bett gekommen, weil ich die Steuerklärung fertig machen und alle Belege zusammensuchen musste, und jetzt empfand ich gerade ein so befreiendes Gefühl, weil der ganze Papierkram endlich erledigt ist, und da bin ich einfach erleichtert drauflosgefahren und habe laut gesungen – aus vollem Halse habe ich gesungen! Dabei habe ich gar nicht darauf geachtet, wie schnell ich gefahren bin, und darum habe ich auch keine Entschuldigung."

Der Polizist schaute leicht amüsiert, aber seine Stimme klang streng. „So, so. Haben Sie Ihren Personalausweis und Ihren Versicherungsausweis gefunden?"

Ich tauchte wieder in meine Handtasche ab. Dann suchte ich im Handschuhfach. Nichts. Mir brach der kalte Schweiß aus. Wieder suchte ich in meinem Handtaschenchaos unter den stechenden Adleraugen des Polizeibeamten. Wie peinlich!

Endlich, o Wunder, fand ich ein zerknittertes Stück Papier in meiner Geldbörse. Stolz reichte ich dem Gesetzeshüter meinen Personalausweis, um im nächsten Augenblick wieder in mich zusammenzusinken, als er mir zu verstehen gab, dass mein Personalausweis bereits seit 1982 abgelaufen sei! Verzweifelt hielt ich ihm meine geöffnete Handtasche hin und fragte zerknirscht: „Können *Sie* hier vielleicht etwas sehen, das wie ein Versicherungsschein aussieht?"

Er entschuldigte sich kurz und ging zu seinem Wagen zurück und sprach über Funk mit der Zentrale. Ich wusste, er ließ überprüfen, ob ich ein gestohlenes Auto fuhr.

Als er endlich zurückkam, platzte ich heraus: „Da habe ich mir was Schönes eingebrockt, was?"

„Ja, das ist wohl wahr, Mrs Dimkoff. Ist Ihnen klar, dass Sie sich heute drei Strafzettel eingehandelt haben? Einen für überhöhte Geschwindigkeit, einen für den abgelaufenen Personalausweis und einen für den fehlenden Versicherungsnachweis?"

Mir wurde ganz übel und ich war den Tränen nahe. Zu meiner großen Verwunderung schüttelte der Beamte plötzlich seinen Kopf.

„Ich weiß nicht, was heute in mich gefahren ist, denn diese drei

Strafzettel haben Sie wirklich verdient! Aber weil Sie in so guter Stimmung waren, dass Sie heute Morgen auf Ihrem Heimweg sogar *gesungen* haben, bringe ich es nicht fertig, Ihnen den Tag zu verderben, indem ich Ihnen drei Strafzettel ausstelle!"

Entschlossen wandte er sich ab und schritt auf seinen Streifenwagen zu. Dann hielt er kurz inne und drehte sich um, drohte mir mit dem Zeigefinger und befahl streng: „Und räumen Sie mal Ihre Handtasche auf!"

Ich habe das Gefühl, dass einige von uns ihre Bibeln so benutzen wie ich meine Handtasche. O ja, wir haben unsere Bibel zur Hand. Wir tragen sie sogar gelegentlich mit uns herum. Und wir wissen, sie steckt voller guter und wichtiger Dinge. Aber wir öffnen sie eher, um das Gemeindemitteilungsblatt vom letzten Sonntag herauszunehmen, als wirklich Gottes Liebesbrief für jeden von uns persönlich zu lesen. Wann haben Sie Ihren Liebesbrief zuletzt gelesen?

Weil ich eine Nachteule bin, kann ich mich gut mit Frauen identifizieren, die nach einem voll gestopften Tag mit einem guten Buch ins Bett kriechen. Mein Mann würde stattdessen die Spätnachrichten im Fernsehen einschalten. Aber das ist nichts für mich. Ich suche mir jeden Tag ein Buch mit einer schönen Geschichte. Und die Bibel ist buchstäblich voll mit solchen Geschichten!

Neulich durfte ich bei mir zu Hause eine Gruppe junger Frauen unterrichten. Einige der jungen Mädchen waren neu im Glauben. Darum habe ich ihnen bei jedem Treffen eine andere biblische Geschichte erzählt. Sie hingen mir an den Lippen und fragten sich, wieso diese alten Geschichten für uns bis heute relevant sind.

Ich habe auch auf Frauenkonferenzen und Wochenendseminaren für Frauen gesprochen. Dabei habe ich festgestellt, dass die populärsten und lebensverändernden Botschaften in aktualisierten biblischen Geschichten stecken und sich sehr gut auf die Lebenssituationen von Frauen von heute anwenden lassen. Viele der Frauen hatten diese erstaunlichen Geschichten seit ihren ersten Sonntagsschultagen oder seit ihren letzten Konfirmations- und Kommunionstunden nicht mehr gehört. Sie entdeckten die biblischen Geschichten nach all diesen Jahren schließlich noch einmal neu.

Dieses Buch enthält einige der großartigsten Geschichten, die man sich je erzählt hat. Und das Allerbeste: Es sind alles wahre Geschichten! Ich denke gern in Bildern. Ich träume in lebhaften Farben, und wenn ich ein Buch lese, stelle ich mir die Geschichte auf einem großen Bildschirm vor. Mir ist bewusst, dass einige von Ihnen „digital“ denken – Sie lesen Wörter und suchen nach den Fakten –, aber ich glaube, dabei verpassen Sie einiges. Ich möchte Sie gerne einladen, beim Öffnen dieses Buches mit mir in Bildern zu denken.

Ach ja, das muss ich noch sagen: Dieses Buch ist für Frauen, die *keine* Morgenmenschen sind, Frauen die ein schlechtes Gewissen haben, weil sie nicht im Morgengrauen zu einer Stillen Zeit mit Gott aufgewacht sind. Das Buch ist für uns Frauen gedacht, die wir unsere besten Augenblicke der Inspiration nach einem arbeitsreichen Tag haben, für alle Frauen unter uns, die gern im Bett lesen!

Darum: Entspannen Sie sich, rollen Sie sich Ihr Kopfkissen in den Nacken und stellen Sie den Lichtkegel Ihrer Leselampe richtig ein. Betreten Sie mit mir die Seiten der Heiligen Schrift und nehmen Sie die Geschichten realer Menschen in den Blick, die in einer realen Welt gelebt haben, die so unvollkommen waren, wie wir es sind, und von denen wir vieles lernen können, was sich auf unser Leben heute anwenden lässt.

Jede Geschichte endet mit einem Gebet, einem Vorsatz für den nächsten Tag und einem kleinen Gedankenanstoß.

Ich wünsche Ihnen fröhliches Lesen und anschließend süße Träume. Und vergessen Sie nicht, das Licht auszuschalten!

Ein Bund, der im Himmel geschlossen wurde

Die erste niedergeschriebene Liebesgeschichte

Es war ein herrlicher, kalter Dezemberabend. Der junge Mann, der neben mir auf dem Aussichtsturm stand, hatte den Abend sehr sorgfältig geplant. Wir blickten fasziniert auf die atemberaubend schönen Niagarafälle mit ihrem donnernden Rauschen und den bunten Regenbogenfarben, die die am Fuß der Wasserfälle aufsteigenden Nebelwolken erhellten. Plötzlich wandte er sich mir zu, nahm meine Hände in seine und bat mich, seine Frau zu werden.

Seine Frage überraschte mich. Ich liebte diesen dynamischen, bettelarmen Jurastudenten, der da vor mir stand, von ganzem Herzen. Völlig verwirrt und nach Atem ringend japste ich: „Ich würde gern deine Frau werden."

Er zögerte einen Moment. „Willst du es wirklich?"

„Ich würde schon gern."

Und wieder dieses Zögern. „Willst du – ja oder nein?", fragte er energisch.

Dieses Mal umfasste ich *seine* Hände. Ich schaute ihm in die Augen und nickte heftig. „Ja, ich liebe dich und ich will dich von Herzen gern heiraten!"

Da umschlang mich der 23-jährige Graydon Dimkoff mit seinen starken Armen, wirbelte mich wild im Kreis herum und rief den Leuten, die gerade den Turm bestiegen, zu: „Juchuuu! Sie liebt mich und hat mir gerade gesagt, dass sie mich heiraten will!"

*

Ich mag gute Liebesgeschichten. Besonders Geschichten mit überraschenden Elementen, die man nicht vergisst. Eine solche bezaubernde Liebesgeschichte habe ich erst neulich wieder gelesen. Das Buch, in dem ich sie gefunden habe, kann ich nur empfehlen. Es ist ein Buch mit vielen Geschichten. Wenn Sie die Liebesgeschichte, die ich Ihnen auf den folgenden Seiten nacherzählen will, gelesen haben, hoffe ich, dass Ihre Neugier Sie treibt und Sie das Buch selbst zur Hand nehmen wollen, um zu erfahren, was darin sonst noch alles berichtet wird.

Das Buch, von dem ich rede, ist die Bibel, Gottes Wort. Und die Liebesgeschichte, um die es geht, ist die Geschichte von Rebekka und Isaak. Der Name Rebekka bedeutet „fesselnd“. Sie war die „Miss Mesopotamien“ des Alten Testamentes. Die Geschichte ihrer Liebesbeziehung zu Isaak, dem Sohn von Abraham und Sara, beginnt in 1. Mose 24. Sie ist spannender als ein Filmskript. Darf ich Sie einladen, sich auf diese Geschichte einzulassen und sie sich mit mir bildhaft vorzustellen?

Die Geschichte von Rebekka

Der alte Mann hob den Arm und wischte sich mit dem Handrücken über die feuchten Augen. Wie sehr sie ihm fehlte!

Er saß in Saras Zelt und erinnerte sich an ihr gemeinsames Leben, an ihre ungewöhnliche Schönheit, ihre gemeinsamen Abenteuer als Nomaden, an den jahrelangen großen Kummer, weil Sara keine Kinder bekam, und dann an Saras Skepsis, als Gott versprach, dass sie im hohen Alter noch ein Kind gebären würde. Abraham lächelte, als er an das unvorstellbare Glücksgefühl bei der Geburt seines Sohnes zurückdachte. Sie nannten dieses Kind Isaak – das bedeutet „lachen“ –, denn seine Geburt in ihrem hohen Alter war ihnen eine große Freude.

Wenigstens hat Sara lange genug gelebt, um unseren Sohn erwachsen werden zu sehen, dachte er und nickte vor sich hin. Trotz seiner Trauer gab es vieles, wofür er von Herzen dankbar war.

Er blinzelte durch die Öffnung des Zeltes und sah Isaak allein in die Felder hinausschreiten. Abraham seufzte bekümmert, während er seinem Sohn und Erben nachschaute. *Er trauert genauso sehr um sie wie ich,* dachte er. *Ich habe meine Pflicht vernachlässigt. Isaak ist fast 40 Jahre alt und immer noch Junggeselle. Bisher habe ich mich noch nicht um eine Braut für ihn gekümmert. Das Leben hat auch meinem Sohn mehr zu bieten, als nur mein Vermögen zu erben!*

Er unterbrach seine Gedanken und ließ noch einmal den Blick durch das Frauenzelt – Saras Zelt – schweifen. Der alte Mann ließ seinen treuen Knecht zu sich rufen.

*

„Elieser, ich vertraue dir seit vielen Jahren alles, was ich habe, an. Heute bitte ich dich, mir einen Eid zu leisten und mich in einer sehr wichtigen Sache zu vertreten. Für Isaak, meinen Sohn, wird es Zeit zu heiraten. Aber ich will unter gar keinen Umständen, dass er eine Kanaaniterin aus diesem Land zur Frau nimmt. Verstehst du, was ich sagen will?"

Der treue Knecht nickte und achtete ganz genau auf jedes Wort seines Herrn. „Komm, rück näher zu mir heran und lege zum Schwur deine Hand zwischen meine Beine. Ich möchte, dass du bei dem Gott des Himmels und der Erde schwörst, dass du für meinen Sohn keine Frau bei den Töchtern der Kanaaniter suchst, unter denen ich lebe. Vielmehr möchte ich, dass du in meine Heimat Mesopotamien reist und für Isaak aus meiner eigenen Verwandtschaft eine Frau holst. Ich bin viel zu alt, um noch eine solche Reise zu unternehmen. Du musst dich für mich auf den Weg machen."

Der Knecht leistete gehorsam den Eid, aber in seinem Kopf schwirrten die Gedanken hin und her. *Ich soll eine Frau für Isaak finden? Ich weiß so gut wie nichts über Mesopotamien. Es liegt sehr weit entfernt. Wie soll ich dort Abrahams Familie finden?*

„Ich will tun, was du sagst", antwortete Elieser. „Aber was ist, wenn die Frau aus der Stadt nicht zu uns aufs Land ziehen will? Soll ich dann Isaak holen und ihn nach Mesopotamien bringen?"

„Auf gar keinen Fall!", antwortete Abraham energisch. „Gott hat Isaak dieses Land als Erbe verheißen! Gott wird dir, Elieser, den Weg bereiten. Er wird seinen Engel vor dir hersenden. Sollte die Frau sich weigern, mit dir zu ziehen, bist du deines Eides enthoben. Schwöre mir, dass du Isaak nicht dorthin zurückbringen wirst!"

*

Die Karawane, deren zehn Kamele mit kostbaren Kleidern, Schmuck und anderen Geschenken aus Abrahams Reichtum beladen waren, machte sich auf den Weg. Elieser nahm Kurs auf Aram-Naharaim im Norden von Mesopotamien. Sein Ziel dort war die Stadt Nahor. Die Reise war lang und beschwerlich und die bevorstehende Verantwortung machte ihm das Herz schwer. Nach vielen Tagen erreichte er die Tore von Nahor. Elieser und seine Männer ließen die Kamele am Brunnen vor der Stadt niederknien. Es war früher Abend, die Tageszeit, zu der die jungen Mädchen der Stadt mit ihren Krügen zum Brunnen gingen, um Wasser zu schöpfen. Wie sollte Elieser seine Aufgabe lösen? Verschwitzt und verstaubt stand er ohne jegliche Perspektive bei seinen Kamelen. In seiner Verzweiflung schüttete Elieser Gott sein Herz aus. Er betete: „O Herr, Gott meines Herrn Abraham, gib mir heute Erfolg. Hier stehe ich an der Wasserquelle und die jungen Mädchen der Stadt werden jeden Augenblick kommen und Wasser schöpfen. Wenn ich zu einem von ihnen sage: „Bitte setze deinen Krug ab und gib mir zu trinken“ und sie mir darauf antwortet: „Trink und ich will auch Wasser für deine Kamele schöpfen“, dann weiß ich, dass es das Mädchen ist, das du für Isaak ausgesucht hast.“

*

Laban hörte seine Schwester schon lachen, noch bevor sie zu ihm und seinem Knecht in den Stall trat. „Ich lauf zum Brunnen, Bruder“, rief sie fröhlich. Tief sog sie die frische Luft ein und ließ ihren Blick in die Ferne schweifen. „Was sagst du zu diesem Abend, Laban? Ist er nicht wunderschön? Viel zu schön, um im Haus zu bleiben! Ich bin bald wieder zurück.“ So schnell sie gekommen war, war sie auch schon auf und davon.

Laban trat an die Stalltür und lächelte, während er seiner Schwester wohlwollend nachschaute, die mit ihrem Tonkrug auf der Schulter leichtfüßig über die Wiese lief. *„Sie ist eine Schönheit“*, dachte er bei sich. *„Ja, sie ist schön, weitherzig und unerfahren. Und sie ist lebhaft genug, um eines Tages einem Mann den Kopf zu verdrehen!“* Er lächelte immer noch, atmete einige Züge der Abendluft ein, die seine Schwester so gelobt hatte, und wandte sich wieder seinen banalen Pflichten zu.

*

Am Stadtrand winkte Rebekka fröhlich einigen anderen Mädchen zu, die wie sie regelmäßig mit ihren Krügen zum Brunnen schlenderten. Draußen vor dem Tor wurde sie auf zehn Kamele aufmerksam, die beim Brunnen lagerten. Ein älterer Mann stand etwas abseits der Karawane. Er war offensichtlich müde und verstaubt von einer langen Reise. Sie beobachtete, wie er leise sprach – aber außer ihm war niemand zu sehen.

Sie senkte ihren Blick, als sie an ihm vorüberging, merkte aber, dass er sie beobachtete, während sie ihren Krug füllte und ihn mit ihren kräftigen Armen wieder auf die Schulter hob. Als sie vom Brunnen zurücktrat, eilte der Mann auf sie zu und bat sie um einen Schluck Wasser.

„Ja, gern", antwortete Rebekka. Sie griff nach ihrem Krug, setzte ihn wieder ab und hielt ihn schräg, sodass kaltes Wasser für den Fremden herausfloss.

Als sie den erschöpften, verstaubten Mann durstig trinken sah, bekam sie Mitleid mit ihm. Ohne lange über die Mühe nachzudenken, bot sie ihm freundlich an: „Ich will die Tränke mit Wasser füllen, damit deine Kamele auch trinken können."

Und damit leerte sie auch schon das restliche Wasser aus ihrem Krug in die Tränke und lief zwischen ihr und dem Brunnen hin und her, bis sie genug Wasser für die zehn durstigen Kamele herbeigeschafft hatte.

*

Elieser konnte kaum glauben, was da vor seinen Augen geschah. War sein Gebet tatsächlich so schnell erhört worden? Er sah in schweigendem Staunen zu, wie Rebekka arbeitete. Nachdem die Kamele getränkt waren, ging er zu seinem Gepäck und wickelte einen goldenen Nasenring und zwei hübsche goldene Armreifen aus. Er eilte mit den Geschenken zu ihr und fragte sie: „Wer ist dein Vater?" Ohne die Antwort abzuwarten, wies er mit dem Arm zur Karawane und fügte hinzu: „Gibt es genug Raum in eurem Haus, um uns für eine Nacht zu beherbergen?"

„Mein Vater ist Betul, der Sohn Nahors", antwortete Rebekka höflich. „Bestimmt haben wir genug Platz für dich und deine Leute und auch ausreichend Stroh für die Kamele."

Sie war es! Elieser traute seinen Ohren kaum. Diese wunderschöne Frau war Isaaks Kusine zweiten Grades! Ohne Rebekka aufzuklären, beugte sich Elieser zur Erde und betete in ihrer Gegenwart den Herrn an. „Gepriesen sei der Gott meines Herrn Abraham. Er steht zu seinem Wort und hält meinem Herrn die Treue."

*

„Mutter! Laban! Wo seid ihr?" Atemlos vom Laufen riss Rebekka die Tür auf und berichtete aufgeregt, was am Brunnen geschehen war.

„Hier, schaut euch diese Geschenke an, die der Mann mir gegeben hat!“, rief sie und zeigte den wertvollen Nasenring und die glänzenden, goldenen Armreifen.

„Richtet das Haus und bereitet ein Mahl!“, befahl Laban. „Ich werde unserem Gast entgegenlaufen und ihn begrüßen.“ Laban eilte zum Brunnen, fand den Mann neben seinen Kamelen stehend und lud ihn und seine Begleiter ein, mit zu sich nach Hause zu kommen.

*

Noch ganz benommen von den Eindrücken des Tages nahm Elieser die Szene um sich herum wahr. Rebekkas Vater, Betul, der, wie er wusste, Abrahams Neffe war, saß dort und auch ihr Bruder Laban. Das Essen stand vor ihm, aber Elieser musste erst seine Mission erfüllen, bevor er essen konnte. „Ich kann nichts essen, bis ich euch nicht erzählt habe, was ich sagen muss.“

„Dann rede!“, sagte Laban.

Und so erklärte Elieser, dass er als Abrahams Knecht geschickt worden war, um für den Sohn seines Herrn, für Isaak, der den ganzen Reichtum seines Vaters erben sollte, eine Frau zu finden. Er beschrieb, wie er den Schwur geleistet und sich dann auf den Weg gemacht hatte. Wie er am Brunnen Gott gebeten hatte, ihm das richtige Mädchen zu zeigen. „Noch bevor ich mein Gebet beendet hatte, kam eure bezaubernde Tochter zum Brunnen. Als ich sie um einen Schluck Wasser bat, gab sie mir freundlich zu trinken und dann, Wunder über Wunder, bot sie an, auch die Kamele zu tränken! Als ich außerdem feststellte, dass sie aus Abrahams Verwandtschaft stammt, beugte ich meine Knie und betete Gott an.“

Elieser schaute kurz zu Rebekka hinüber. Sie stand im Türrahmen mit einem Tablett in der Hand und hatte seinen Bericht mit großen Augen verfolgt. Er wandte sich wieder an ihren Vater und an ihren Bruder. „Bitte sagt mir, ob ihr Abraham freundlich gesonnen seid oder nicht, damit ich weiß, wie ich mich verhalten soll.“

Betul und Laban schauten erst Rebekka an, dann einander und sagten übereinstimmend: „Das ist vom Herrn. Hier ist Rebekka. Nimm sie und geh. Sie soll die Frau des Sohnes deines Herrn werden.“

*

Rebekka war so überwältigt von allem, was sie an diesem Tag gesehen und gehört hatte, dass sie nicht schlafen konnte. Sie stand in der Tür ihres Hauses und starrte in die ruhige Nacht. Sie dachte an ihre Zukunft. Von ihrer Kindheit an hatte sie gewusst, dass ihr Vater und ihr Bruder eines Tages eine Hochzeit für sie ausrichten würden. Aber alles verlassen, was ihr vertraut war, und in ein fernes Land ziehen? Darüber musste sie genau nachdenken. Ihre Familie hatte immer mal wieder davon gehört, dass der Sohn Abrahams ein reicher Mann war. Für Rebekka war es allerdings wichtiger, dass er keine anderen Frauen hatte, mit denen sie konkurrieren musste! Doch plötzlich fiel ihr ein, dass sie wahrscheinlich ihre eigene Familie nie wieder sehen würde!

Ihre Gedanken schwirrten hin und her. Sie zerbrach sich den Kopf darüber, wie alles werden sollte! Doch dann fiel ihr der alte Mann am Brunnen ein, wie sie ihn zum ersten Mal erblickt und wie er offensichtlich zu Gott gebetet hatte. Ihr fiel ein, wie sie ihm einem Gefühl folgend angeboten hatte, seine Kamele zu tränken, und sie dachte an seine Reaktion, als er den Namen ihres Vaters erfuhr. Zweimal hatte sie gesehen, wie der alte Mann in ihrer Gegenwart Gott dafür dankte, dass er ihn zu ihr und ihrer Familie geführt hatte. Ihr kam der Gedanke, dass Gott sie zueinander geführt hatte. Tief atmete sie die kalte Nachtluft ein und spürte, wie sie ruhiger wurde. Gott hatte die Dinge in seiner Hand, und sie würde den Mann heiraten, dessen Name „lachen“ bedeutet. Sie merkte, wie sie in die Dunkelheit hineinlächelte.

*

Am nächsten Morgen machte sich Rebekkas Mutter schon früh zu schaffen. Sie gab ihren Dienerinnen Anweisungen und hatte den Kopf voll mit Hochzeitsplänen. Da gab es so vieles vorzubereiten! Rebekkas Kleid und Kopfbedeckung mussten genäht werden. Freunde und Verwandte würden gratulieren und mit der Familie feiern wollen. Wie schade, dass die Hochzeit nicht in Nahor stattfinden konnte! Aber sie würde die Zeit, die sie noch mit der Tochter verbringen konnte, ausgiebig genießen und in den kommenden Tagen einige intime Dinge mit ihrer Tochter besprechen. Es gab so manches zu bedenken!

Laban und Elieser traten ins Haus, und wieder zog es der alte Mann vor, zunächst zu sagen, was ihm auf dem Herzen lag, bevor er sich zum Essen niederließ.

„Ich möchte am liebsten sofort die Rückreise antreten und Rebekka mit zu meinem Herrn nehmen."

„Wie bitte?" Rebekkas Mutter sah Laban befremdet an, der genauso verständnislos schien wie sie selbst.

„Ihr seid doch gerade erst angekommen. Das ist alles zu plötzlich. Wir können Rebekka unmöglich so kurzfristig ziehen lassen. Wir brauchen noch Zeit. Gebt uns wenigstens zehn Tage. Dann kann sie mit euch ziehen."

„Bitte haltet mich nicht länger auf", sagte Elieser entschieden. „Der Herr hat meine Reise gelingen lassen. Nun entlasst mich heim zu meinem Herrn!"

In dem Hin und Her, was zu tun sei, kam man überein, Rebekka selbst zu fragen. Sie sollte entscheiden. Man rief sie herbei, und sie wurde gefragt, ob sie bereit sei, ihr Elternhaus sofort mit Elieser zu verlassen.

Rebekka ließ ihren Blick über ihre geliebte Familie schweifen. Dann schaute sie den Mann an, der zum Aufbruch drängte und der so erwartungsvoll vor ihr stand, und antwortete ohne Zögern: „Ja, ich bin bereit."

*

Rebekka machte sich fertig, um ihr Elternhaus zu verlassen. Ihre Amme Debora und ihre Dienerinnen sollten sie nach Kanaan begleiten. Was für eine Hektik! Doch bevor sie und ihre Mägde die Kamele bestiegen, um mit Elieser zu ziehen, stellte sich ihre Familie um sie herum und segnete sie.

„Schwester, du sollst die Mutter von vielen Tausenden werden! Mögen deine Nachkommen ihre Feinde besiegen und deren Städte erobern!"

Rebekka spürte einen Kloß im Hals und schluckte ihn tapfer herunter, als sie ihr Kamel bestieg. Sie winkte all ihren Lieben und schaute dann tapfer nach vorn, dem neuen Leben, das sie erwartete, entgegen. Es würde eine lange Reise werden, doch sie erinnerte sich daran, dass der Bund für ihre Ehe im Himmel geschlossen wurde und dass der Name ihres Bräutigams „lachen" bedeutete.

*

Am frühen Abend ging Isaak durch die Felder und dachte nach. Sein Vater hatte früher ein Nomadenleben geführt. Er dagegen war sesshaft, betrieb Landwirtschaft und besaß eigene Ländereien. Nach getaner Arbeit streifte er gern durch die Felder und nutzte diese ruhige Zeit, um zu beten. In letzter Zeit hatte ihn vieles beschäftigt: Er hatte um seine tote Mutter getrauert; seit einigen Wochen aber redete er mit Gott mehr über Elieser und den Auftrag, mit dem sein Vater den alten Knecht losgeschickt hatte. Isaak war zwar vermögend, aber trotz seines hohen Ansehens ein einsamer gottesfürchtiger Mann, der in einem heidnischen Land wohnte. Der Gedanke an eine Frau, die nicht nur sein Leben, sondern auch seinen Glauben mit ihm teilen würde, ließ ihn hoffen. Wen hatte Gott für ihn vorgesehen? Würde Gott ihn mit einer schönen, gottesfürchtigen Frau segnen, genau wie sein Vater mit einer schönen Frau gesegnet worden war?

Als er aufschaute, sah er eine Karawane in der Ferne, die sich von Osten her näherte. Er zählte zehn Kamele. Das musste Elieser sein! Hatte er eine Braut für ihn dabei? Oder hatte sie die Reise womöglich abgelehnt? Sein Herz begann wild zu klopfen! Schnell lief er den Ankömmlingen entgegen.

*

Mit jeder Meile, mit der sie ihrem Bestimmungsort entgegenritt, wuchs Rebekkas Spannung. Sie blickte sich nach Debora, ihrer Amme, um, die müde und missmutig in ihrem Sattel hing und hinter ihr herzockelte. „Wir sind bald da, Debora! Jetzt dauert es nicht mehr lange, liebste Freundin. Noch bist du unglücklich über diese Reise, aber ich bin so unendlich dankbar, dass du bei mir bist!"

Sie schaute wieder voraus auf den Pfad, dem sie nach Westen folgten. Das Land hier war fruchtbarer als die Wüste, die sie hinter sich gelassen hatten. Rebekka schaute in die Ferne und sah einen Mann, der der Karawane eilig entgegenlief. Sofort hielt sie ihr Kamel an, stieg ab und fragte Elieser, ob er den Mann in der Ferne erkennen könne. Ja, der Knecht erkannte ihn.

„Das ist Isaak, mein Herr!"

Ihr gefiel, was sie sah! Isaak wirkte kraftvoll und er hatte eine gute Figur! Beglückt griff sie nach ihrem Schleier und bedeckte ihr Gesicht sorgfältig, wie es sich für eine unverheiratete Frau schickte.

Isaak umarmte Elieser herzlich, aber seine Augen blickten über die Schulter seines treuen Dieners hinweg auf die gertenschlanke

Gestalt einer Frau, die erwartungsvoll hinter Elieser stand. Er konnte zwei strahlende braune Augen unter ihrem Schleier erkennen. Elieser erzählte Isaak eifrig die Geschichte, wie Gott ihn auf den rechten Weg zur richtigen Braut geführt hatte. Isaak warf seinen Kopf zurück, lachte erleichtert und klopfte Elieser dankbar auf die Schulter. Dann wandte er sich an seine Braut, hieß Rebekka freudig willkommen und brachte sie in das Zelt, das seiner Mutter gehört hatte.

Da Rebekkas Mutter nicht da war, bereiteten Debora und die anderen Dienerinnen alles für ihren Hochzeitstag vor. Atemberaubend schön sah die junge Braut in ihren Hochzeitsgewändern aus und Rebekka war gern bereit, Isaaks Frau zu werden. Aber das Allerschönste war: Isaak liebte seine Frau sehr und Rebekka machte ihn glücklich. Es war eine Ehe, die im Himmel geschlossen wurde.

Hintergrundinformationen

Da es sich hier um eine Liebesgeschichte aus einer mir fremden Kultur handelt, stellten sich mir einige Fragen. Und das war gut so, weil ich dadurch in einigen Büchern, Kommentaren, Bibellexika und Nachschlagewerken blättern musste. Außerdem besorgte ich mir Landkarten, die die Reise des Elieser nach Mesopotamien und wieder zurück aufzeigten. Ich möchte Ihnen interessante Informationen weitergeben, die, wie ich finde, Farbe in die Erzählung bringen.

Was hat es mit den Namen auf sich?

Rebekkas Name bedeutet „fesselnd", und das war sie auch. Schön und eigenwillig wie sie war, „fesselte" sie Isaak ein Leben lang an sich. Rebekka lebte in einer Zeit, in der Polygamie völlig normal war. Aber Isaak hat nie eine zweite Frau geheiratet oder sich einer Konkubine oder Dienerin bedient, nicht einmal in der Zeit, als sich Rebekka um einen Erben Gedanken machte. Zum ersten Mal wird in der Bibel berichtet, dass ein Mann seine Frau *liebte*. Und es wird nicht nur gesagt, dass er sie liebte (1. Mose 24,67), in Kapitel 26 Vers 8 gibt es außerdem noch einen Hinweis, dass er sie, als sie bereits lange verheiratet waren, zärtlich umarmte!

Isaaks Name bedeutet „lachen" oder „er lacht". Sicherlich sollte dieser Name die Reaktion seiner Eltern wiedergeben, als sie erfuhren, dass sie im hohen Alter noch ein Kind bekommen sollten, aber ich glaube, der Name gab auch Isaaks Naturell wieder. Bruce Wilkinson berichtet von der bedeutungsvollen Beziehung, die ein Mensch damals zu seinem Namen hatte: „In biblischen Zeiten hatte der Name eines Menschen gleichsam eine schicksalhafte Bedeutung. Der Ausdruck ‚den Namen abtrennen' bedeutete nichts anderes, als dass die betreffende Person getötet wurde. Wenn ein Kind einen bestimmten Namen erhielt, dann war darin zugleich auch ein Wunsch oder eine Prophetie für seine Zukunft enthalten."[1]

Wie viel Wasser können zehn Kamele trinken?

Ich habe gelesen, dass Kamele etwa 34 Liter Wasser trinken und Wasser für mehrere Tage speichern können. Dadurch sind sie in der Wüste sehr wertvolle Transportmittel und genügsame Lasttiere. Das bedeutet, dass Rebekka bis zu 340 Liter für die Wüstenschiffe herbeigeschafft haben könnte, und die Bibel berichtet, dass sie das im Laufschritt tat (Sie „eilte" lesen wir in Vers 20 in der Luther-Übersetzung. Sie war eine Frau voller Energie und Schaffensfreude!). Eine andere Quelle schildert das Reisen auf Kamelrücken in lebhaften Farben: „Kamele reisten in Karawanen von bis zu 1.500 Tieren. Sie wurden in Gruppen aneinander gebunden und von einem Kamelreiter in einer Geschwindigkeit von fünf Kilometern pro Stunde geführt ... Das Kamel ist alles andere als ein bequemes Reittier. Es lässt sich leicht besteigen, wenn es kniet (also in Ruheposition ist). Aber wenn man auf ihm reitet, kann man von dem Schaukeln geradezu ‚seekrank' werden."[2]

Nun wissen wir genau, dass Rebekka nicht nur eine schöne, sondern auch eine robuste Frau war!

Wie war das damals mit arrangierten Hochzeiten?

Nachdem Elieser sicher sein durfte, dass die Familie Rebekka mit ihm ziehen lassen würde, packte er viele wertvolle Geschenke aus. Dazu gehörten Gold- und Silberschmuck und Kleidungsstücke. Die meisten Hochzeiten wurden arrangiert. Die Verhandlungen wurden normalerweise von einem Repräsentanten des Bräutigams (wie in diesem Falle von Elieser) geführt. Für den Bräutigam war eine arrangierte Heirat recht teuer. „Es musste an die Familie der Braut ein Ausgleich für die Arbeitskraft der Tochter gezahlt werden und der Vater der Braut erhielt zusätzlich ein Brautgeld. Die Zinsen, die dieses Geld abwarf, durfte er für sich verwenden, aber das Brautgeld selbst durfte er nicht ausgeben. Es musste sorgfältig für die Tochter aufbewahrt werden, falls ihr Mann sterben sollte oder sie geschieden wurde. Konnte eine solche Geldsumme nicht aufgebracht werden, suchte man nach anderen Zahlungswegen wie Arbeitsleistung oder die Eliminierung von Feinden."[3]

Wie kam es, dass Rebekka einfach mit einem wildfremden Mann mitging?

Rebekka hatte die seltene Gelegenheit, selbst zu wählen, ob sie Isaak heiraten wollte oder nicht. Auf Grund der ungewöhnlichen Umstände, unter denen Elieser seine Bitte, Rebekka sofort mit in sein Land zu nehmen, vorgetragen hat, gab ihre Familie Rebekka die Entscheidungsfreiheit. Als eine Frau des 21. Jahrhunderts bin ich froh darüber. Sie nicht auch? Rebekka verließ ihr Elternhaus und ihre Heimat auf eigenen Wunsch.

Die Verlobungszeit war in Rebekkas Kultur gesetzlich bindend. Sie dauerte in der Regel ein Jahr. In dieser Zeit plante die Familie der Braut die Hochzeit. Wir wissen, dass Rebekkas Familie nicht die Gelegenheit hatte, die Hochzeit zu planen und das Fest auszurichten. Doch bevor Rebekka ihr Vaterhaus verließ – und das ist sehr bemerkenswert –, versammelte sich die Familie um die Tochter und segnete sie. Sollten wir diesen schönen Brauch nicht auch bei uns pflegen?

Ein Überblick über Rebekkas gesamtes Leben lässt uns interessante Dinge entdecken, die uns entgehen, wenn wir nur ihre Liebesgeschichte kennen.

Sie musste 20 Jahre auf ihr erstes Kind warten

Kinder – vor allen Dingen Söhne – zu gebären verlieh Frauen in Rebekkas Kultur ein hohes Ansehen, und obwohl Rebekka sehr geliebt wurde, war ihre Kinderlosigkeit demütigend für sie. Isaak betete für seine Frau zu Gott und ihre Schwangerschaft war eine direkte Antwort auf sein Gebet (1. Mose 25,21).

Rebekka hatte eine persönliche Beziehung zu Gott

Rebekka redete mit Gott und er sprach zu ihr. Sie hatte eine schwierige Schwangerschaft. Im Bibeltext steht nicht, dass sie sich an ihre Hebamme wandte, als es ihr schlecht ging und die Zwillinge sich in ihrem Leib stießen. In 1. Mose 25,22 lesen wir, dass sie den Herrn fragte: „Wenn es so steht, warum bin ich dann schwanger geworden?"

Und Gott antwortete ihr! Er sagte zu ihr: „Zwei Völker trägst du jetzt in deinem Leib, in deinem Schoß beginnen sie zu streiten. Das eine wird das andere unterwerfen: Der Erstgeborene wird dem Zweiten dienen“ (1. Mose 25,23). Wir wissen nicht, *wie* Gott zu Rebekka gesprochen hat, und es gibt keinen Anhaltspunkt, dass sie Isaak etwas von ihrem Gespräch mit Gott erzählt hat.

Sie bekam Zwillinge: Esau, den Erstgeborenen, und Jakob

Rebekka war die erste von nur zwei Frauen, von denen die Bibel berichtet, dass sie Zwillinge geboren haben. Die Jungen waren so unterschiedlich wie Tag und Nacht und brachten bittere Konflikte in die Familie von Isaak und Rebekka. (Die zweite Frau in der Bibel, die Zwillinge bekommen hat, war übrigens Tamar. Ihre Geschichte wird in 1. Mose 38 berichtet.)

Rebekka blieb eine schöne Frau

Rebekka und Isaak waren schon viele Jahre verheiratet, als in ihrem Land eine Hungersnot ausbrach. Für längere Zeit zogen sie in das Land ihrer Feinde. Weil Isaak befürchtete, dass man ihn wegen seiner schönen Frau töten würde, gab er Rebekka als seine Schwester aus. Eines Tages schaute der König aus seinem Fenster und sah, wie Isaak Rebekka zärtlich umarmte und schon kochte die Gerüchteküche! (Übrigens hatte Abraham, der Vater Isaaks, wegen seiner Frau Sara viele Jahre zuvor denselben Trick angewandt. Der Apfel fällt nicht weit vom Stamm – und der war meiner Meinung nach wurmstichig!)

So bewundernswert und bemerkenswert Rebekka auch war, so war sie ganz gewiss nicht perfekt und auch ihre Lebensumstände waren nicht immer glücklich:

Sie zog ein Kind dem anderen vor

Sie liebte Jakob mehr als Esau (1. Mose 25,28).

Sie litt unter den beiden Hetiterinnen, die ihr Sohn Esau geheiratet hatte

Ihre heidnischen Schwiegertöchter verachteten sie und machten ihr alles andere als Freude (1. Mose 27,46).

Sie hinterging ihren Mann und machte sich damit unglaubwürdig
Als Isaak alt und blind war, verbündete sie sich mit ihrem Sohn Jakob, um Isaak auszutricksen, damit er Jakob das Erstgeburtsrecht seines Bruders Esau gab. Der Trick funktionierte, doch der Preis dafür war sehr hoch. Aber das ist noch einmal eine Geschichte für sich.

Über Rebekkas Tod weiß man nichts
Ihr Mann Isaak wurde 180 Jahre alt.

Was für eine Bedeutung hat diese Geschichte für mein Leben?

Gebet ist wichtig
Elieser, der Knecht Abrahams, betete ernsthaft, dass Gott ihn zur richtigen Frau für Isaak führen möge. Fröhlich dankte er Gott für jede Antwort, die er auf seinem langen Weg erhielt.

Das erinnert mich daran, dass ich als Teenager, wenn ich morgens die Treppe herunterkam, meine Mutter hin und wieder vor der Couch im Wohnzimmer auf den Knien sah, wo sie laut für ihre Kinder betete. Oft habe ich gelauscht bis sie meinen Namen nannte. Sie bat Gott, dass er mich segnen würde und ich meine Talente Gott zur Verfügung stellen möge. Außerdem hat sie auch immer für meinen zukünftigen Ehemann gebetet – dass Gott uns füreinander vorbereiten möge und dass wir ihm gemeinsam würden dienen wollen. Sowohl ihre Gebetshaltung, in der sie für mich betete, als auch das Gebet selbst haben einen tiefen Eindruck auf mich gemacht. Heute bin ich dankbar, dass sie die Erhörung ihrer Gebete erleben konnte und dass sie immer noch für mich betet.

Bei drei Gelegenheiten hat Rebekka Elieser beten sehen. Beim dritten Mal hat sie endgültig begriffen, dass *sie* der Grund dafür war, dass er Gott lobte und dankte! Ich bin mir sicher, dass sein Gebet ihre Wahl, Isaak zu heiraten, beeinflusst hat, und glaube bestimmt, dass das Gebet Eliesers ihr in Bezug auf die ungeheuren Veränderungen in ihrem Leben Frieden gab.

In dieser schlichten Liebesgeschichte liegt eine tiefere Botschaft

In der Bibel steckt sehr viel Symbolik. Isaak repräsentiert in gewisser Weise Christus. Und Rebekka, die bereitwillig einen Bräutigam, den sie nicht gesehen hatte, akzeptiert, stellt die Gemeinde dar. In Johannes 20,29 sagt Jesus: „Freuen dürfen sich alle, die mich nicht sehen und trotzdem vertrauen!"

Ich habe Jesus Christus als Fünfjährige angenommen, und damit begann eine Liebesbeziehung zwischen einem kleinen Mädchen und dem lebendigen Gott. Ohne ihn zu sehen sagte ich Ja, und das hat alles verändert. (Es war ein Bund, der im Himmel geschlossen wurde!) Haben Sie sein Angebot auch schon angenommen?

*

Jeder liebt gute Liebesgeschichten. Ich habe dieses Buch bewusst mit einer kleinen Liebesgeschichte von mir und mit der großen Liebesgeschichte von Rebekka und Isaak begonnen. Ich wollte Sie damit neugierig machen und Ihren Appetit auf das, was die Bibel zu bieten hat, anregen. Natürlich möchte ich Sie mit den biblischen Geschichten, die ich Ihnen in diesem Buch erzähle, auch einfach *erfreuen*, aber mein *eigentliches* Motiv ist, Sie herauszufordern, selbst in Gottes Wort zu forschen.

Ich hoffe und bete dafür, dass die folgenden Kapitel Ihnen so viel Freude machen, dass Sie das vorliegende Buch jeden Tag gerne zur Hand nehmen. Sollte es mir jedoch gelingen, Ihr Interesse so sehr anzuregen, dass Sie die Bibel direkt lesen, habe ich damit ein weitaus größeres Ziel erreicht! Ich hoffe, dieses Buch (oder sollte ich es ein „Appetithäppchen" nennen?) gibt Ihnen einen Vorgeschmack auf das Bankett, das Sie erwartet.

Ich bitte ihn, dass Christus durch den Glauben in euch lebt und ihr fest in seiner Liebe wurzelt und auf sie gegründet seid. Ich bitte ihn, dass ihr zusammen mit der ganzen Gemeinschaft der Glaubenden begreifen lernt, wie unermesslich reich euch Gott beschenkt. Ihr sollt die Liebe erkennen, die Christus zu uns hat und die alle Erkenntnis übersteigt. So werdet ihr immer umfassender Anteil bekommen an der ganzen Fülle des Lebens mit Gott.

Epheser 3,17–19

*

Auf dem langen Rückweg von den Niagarafällen betrachtete ich Graydons markantes Profil und wurde dabei sehr nachdenklich. Ich hatte ihn fünf Jahre zuvor kennen gelernt und damals nie an ein Rendezvous mit ihm gedacht, geschweige denn an eine Heirat. Wir waren uns in der High School begegnet. Er war vier Jahre älter als ich. Er war ein Agnostiker, der gern über die Existenz Gottes diskutierte. Ich war Christin – die Tochter eines Pastors – und hatte Ziele vor Augen, die er nicht verstehen konnte.

Zunächst war ich erschrocken über seine radikale Ablehnung Gottes und über seine Skepsis, die er meiner Gewissheit, dass es möglich sei, durch den Glauben an Jesus Christus eine persönliche Beziehung zu Gott zu haben, entgegensetzte. Doch dann fühlte ich mich tief in meinem Herzen verpflichtet, täglich für den intellektuellen jungen Mann zu beten, der so überzeugend argumentierte, sich aber ganz offen eine Leere und einen Mangel an Erfüllung in seinem Leben eingestand. Jeden Abend betete ich ernsthaft für meinen Freund Graydon, dass er Christus kennen lernen möge.

Dann nahm mein Vater in einer Entfernung von etwa hundert Meilen eine neue Pfarrstelle an und ich zog mit meiner Familie um. Graydon zog nach Michigan, wo er die Universität besuchte, und wir schrieben uns zwei- oder dreimal im Monat Briefe. Ich schrieb ihm: „Wie kannst du die Bibel ablehnen, ohne sie zu lesen? Du liest alles, was euer Professor euch vorschlägt und du liest es mit großer Offenheit. Die Bibel aber lehnst du ab und hast sie nicht einmal aufgeschlagen!"

Es war wahrscheinlich meine erste logische und nicht emotionale Argumentation, die ich bis dahin versucht hatte, und er nahm diese Herausforderung an. Er kaufte sich im Buchladen auf dem Campus eine Bibel und begann zu lesen. Er begann mit der Schöpfungsgeschichte, und zu meinem großen Erstaunen beschloss er im Laufe der Monate, diesen Bericht als historische Wahrheit anzuerkennen. Er glaubte jedoch nicht, dass auf den Seiten der Bibel eine Bedeutung für sein persönliches Leben zu finden sei.

Drei Jahre vergingen und jeden Abend betete ein junges Mädchen für die Errettung seines Freundes.

Eines Tages erhielt ich einen Brief von Graydon, in dem er einen Wochenendbesuch bei uns ankündigte. Unsere ganze Familie betete für seinen Besuch. Ich war voll zuversichtlicher Gewissheit, dass mein Freund Jesus annehmen würde. Schließlich wurde von einem

Gast in einer Pastorenfamilie erwartet, dass er die Gottesdienste besuchte. Dazu hatte er an diesem Wochenende dreimal Gelegenheit!

Er kam. Wir waren beide erwachsen geworden, und es war wunderbar, einander nach so langer Zeit wieder zu sehen. Er besuchte jeden Gottesdienst, aber sagte Nein zu Gott.

Nach dem Abendgottesdienst bereitete meine Mutter ein leichtes Abendessen. Sie und ich aßen schnell, entschuldigten uns anschließend und ließen Graydon mit meinem Vater am Esstisch allein. Wir beteten leise, während mein Vater mit ihm fast das ganze Neue Testament durchging. Und wieder sagte Graydon Nein.

Ich war traurig, als ich meinem Freund eine gute Nacht wünschte, und war frustriert über seine Ablehnung Christus gegenüber. Außerdem ärgerte ich mich. Mir fiel ein Bibelwort ein, wo es heißt: „Gott [...] verstockte sein Herz“ (2. Chronik 36,13). Graydon hatte Gott abgelehnt und er zog mehr über andere wegen ihres Glaubens her als irgendjemand sonst, den ich kannte. Hatte Gott genug von seiner Ablehnung und sagte: „Ich habe bei dir versucht, was ich konnte, mein Lieber. Nun geh deinen eigenen Weg in die Ewigkeit“?

Nachdem Graydon abgefahren war, lief ich ins Haus zurück und verzog mich enttäuscht und entmutigt auf mein Zimmer. Da stand ich nun, ganz verloren, und betete, wie ich noch nie zuvor gebetet hatte. Ich streckte meine Arme aus und versuchte damit unbewusst nach Gott zu greifen. Ich ballte meine Fäuste und schrie unter Tränen: „Gott, wenn ich verspreche, ihn nicht aufzugeben, versprichst du dann auch, ihn nicht aufzugeben?“

Drei Tage später erhielt ich einen Brief mit vertrauter Schrift, der mich bis ins Mark erschütterte. Sinngemäß lautete er:

Liebe Jennie,

ich war von der langen Predigt deines Vaters am Esstisch am Sonntagabend so erschöpft, dass ich glaubte, ich würde beim Fahren einschlafen. Ich schaltete das Radio ein, nur um wach zu bleiben, und – du glaubst es nicht – das Einzige, was ich empfangen konnte, war ein Evangeliumsprogramm!

(Er hatte die „Radiobibelschule“ von Grand Rapids, Michigan, eingeschaltet und einen alten Pastor namens M. R. De Haan gehört, der eine logische Botschaft für einen logischen Denker brachte.) In Graydons Brief hieß es weiter:

Der Mann sagte: „Was verlieren Sie, wenn Sie Ihr Leben Christus geben?" Darüber habe ich nachgedacht, und ich musste feststellen, dass ich absolut nichts zu verlieren, sondern nur was zu gewinnen hatte, wenn das alles stimmen sollte. Der Sprecher fuhr fort: „Falls Sie meinen, dass Sie nicht alles glauben können, bitten Sie Gott, Ihren kleinen Glauben zu nehmen und daraus genug Glauben zu machen!"

Also, Jennie, habe ich dort in meinem Auto auf dem Interstate 75 mit Gott gesprochen. Ich sagte: „Gott, ich spüre diese Leere in mir, die offensichtlich durch nichts zu füllen ist. Wenn du wirklich real bist, willst du dann bitte in mein Herz kommen und meine Leere ausfüllen? Und wenn du wirklich lebst, würdest du mir dann bitte all das dumme Zeug, das ich gesagt und getan habe, vergeben – und besonders, was ich über dich gesagt habe?"

Als ich dieses erste Zeugnis meines Freundes las, konnte ich mir absolut nicht vorstellen, dass Graydon Jahre später mein Ehemann und das geistliche Haupt unserer Familie sein würde. Auch als wir damals von den Niagarafällen zurückfuhren, hatte ich keine Ahnung von der wunderbaren, aufregenden Zukunft, die sich Gott für uns ausgedacht hatte. Es war wie bei Rebekka ein Bund, der im Himmel geschlossen wurde.

Gebet

Lieber himmlischer Vater, danke für die Liebesgeschichte von Isaak und Rebekka und danke, dass sie auch für mein Leben heute Bedeutung hat. Ich bin dir so dankbar wie Rebekka, die ein freiwilliges Ja zu Isaak sagen durfte, weil auch ich dir freiwillig folgen darf. Bitte gib mir einen Hunger nach deinem Wort, damit ich besser verstehe, was du mir durch die Bibel sagen willst. Hilf mir, sie mit offenem Herzen und Verstand zu lesen, und segne meinen ehrlichen Wunsch, zu reifen und dich besser kennen zu lernen. Ich möchte wie Abrahams Diener sein, der um deine Führung bat und dir sofort für beantwortete Gebete dankte. Bitte gib mir Leitung und Weisheit im Umgang mit den Menschen in meinem Leben und bei Entscheidungen, die ich treffen muss. Führe mich auf dem richtigen Weg.

Wenn ich jetzt schlafe, erfülle mich bitte mit deinem Frieden. In Jesu Namen, amen.

Mein fester Vorsatz für morgen

Morgen will ich 1. Mose 24 in meiner Bibel lesen. Und ich will mir Zeit nehmen, alle zusätzlich angeführten Anmerkungen nachzulesen, die zum besseren Verständnis der Geschichte dienen. (Sollten Sie keine Bibel haben, können Sie den Bibeltext am Ende dieses Kapitels lesen. Falls Sie eine Bibel kaufen möchten, gibt es einige gute Studienbibeln, die nicht nur den Bibeltext beinhalten, sondern auch hilfreiche Notizen und Anmerkungen!)

Zum Nachdenken

Will ich wissen, was die Bibel mir persönlich zu sagen hat?

Bibellese: 1. Mose 24

1 Abraham war sehr alt geworden. Der
Herr hatte ihn gesegnet und ihm alles ge-
lingen lassen. 2 Eines Tages sagte er zu
seinem ältesten Knecht, der seinen gan-
zen Besitz verwaltete: „Leg deine Hand
zwischen meine Beine 3 und schwöre
mir! Versprich mir beim Herrn, dem Gott
des Himmels und der Erde, dass du für
meinen Sohn Isaak keine Frau auswählst,
die hier aus dem Land Kanaan stammt. 4
Gib mir dein Wort, dass du in meine Hei-
mat gehst und ihm eine Frau aus meiner
Verwandtschaft suchst." 5 Der Besitzver-
walter sagte: „Was soll ich aber tun, wenn
die Frau mir nicht hierher folgen will?
Soll ich dann deinen Sohn wieder in
deine Heimat zurückbringen?" 6 „Auf
keinen Fall!", sagte Abraham. „Das darfst
du niemals tun! 7 Der Herr, der Gott des
Himmels, wird seinen Engel vor dir her-
schicken, sodass dein Auftrag gelingt und
die Frau dir folgen wird. Er hat mich aus
meiner Sippe und Heimat weggeholt und
mir mit einem Schwur zugesagt, dass er
meinen Nachkommen dieses Land geben
wird. 8 Wenn die Frau dir nicht folgen
will, bist du nicht mehr an deinen Schwur
gebunden. Aber auf keinen Fall darfst du
meinen Sohn dorthin zurückbringen!" 9
Da legte der Verwalter seine Hand zwi-
schen die Beine Abrahams und schwor
ihm, alles so auszuführen, wie er es ver-
langt hatte. 10 Dann machte er zehn von
den Kamelen seines Herrn reisefertig,
nahm wertvolle Geschenke mit und reiste
nach Mesopotamien, in die Stadt, in der
die Familie von Abrahams Bruder Nahor
lebte. 11 Als er dort ankam, hielt er an der
Quelle vor der Stadt an und ließ die Ka-
mele niederknien. Es war gegen Abend,
um die Zeit, wenn die Frauen zum Was-
serholen herauskommen. 12 „Herr, du
Gott meines Herrn Abraham", betete er,
„gib mir Glück zu meinem Vorhaben! Sei
gut zu meinem Herrn und erfülle seinen
Wunsch! 13 Gleich werden die jungen
Mädchen aus der Stadt hierher kommen
und Wasser schöpfen. 14 Dann will ich
eins von ihnen bitten: Reiche mir deinen
Krug, damit ich trinken kann! Wenn das
Mädchen sagt: Trink nur; ich will auch
deinen Kamelen zu trinken geben, dann
weiß ich: Sie ist es, die du für deinen Die-
ner Isaak bestimmt hast. Daran werde ich
erkennen, dass du zu meinem Herrn gut
bist und seinen Wunsch erfüllt hast." 15

Kaum hatte er zu Ende gebetet, da kam aus der Stadt ein Mädchen mit einem Wasserkrug auf der Schulter. Es war Rebekka, die Tochter von Betul und Enkelin von Milka, der Frau von Abrahams Bruder Nahor. 16 Sie war sehr schön und noch nicht verheiratet; kein Mann hatte sie berührt. Sie ging die Stufen zum Wasser hinab, füllte ihren Krug, hob ihn auf die Schulter und kam wieder herauf. 17 Schnell trat der Verwalter Abrahams auf sie zu und bat sie: „Gib mir doch einen Schluck Wasser aus deinem Krug!" 18 „Trink nur, Herr!", sagte das Mädchen, ließ sogleich den Krug auf ihre Hand herunter und hielt ihn so, dass er trinken konnte. 19 Als er genug getrunken hatte, sagte sie: „Ich will noch mehr Wasser holen, damit auch deine Kamele trinken können!" 20 Sie leerte den Krug in die Tränkrinne, stieg rasch wieder zur Quelle hinab und schöpfte so lange, bis alle Kamele genug hatten. 21 Abrahams Verwalter stand schweigend dabei und schaute ihr zu. Er wartete gespannt, ob der Herr seine Reise gelingen lassen würde. 22 Als die Kamele getrunken hatten, holte er für Rebekka einen kostbaren goldenen Nasenring und zwei schwere goldene Armreifen hervor 23 und sagte zu ihr: „Wessen Tochter bist du? Hat dein Vater in seinem Haus vielleicht Platz für uns, damit wir übernachten können?" 24 „Ich bin die Tochter von Betul", antwortete sie; „es ist der Betul, den die Milka dem Nahor geboren hat. 25 Wir haben Platz genug und auch Stroh und Futter für die Tiere." 26 Da warf sich der Verwalter Abrahams vor dem Herrn nieder und betete: 27 „Dank sei dir, Herr, du Gott meines Herrn Abraham! Du hast ihm deine Güte und Treue bewahrt und hast mich geradewegs zu den Verwandten meines Herrn geführt." 28 Das Mädchen lief inzwischen nach Hause zu ihrer Mutter und erzählte, was sie erlebt hatte. 29-30 Sie hatte einen Bruder, der hieß Laban. Als der den goldenen Schmuck sah und hörte, was der Mann zu ihr gesagt hatte, lief er hinaus an die Quelle. Dort wartete Abrahams Besitzverwalter noch mit den Kamelen. 31 „Komm herein zu uns!", rief Laban. „Du bringst den Segen des Herrn mit. Warum bleibst du hier draußen? Ich habe schon alles herrichten lassen, auch für deine Kamele ist genug Platz." 32 Da ging der Verwalter mit ins Haus. Laban ließ die Kamele abzäumen und Streu und Futter für sie holen. Dem Gast und seinen Leuten brachte man Wasser, damit sie sich die Füße waschen konnten. 33 Als sie ihm aber etwas zu essen brachten, sagte er: „Ich esse erst, wenn ich meinen Auftrag ausgerichtet habe." Laban forderte ihn auf zu reden, 34 und er begann: „Ich bin Abrahams Besitzverwalter. 35 Der Herr hat meinen Herrn reich gesegnet und zu hohem Ansehen gebracht. Er hat ihm viele Schafe, Ziegen und Rinder gegeben, dazu Silber und Gold, Sklaven und Sklavinnen, Kamele und Esel. 36 Auch hat Sara, die Frau meines Herrn, ihm in ihrem Alter noch einen Sohn geboren, dem er seinen ganzen Besitz vermacht hat. 37 Nun hat mein Herr mich einen Eid schwören lassen und hat mir aufgetragen: Du darfst für meinen Sohn Isaak keine Frau aus dem Land Kanaan wählen. 38 Geh zu meinen Verwandten, zur Familie meines Vaters, und hole ihm von dort eine Frau. 39 Als ich einwandte, dass die Frau mir vielleicht nicht in das fremde Land folgen werde, 40 da sagte er: Der Herr, nach dessen Willen ich mich immer gerichtet habe, wird seinen Engel mit dir schicken und deine Reise gelingen lassen, sodass du für meinen Sohn eine Frau aus meiner Verwandtschaft, aus der Familie meines Vaters, findest. 41 Wenn meine Verwandten dir aber keine Frau für meinen Sohn geben wollen, bist du nicht mehr an deinen Schwur gebunden. 42 Als ich nun heute an die Quelle kam, betete ich zum Herrn und sagte: Gott Abrahams, meines Herrn, wenn du doch meine Reise gelingen lassen wolltest! 43 Ich stehe hier an der Quelle und bitte dich um ein Zeichen: Zu dem ersten heiratsfähigen Mädchen, das herauskommt, will ich sagen: Gib mir

doch einen Schluck aus deinem Krug! 44
Wenn sie darauf sagt: Trink nur, und auch
deinen Kamelen will ich zu trinken geben
- dann weiß ich: Sie ist es, die du, Herr, für
den Sohn meines Herrn bestimmt hast.
45 Kaum hatte ich diese Worte in mei-
nem Herzen gesprochen, da kam Rebekka
mit dem Krug auf der Schulter, stieg die
Stufen zur Quelle hinab und schöpfte
Wasser. Ich sagte zu ihr: Gib mir doch et-
was zu trinken! 46 Da ließ sie sogleich ih-
ren Krug von der Schulter herunter und
sagte: Trink nur, und auch deinen Kame-
len will ich zu trinken geben! Als alle Tiere
getrunken hatten, 47 fragte ich sie nach
ihrem Vater, und sie sagte mir, dass es Be-
tul sei, der Sohn Nahors von seiner Frau
Milka. Da legte ich ihr den goldenen Ring
an die Nase und die Goldreifen um ihre
Arme. 48 Und dann warf ich mich nieder
und dankte dem Herrn, dem Gott meines
Herrn Abraham, dass er mich geradewegs
zum Bruder meines Herrn geführt hat
und ich jetzt dessen Tochter als Frau für
den Sohn meines Herrn erbitten kann. 49
Sagt mir nun also, ob ihr meinem Herrn
gut seid und seinen Wunsch erfüllen
wollt! Wenn nicht, dann muss ich an-
derswo suchen." 50 Laban und seine Fa-
milie erwiderten: „Das hat der Herr ge-
fügt! Wir können seine Entscheidung nur
annehmen. 51 Hier ist Rebekka, nimm sie
mit! Sie soll den Sohn deines Herrn heira-
ten, wie der Herr es bestimmt hat." 52 Als
Abrahams Verwalter das hörte, warf er
sich auf die Erde und dankte dem Herrn.
53 Darauf packte er Silber- und Gold-
schmuck und festliche Kleider aus und
gab sie Rebekka. Auch ihrem Bruder und
ihrer Mutter gab er kostbare Geschenke.
54 Dann aßen und tranken die Gäste und
legten sich schlafen. Am anderen Morgen
sagte Abrahams Verwalter zum Bruder
des Mädchens und zu seiner Mutter:
„Lasst mich jetzt zu meinem Herrn zu-
rückkehren!" 55 Die beiden baten ihn:
„Lass sie doch noch eine Weile bei uns
bleiben, nur zehn Tage; dann kann sie mit
dir gehen!" 56 Er aber sagte: „Haltet
mich nicht auf! Gott in seiner Güte hat
meine Reise gelingen lassen. Ich möchte
jetzt zu meinem Herrn zurückkehren."
57 „Wir rufen das Mädchen", sagten die
beiden, „sie soll selbst entscheiden." 58
Sie riefen Rebekka und fragten sie:
„Willst du mit diesem Mann mitgehen?"
Rebekka sagte: „Ja, das will ich." 59 Da
verabschiedeten sie Rebekka und ihre
Amme und auch den Verwalter Abrahams
mit seinen Leuten. 60 Sie segneten Re-
bekka und sagten: „Schwester, du sollst
die Mutter von vielen Tausenden werden!
Mögen deine Nachkommen ihre Feinde
besiegen und ihre Städte erobern!" 61
Rebekka und ihre Dienerinnen machten
sich reisefertig, setzten sich auf die Ka-
mele und zogen mit dem Besitzverwalter
Abrahams. So brach er mit Rebekka in
seinem Gefolge auf. 62 Isaak wohnte zu
der Zeit im südlichsten Teil des Landes in
der Nähe des Brunnens Lahai-Roi. 63 Ei-
nes Abends, als er gerade auf dem Feld
war, sah er auf einmal Kamele daherkom-
men. 64 Auch Rebekka hatte Isaak er-
blickt. Schnell stieg sie vom Kamel und
fragte den Verwalter Abrahams: 65 „Wer
ist der Mann, der uns dort entgegen-
kommt?" „Es ist mein Herr", erwiderte er;
und Rebekka bedeckte ihr Gesicht mit
dem Schleier. 66 Der Besitzverwalter er-
zählte Isaak, wie alles gegangen war, 67
und Isaak führte Rebekka in das Zelt sei-
ner Mutter Sara. Er nahm sie zur Frau und
gewann sie lieb. So wurde er über den
Verlust seiner Mutter getröstet.

Anmerkung: Die Geschichte von Isaak und Rebekka wurde im fünften Jahrhundert vor Christus aufgeschrieben. Lesen Sie zum besseren Verständnis in 1. Mose 21–25 auch die Geburts- und Kindheitsgeschichte von Isaak nach sowie die Geschichte, wie Isaak und Rebekka noch spät Zwillinge bekamen. Hier werden die Verwandtschaftsverhältnisse deutlich. (Auch Elieser und Debora, die Amme Rebekkas, werden darin erwähnt.)

Vertrauen wagen

Eine Geschichte über mutigen Glauben

Susi konnte ihre Aufregung kaum zügeln. Stolz erzählte sie allen in ihrer Kindergartengruppe: „Wir bekommen ein Baby!"

Die Spielkameraden und Erzieherinnen freuten sich mit ihr. Von nun an verkündete Susi jeden Tag, wenn die Kinder im Stuhlkreis saßen und jeder erzählen durfte, was ihm auf dem Herzen lag: „Wir bekommen ein Baby!"

Eines Tages winkte ihre Mama sie lächelnd zu sich heran. Eine Hand lag auf ihrem dicken Bauch.

„Komm mal schnell hierher, Liebling. Leg deine Hände auf Mamis Bauch, dann kannst du fühlen, wie das Baby sich bewegt!"

Susi erschrak! Langsam schlich sie sich an, legte ihre Händchen auf den Bauch ihrer Mutter und machte ganz große Augen. Sie sagte aber kein Wort.

Am nächsten Tag warteten alle in der Gruppe wie immer auf Susis begeisterte Mitteilung: „Wir bekommen ein Baby!" Doch sie sagte keinen Ton. Am nächsten Tag blieb sie wieder stumm und am übernächsten Tag sagte sie auch nichts. So verging eine ganze Woche. Ihre Kindergärtnerin machte sich langsam schon Gedanken. Susi hatte sich wochenlang begeistert auf das neue Baby gefreut, und nun war sie so still, dass die Erzieherin sich fragte, ob Susis Mutter vielleicht eine Fehlgeburt erlitten hatte. Sie wartete bis zur Mittagszeit ab. Als die anderen Kinder schliefen, rief sie Susi zu sich. Liebevoll legte sie ihren Arm um die Schultern der Kleinen und fragte vorsichtig: „Susi, wartet ihr immer noch auf euer Baby?"

Susi wurde ganz traurig, drehte verlegen ihre Händchen und schaute zu Boden. Dann blickte sie hoch und antwortete unsicher: „Ich weiß nicht. Ich glaube, meine Mama hat das Baby aufgegessen!"[1]

Oh nein! Kein Wunder, dass Susi völlig verunsichert war!

Im Anschluss an diese Babygeschichte möchte ich Ihnen eine Geschichte erzählen, die nicht so lustig ist. Eine Geschichte über ein anderes kleines Mädchen, dessen Mama auch ein Baby erwartete. Diese Geschichte wird in 2. Mose 1 und 2 berichtet. Es ist die Geschichte einer Familie, die sich in einer Zeit großer Hoffnungslosigkeit entschied, auf Gott zu vertrauen.

„O wie gut! Das ist lieb von dir, mein Kind. Ich danke dir, Mirjam. Ich bin sehr durstig." Jochebed richtete sich auf und nahm den Becher aus der Hand der Tochter entgegen. Mit der anderen Hand griff sie nach hinten und rieb sich den schmerzenden Rücken.

„Alles in Ordnung, Mama?", fragte Mirjam leise.

Vorsichtig schaute Jochebed zur Seite. Da sah sie, wie ein Aufseher einen älteren Mann, der mit einem Bündel Stroh für die Backsteinbrenner beladen war, heftig zur Seite stieß. Der alte Mann stolperte. Er versuchte noch vergeblich, das Gleichgewicht zu halten, und stieß schließlich mit einem anderen Arbeiter zusammen. Das Stroh fiel auseinander und flog in alle Himmelsrichtungen. Der Aufseher griff zur Peitsche.

„Lauf schnell und bring den anderen auch etwas zu trinken!", sagte Jochebed und drängte ihre Tochter hastig von der erschreckenden Szene und von dem Aufseher weg. „Mir geht es gut, Mirjam. Mir geht es gut. Wir sehen uns heute Abend."

Mirjam sah ihrer Mutter kurz in die Augen. Dann nahm sie ihren Wasserkrug wieder auf und machte sich ruhig auf den Weg.

„O Herr, wie lange noch?", betete Jochebed und beugte sich erneut über ihre Arbeit. „Wie lange noch?"

Die Sonne war schon untergegangen, als endlich das Feierabendsignal ertönte. Jochebed nickte einigen anderen erschöpften Arbeiterinnen freundlich zu und machte sich auf den Heimweg. Ihr Weg führte sie am Fluss vorbei. Vorsichtig suchte sie sich einen Pfad durch das hohe Gras. Dabei achtete sie genau auf Krokodile. Am Ufer sank sie nieder und hielt ihre geschwollenen Füße und Knöchel in das kalte Wasser des Nils. Ein Seufzer der Erleichterung löste sich aus ihrer Brust, und doch blieb ihr Herz schwer. Unter ihren weiten Gewändern verbarg sie eine Schwangerschaft. Wie lange noch konnte sie ihr Familiengeheimnis verbergen?

*

Seit den Tagen Josefs und der großen Hungersnot lebten die Israeliten nun in Ägypten. In Ägypten waren sie erfolgreich gewesen und hatten sich stark vermehrt. Nun, nachdem einige Generationen gekommen und gegangen waren, hatte ein König den Thron bestiegen, der die vielen Kinder Israel sowohl als eine große Gefahr als auch als Chance sah, sein Königreich zu erweitern. Er versklavte die Menschen und hatte ein riesiges Bauprojekt für zwei prunkvolle Städte begonnen. Indem er die Hebräer hart arbeiten ließ, hoffte er, die Starken zu schwächen und die Schwachen zu töten, während er sich zwei große Städte zur Lagerung und Zurschaustellung des ägyptischen Reichtums schuf.

Der erste Teil des Plans ging schief. Die Israeliten wurden nicht schwächer, sondern stärker und sie vermehrten sich weiterhin.

Darum änderte der Pharao seine Taktik. Er ließ die hebräischen Hebammen rufen und befahl ihnen, jedes männliche Kind der Hebräerinnen bei der Geburt zu töten.

Dieser Plan ging ebenfalls schief. Die hebräischen Hebammen fürchteten Gott mehr als den König von Ägypten. Sie gehorchten dem Pharao nicht und retteten die Babys. Darum ordnete der Pharao an, dass seine Leute den Hebräerinnen die männlichen Säuglinge gewaltsam entrissen und im Nil ertränkten.

Genau in dieser Zeit wurde Jochebed schwanger mit ihrem dritten Kind.

*

Es war nur eine kleine Lampe, die während der schlichten Hausgeburt Licht spendete. Jochebed unterdrückte ihre Schmerzensschreie und strengte sich unsagbar an, um das Kind aus ihrem Leib zu pressen. Amram, der an der Haustür Wache stand, gab der Hebamme Zeichen, leise zu sein, weil er fürchtete, dass die Wachsoldaten der großen Sklavensiedlung jeden Augenblick vorbeimarschieren, Verdacht schöpfen, ins Haus stürzen und seiner Frau das Kind entreißen könnten. Die kleine Mirjam wischte ihrer Mutter mit vor Angst und Staunen weit aufgerissenen Augen liebevoll den Schweiß von Gesicht und Hals. Dabei liefen ihr Tränen über die kindlichen Wangen.

Mit einer letzten Presswehe und einem tiefen Stöhnen brachte Jochebed endlich erleichtert ihr Kind zur Welt. Es war geschafft! Sie ließ ihren Kopf in die Kissen sinken und doch blieb sie hellwach für alles, was weiter geschah. Sie spürte das Gewicht des Kindes, das ihr auf den Leib gelegt wurde, und hörte, wie die Hebamme den Geburtsstuhl für die Nachgeburt herbeischob. Weil sie ihr Kind sehen wollte, fasste Jochebeds Hand nach dem Säugling und griff in einen dunklen, feuchten Haarschopf. Sie suchte den Blick der Hebamme. „Es ist ein Junge", sagte sie sachlich.

Jochebeds Blick huschte zu Amram, ihrem Mann. Der intensive Blickaustausch sprach Bände.

„Ein Sohn", flüsterte sie und ihre Augen wurden feucht, während Freude und Sorge in ihr miteinander kämpften.

Das Baby wurde ihr frisch gewickelt an die Brust gelegt. Amram wagte es, seinen Wachtposten an der Tür zu verlassen, kniete sich neben seine Frau und das Kind und umschloss beide mit seinen starken Armen. Sein Stolz und seine Freude über die Geburt seines Sohnes wurden von der Wirklichkeit und der Gefahr überschattet, die sie ab sofort umlauerte. Sie hatten keine einfache Antwort auf ihre Gebete erhalten.

„Er ist schön, Amram", flüsterte Jochebed. „So schön!"

Die Augen fielen ihr vor Erschöpfung zu. Sie sagte nur noch wenige Worte, bevor der Schlaf sein Recht forderte. „Aber, Amram, Gott hat uns einen Sohn gegeben. Er hat uns einen Sohn gegeben."

Sie waren entschlossen, ihrem König nicht zu gehorchen. Drei Monate lang versteckten sie ihren Sohn.

*

Die folgenden Wochen und Monate waren für Jochebed voller Spannungen. Sie musste arbeiten gehen, hatte aber einen Säugling, den sie stillen und vor den Soldaten des Pharaos verstecken musste. Die Hilfe ihrer Tochter Mirjam war unschätzbar. Nur – das Baby wurde immer größer und seine Stimme kräftiger. Es gab schon zu viele Gerüchte. Es war nur eine Frage der Zeit, bis die Wachsoldaten in der weitläufigen Sklavensiedlung gegen ihre Türe poltern und schreien würden: „Ist hier ein Säugling? Warum wurde uns die Geburt eines Säuglings in Amrams Haus nicht gemeldet?"

Bisher hatte Gott das Kind beschützt. Aber wie lange konnte sie es noch auf diese Weise verstecken? Jochebed hatte bis zur Erschöpfung hin und her überlegt. Ihr war nichts Passendes eingefallen. Endlich, als sie das Baby nicht länger verstecken konnte, schenkte Gott ihr die Idee, das Kind genau dorthin zu bringen, wo alle anderen männlichen Säuglinge gestorben waren: zum Nil.

*

Jochebed flocht den großen Korb sehr stramm, indem sie die Papyrusbänder eng auf und ab webte. Sie nahm schwarzes Pech und erwärmte es über dem Feuer. Anschließend strich sie die schmierige wasserundurchlässige Substanz mit einem Stock mehrmals von außen auf den Korb. Das war bestimmt nicht der schönste Korb, den sie bisher gemacht hatte, aber er war haltbar und wasserdicht.

Weil sie sich ihrer Verantwortung für beide Kinder in dieser Situation auf Leben und Tod sehr wohl bewusst war, durchdachte Jochebed immer und immer wieder die dramatische Rolle, die Mirjam bei diesem Dilemma übernehmen sollte. Sie zerbrach sich den Kopf und spielte noch einmal die verschiedenen Dinge durch, die eintreten konnten. Was, wenn die Soldaten ihre Kinder entdeckten? Was, wenn der Korb flussabwärts driftete? Was, wenn Krokodile eine Beute witterten? Was, wenn alles nach Plan verlief und die Prinzessin zum Fluss kam, um zu baden? Wie sollte Mirjam sich einer Königstochter nähern? Sollte sie knicksen oder sich verbeugen? Was sollte sie sagen? Jochebed seufzte tief. Aber ihr Entschluss stand fest. Sie war entschlossen, Gott ihre Kinder im Glauben anzuvertrauen.

*

Jochebed stand in der Dunkelheit auf und legte das Baby an. Vielleicht war es das letzte Mal. Sie spürte seine seidige Haut, betrachtete die Form seiner winzigen Füßchen und Zehen und versuchte, die Erinnerung daran zu verinnerlichen. Während sie es in den Korb legte, weckte sie Mirjam und ließ sie zügig ihr Frühstück essen. Mit dem Korb auf der Hüfte schritt sie mit ihrer kleinen Tochter an der Seite in die Dunkelheit hinaus.

„Komm schnell und sei so leise wie möglich", flüsterte sie. „Wir dürfen nicht gesehen werden."

Jochebed schnupperte in die Luft. Sie hatte gestern Abend den Sonnenuntergang beobachtet. Danach und nach dem Geruch der Morgenluft zu urteilen musste das Wetter gut werden. Vielleicht kam die Prinzessin heute mit ihrem Gefolge an ihre Badestelle und nahm ein erfrischendes Bad. Jochebed betete dafür.

Das Gras war feucht unter ihren Füßen. Als sie sich dem Fluss näherten, konnten sie sein Rauschen hören. Am Ufer kniete Jochebed nieder und nahm das Baby in ihre Arme. Sie ließ es ein letztes Mal sein Bäuerchen machen, spürte die Wärme des Kleinen an ihrem Hals und atmete seinen nach Milch duftenden Atem ein.

Jochebed legte ihn in den Korb zurück und deckte ihn sorgfältig zu, damit kein Ungeziefer an ihm herumkrabbeln konnte. Dann steckte sie ihren Rock unter das Brustband, setzte den Korb wieder auf ihre Hüfte und stieg unter den aufmerksamen Blicken von Mirjam, die jede ihrer Bewegungen beobachtete, in das morgendlich kühle Wasser des Nils. Sie watete ins dichte Schilf. Hier waren die Schilfrohre richtig dick. Schnell fand sie eine Stelle, wo der Korb nicht wegschwimmen konnte. Dann ließ sie ihn los – sie ließ den Korb los und ließ Gott mit ihm machen, was er vorhatte.

Jochebed drehte sich um und bewegte sich leise durch das Wasser bis zu der Uferstelle, wo Mirjam hockte. Ungeachtet ihrer nassen Röcke kniete sie nieder und umfasste die zarten Schultern ihrer Tochter. So viel hing nun von dem kleinen Mädchen ab. Von einem kleinen Mädchen und einem allmächtigen Gott.

„Pass ganz gut auf, Mirjam, und sei schön leise. Denk daran, was ich dir gesagt habe. Denk daran, wie man sich einer Prinzessin naht und wie man sie anspricht. Ich muss gehen, bevor wir hier gefunden werden. Oh, hab keine Angst, Mirjam. Du bist nicht allein. Gott ist bei dir."

*

Es war ein schwüler Tag. Die Prinzessin befahl ihrem weiblichen Gefolge, sie zum Baden an den Fluss zu begleiten. Dort war es schön kühl. Sie ruhten sich aus und faulenzten und fanden es erfrischend, vom Uferrand aus ins Wasser zu springen. Die Tochter des Pharaos lachte über das Gekicher ihrer Begleiterinnen. Plötzlich vernahm sie ein leises Wimmern. Sie schützte ihre Augen mit der Hand vor der Sonne und blickte den Fluss entlang. „Seid mal still! Hört ihr das auch?", fragte sie die jungen Frauen. „Ich glaube, ich habe ein Baby weinen hören."

Aus dem leisen Weinen wurde ein jämmerliches Schreien. Ihr Blick fiel auf etwas, unweit unterhalb ihrer Badestelle, was wie ein Korb aussah, der zwischen dicken Schilfrohren steckte.

„Seht! Dort drüben! Holt mir das schwarze Ding!"

Die Frauen wateten ins Schilf und holten den Korb, aus dem das Babygeschrei drang, und gaben ihn ihrer Herrin. Vorsichtig hob sie den Deckel auf und starrte verwundert auf seinen Inhalt.

*

Durch das Geschrei war sie auf ein Baby vorbereitet. Worauf sie allerdings nicht vorbereitet war, war dieses mütterliche Gefühl, das sie plötzlich beim Anblick des hübschen, hilflosen Kindes überfiel. Sie knüpfte die groben Windeln auf.

„Das ist ein hebräisches Kind", sagte sie und griff nach dem Säugling im Korb. „Ein sehr feuchter Junge!", lachte sie und hob ihn aus seinen nassen Windeln.

Zum Erstaunen ihrer Begleiterinnen wickelte die Prinzessin das Baby ohne Rücksicht auf ihr kostbares Kleid auf ihrem Schoß aus. Der Kleine schien für einen Moment getröstet, suchte mit seinen Lippen nach der Brust, die ihn füttern würde, und begann enttäuscht lauthals zu brüllen.

„Der ist mehr als hungrig, schätze ich", meinte die Prinzessin bekümmert und war ratlos.

„O Prinzessin!"

Ein dünnes Stimmchen klang aus dem hohen Schilfgras. Die Tochter des Pharaos blickte auf und sah ein junges hebräisches Mädchen. Das Mädchen schaute sich zunächst schüchtern um, ging dann aber tapfer auf die königliche Gesellschaft zu. Sie machte einen höflichen Knicks, und während sie nervös mit ihren Fingern spielte, fragte sie: „Soll ich eine hebräische Frau für Euch suchen, die das Baby stillen kann?"

„O ja, mein Kind. Das wäre großartig!", strahlte die Prinzessin. „Und beeile dich!"

„Ja, eure Majestät!" Das Mädchen knickste noch einmal und rannte in die Richtung, aus der es gekommen war.

„Was wollt Ihr mit dem Baby machen, Herrin?", fragte eine der Dienerinnen. „Das sieht doch so aus, als habe ein Hebräer die Anordnung Eures Vaters nicht befolgt!"

„Was ich mit ihm machen will?" Die Prinzessin schaute ihre Begleiterinnen für einige Sekunden an, bevor sich ihr Gesicht entspannte und sie ihre Nase an den weichen Kopf des Babys legte. „Ich will ihn behalten. Er soll mein Sohn sein."

*

Für Jochebed zogen sich die Stunden wie Jahre in die Länge, während sie an jenem Morgen ihrer Arbeit nachging. Jeder Gedanke endete bei dem Drama, das sich in ihrer Abwesenheit vielleicht gerade am Fluss abspielte. Tapfer schluckte sie ihre Angst hinunter.

„Gott hat alles unter Kontrolle", sagte sie sich. Ihr Vertrauen machte sie ruhiger.

Plötzlich hörte Jochebed, wie Mirjam schon von weitem nach ihr rief: „Mama! Mama! Die Prinzessin ist an den Fluss gekommen!" In ihrer Aufregung überschlugen sich ihre Worte fast. „Mir ist auch im richtigen Augenblick eingefallen, was ich sagen sollte, Mama! Komm schnell! Ich glaube, sie will uns unser Baby wiedergeben!"

Jochebed verspürte eine unbeschreibliche Erleichterung. Sie weinte vor Freude.

„O Herr, mein Gott, Jehova, ich danke dir!" Die geprüfte Mutter erhob ihr Gesicht zum Himmel und dankte und lobte Gott aus tiefstem Herzen. „Komm, Mirjam, wir wollen zum Fluss laufen!"

*

Jochebed und Mirjam eilten zum Nil zurück. Bevor sie sich der Prinzessin nahten, blieb Jochebed stehen, glättete ihr Haar und zog sich ihr Kleid zurecht. Sie fühlte sich mit jeder Minute unwohler. Sie konnte ihr Kind in der Ferne schreien hören. Ihr Herz raste in wilden Sprüngen. Sie trat auf die Lichtung am Fluss und stellte sich ergeben vor die mächtige junge Frau, die ihren Jungen in den Armen hielt.

„Eure Hoheit, meine Tochter hat mir gesagt, dass Ihr eine Amme für Euer Kind sucht. Ich habe neulich meinen Sohn verloren, wie viele meiner hebräischen Schwestern. Meine Brüste sind voll. Ich würde gern an Eurer Stelle für dieses Kind sorgen."

Sie wagte es, ihre Augen zu der Tochter des Pharaos zu erheben. Für einen Augenblick hielt Jochebed dem Blick der jungen Frau stand. Die Prinzessin hielt ihr das schreiende Baby entgegen und sagte: „Nimm das Kind zu dir und stille es für mich. Sorge gut für den Jungen. Ich will dich reich entlohnen."

Sprachlos und tief bewegt streckte Jochebed ihre zitternden Hände nach dem Kind aus und schloss es in ihre Arme.

„Sein Name soll Mose sein", sagte die Prinzessin, „weil ich ihn aus dem Wasser gezogen habe."

Jochebed und Mirjam waren überglücklich, als sie mit dem Kind nach Hause gehen durften. Gott hatte ihren Glauben belohnt und das Leben des Säuglings gerettet! Außerdem war Jochebed nun keine Sklavin mehr, sondern wurde in den Stand einer Amme und Kinderfrau für den kleinen Prinzen Mose erhoben, der der Enkel des Pharaos werden sollte. Aber mit diesen Nebensächlichkeiten wollte Jochebed sich vorerst nicht beschäftigen. Jetzt gab es nur eines: Ihr kleiner Sohn lag wieder an ihrer Brust!

Jochebed eilte nach Hause und teilte Amram, dem erstaunten Vater, die Neuigkeiten mit. Niemand ahnte, dass Gott eines Tages ihren kleinen Sohn dazu gebrauchen würde, die Gebete um Freiheit für ihr Volk zu erhören.

Hintergrundinformationen

Die Geschichte von Jochebed zeigt uns den treuen Glauben einer Familie angesichts unerträglicher Lebensumstände. Und sie zeigt uns Gottes Weitblick und Vorsehung. Wenn wir das Leben dieser Familie zu jener Zeit näher betrachten, erkennen wir für unser Leben heute eine Botschaft der Hoffnung. Schauen Sie sich die Geschichte mit mir einmal näher an.

Worum geht es in dieser Geschichte?

Wenn Sie wissen wollen, wie die Israeliten das erste Mal nach Ägypten gekommen sind, müssen wir von Jochebeds Zeit etwa 400 Jahre zurückblicken. In 1. Mose 37 bis 2. Mose 1 ist die Geschichte von Josef zu lesen. Hier eine kurze Zusammenfassung: Josef, der Sohn Jakobs (und Enkel von Isaak aus dem letzten Kapitel), wurde in der hebräischen und auch in der ägyptischen Geschichte ein berühmter Mann. Obwohl er als sehr junger Mensch in die Sklaverei nach Ägypten verkauft worden war, wurde er später dazu ausersehen, den ägyptischen Herrscher darauf aufmerksam zu machen, dass auf sieben überaus reiche Erntejahre sieben dürre Jahre folgen würden. Darum hatte Josef dem Pharao geraten, für die kommenden Notzeiten Vorratskammern zu bauen und sie mit Getreide zu füllen. Als sich Josefs Vorhersagen bestätigten, machte der Pharao Josef zum Statthalter seines Landes. Er war nach dem ägyptischen Staatsoberhaupt der zweite Mann im Reich der Pharaonen. Zur Zeit der Hungersnot zogen die Brüder Josefs nach Ägypten, um Korn zu kaufen, und Josef war wieder mit einem Teil seines Clans vereint. Anschließend lud der Pharao Josefs komplette Familie ein, mit ihren Herden in das fruchtbare Gebiet von Gosen zu ziehen. Auf diese Weise kamen die ersten Hebräer nach Ägypten. Die Verwandten Josefs, insgesamt etwa 70 Menschen, waren angesehene und geachtete Leute (1. Mose 45,16–20). Sie erlangten Wohlstand und vermehrten sich stark im Land Gosen. (Josef und seine elf Brüder waren die Väter der zwölf Stämme Israels, das schließlich zu einem Volk von mehr als zwei Millionen Menschen wurde.)

Dann änderte sich die Situation. Nach etwa 300 Jahren kam eine neue Dynastie an die Macht. Ihre Pharaonen kannten Josef nicht mehr und würdigten nicht, was er für Ägypten getan hatte. Die Israeliten wurden versklavt. Wie unsere Geschichte zeigt, waren Jochebed und ihre Familie Teil einer großen Bevölkerungsschicht von Sklaven, die von einem grausamen Monarchen vernichtet werden sollte. Das Gebiet von Gosen wurde für die Israeliten zum Ghetto und ihr Leben wurde ein bitterer Existenzkampf.

Es folgte das grausame Edikt des Pharaos. Die ersten beiden Versuche des Pharaos, die hebräische Bevölkerung auszudünnen, schlugen fehl. Darum befahl der Herrscher, alle männlichen Neugeborenen in den Nil zu werfen. Hier lesen wir in der Bibel zum ersten Mal von Kindermord.

Vor einigen Jahren habe ich Charles Swindoll in seinem Radioprogramm über diese Geschichte reden gehört. Er gab einen nüchternen Kommentar, den ich nie vergessen werde: „Stellen Sie sich vor, wie sich die Krokodile im Nil in den Jahren vermehrten, in denen sie mit männlichen Säuglingen gefüttert wurden."

Es waren Menschen wie Sie und ich, die das damals mitmachen mussten. Und in dieser grausamen Zeit wurde eine Frau namens Jochebed zum dritten Mal schwanger.

Haben Sie schon einmal um Gottes Timing für Ihr Leben gebetet? Ich schon! Und ich denke mir, dass Jochebed und Amram um ein Mädchen gebetet haben. Obwohl die Geburt von Söhnen einen besonders hohen Wert hatte, wäre damals die Geburt eines Mädchens eine gute Lösung für ein so schreckliches Problem gewesen! Stattdessen hat die Geburt eines Jungen ihren Glauben auf eine harte Probe gestellt. Und die Eltern stellten sich der Herausforderung, indem sie sich entschlossen, dem Pharao nicht zu gehorchen und ihren Sohn vor der Hand der Henker zu verbergen.

Wie konnten sie so etwas wagen? Amram und Jochebed gehörten zum Stamme Levi. Das war der Stamm, aus dem die Priester gewählt wurden. Sie hatten ein göttliches Erbe. Im ersten Buch Mose wurde prophezeit, dass die Israeliten zu Sklavendiensten gezwungen würden, dass aber die vierte Generation befreit werden würde (1. Mose 15,13–16). Es waren schreckliche Zeiten. Doch sie erinnerten sich an Gottes Verheißung.

Die Prinzessin entschied, das Baby als ihren Sohn anzunehmen

Das ist verblüffend. Wessen Tochter war sie? Die Tochter des *Pharaos*! Welche Vorbehalte galten in Ägypten gegen die Hebräer? *Ungeheure.* Diese mächtige Frau hätte sich gut und gerne den schönsten ägyptischen Jungen im ganzen Land aussuchen können. Aber Gott gab ihr überwältigende Muttergefühle für das Kind eines fremden Volkes, einer Rasse, die von ihrem eigenen Vater brutal unterdrückt wurde. Genau dieses Kind adoptierte sie. Später brachte sie den Jungen sogar in den Palast des Pharaos, wo er als königlicher Enkel aufwuchs und die allerbeste Ausbildung erhielt.

Gott segnete Jochebeds Glauben und sorgte dafür, dass die Prinzessin sie als Amme und Kinderfrau für den Kleinen in Dienst nahm

Wir erfahren nicht, ob die Tochter des Pharaos geahnt hat, dass Jochebed die Mutter des Kindes war, aber wir wissen, dass sie nicht die Absicht hatte, Jochebed zu erlauben, das Kind zu behalten. Sie wollte es für sich haben. Trotzdem: Jochebed durfte nicht nur für ihr Kind sorgen, sie wurde dadurch aus dem Stand einer Sklavin in den Stand einer bezahlten Angestellten der königlichen Familie erhoben.

Amram und Jochebed waren entschlossen, Gott in ihrer unmöglichen Situation zu vertrauen, und Gott nahm ihnen die Angst

In dem berühmten Kapitel über die „Glaubenshelden", in Hebräer 11,23, heißt es: „In solchem Vertrauen hielten die Eltern von Mose ihr Kind nach dessen Geburt drei Monate lang versteckt. Sie sahen seine Schönheit und ahnten, dass Gott Großes mit ihm vorhatte. So hatten sie keine Angst, dem Befehl des Königs zu trotzen."

Amram und Jochebed vertrauten Gott nicht nur, als sie das Leben des Babys schützten, sie mussten ihm auch vertrauen, als die Zeit kam, das Kleinkind in das Haus ihres Feindes zu bringen. Jochebed hatte ihre Zeit als Kinderfrau gut genutzt, den kleinen Prinzen zu lehren, ihren lebendigen Gott zu verehren. Es ist interessant, wie sich das später ausgewirkt hat. In der Bibel steht: „Durch den Glauben wollte Mose, als er groß geworden war, nicht mehr als Sohn der Tochter des Pharaos gelten, sondern wollte viel lieber mit dem Volk

Gottes zusammen misshandelt werden als eine Zeit lang den Genuss der Sünde haben" (Hebräer 11,24–25; Luther).

Er war es schließlich, der das Volk Israel aus der Versklavung geführt hat.

Was für eine Bedeutung hat diese Geschichte für mein Leben?

Wie sehen heute Ihre schwierigen Lebensumstände aus? Ist es ein finanzielles Problem? Ist es ein Kind auf Abwegen, eine unerträgliche Situation bei der Arbeit oder ein Eheproblem? Sind es die pflegebedürftigen Eltern oder der Verlust eines geliebten Menschen?

Ich möchte Sie daran erinnern, dass derselbe Gott, der Jochebed geliebt hat und einen Plan für ihr Leben und ihre Familie hatte, auch Sie liebt und auch einen besonderen Plan für Ihr Leben hat. In Jeremia 29,11–14 gibt es eine bemerkenswerte Verheißung, die man sich merken sollte: „Denn mein Plan mit euch steht fest: Ich will euer Glück und nicht euer Unglück. Ich habe im Sinn, euch eine Zukunft zu schenken, wie ihr sie erhofft. Das sage ich, der Herr. Ihr werdet kommen und zu mir beten, ihr werdet rufen und ich werde euch erhören. Ihr werdet mich suchen und werdet mich finden. Denn wenn ihr mich von ganzem Herzen sucht, werde ich mich von euch finden lassen."

Wollen Sie Gott in Ihrer Situation vertrauen? Stellen Sie sich einen großen hässlichen Korb vor, der mit Teer und Pech bestrichen ist. Nun denken Sie an die Last, die Sie nachts aufwachen lässt und Ihnen den wertvollen Frieden raubt. Können Sie im Glauben Ihre Last in den Korb legen? Wollen Sie im Glauben in das Wasser steigen und den Korb im Vertrauen auf Gott, darauf, dass er diese Sache zu Ihrem Besten lösen wird, loslassen?

Entschließen Sie sich, ihm zu vertrauen. Diese Entscheidung kann alles wenden.

*

John bückte sich, um seinen vierjährigen Sohn Johnny, der schon im Schlafanzug steckte, huckepack die Treppe hinaufzutragen. Er sah zu, dass Johnny seine Zähne putzte und noch einen Schluck Wasser trank. Dann ritt er mit dem Kleinen ins Kinderzimmer. Die beiden kannten das Ritual: John steckte Johnny ins Bett und las ihm eine biblische Geschichte vor. Anschließend sprach Johnny sein Abendgebet, erwartete den Gutenachtkuss seines Vaters auf seine Stirn und kuschelte sich unter die Decke, während sein Papa ihm von der Tür aus ein letztes „Gute Nacht, mein Sohn" sagte und beim Hinausgehen das Licht ausschaltete.

Unten angekommen, holte sich John einen Orangensaft aus dem Kühlschrank. Bevor er zu seinem Sessel ging, beugte er sich über seine Frau und gab ihr einen Kuss auf die Wange. Sie saß am Küchentisch und konzentrierte sich auf den Kontoausgleich ihres Scheckbuchs. Schließlich ging er ins Wohnzimmer, stellte seinen Saft auf den Tisch und setzte sich gemütlich in den Sessel – in einer Hand die Fernbedienung, in der anderen seine Zeitung. Ein Seufzer der Erleichterung war deutlich zu vernehmen.

John blätterte gerade die erste Seite des Sportteils um, als er eine vertraute zaghafte Stimme hörte, die von der oberen Treppenstufe zu ihm herüberdrang.

„Daddy? Ich habe Angst im Dunkeln."

Nicht schon wieder, dachte John leicht verärgert. Er legte seine Zeitung zur Seite, allerdings nicht mit der Absicht aufzustehen. Stattdessen rief er seinem Sohn zu: „Geh wieder ins Bett, Johnny. Du bist nicht allein. Gott ist bei dir. Jetzt geh schön schlafen, mein Sohn."

Also tippelte Johnny wieder brav in sein Bett.

Es vergingen nur wenige Minuten, da rief dasselbe zaghafte Stimmchen von oben herunter: „Daddy? Würdest du bitte Mami raufschicken? Ich schicke dir dafür Gott runter. Ich glaube, ich brauche jemanden mit Haut."[2]

Ich muss über Johnny schmunzeln, aber genau genommen bin ich manchmal wie er. Wenn ich Angst habe oder mich hilflos fühle oder es nicht ertragen kann, mich den Anforderungen zu stellen, was mache ich dann? Nun, ich rufe meine Mutter an oder meinen Mann bei der Arbeit oder meine Schwester oder meine Nachbarin, weil ich weiß, dass diese Menschen mich mögen und mir helfen oder Mut machen wollen oder für mich beten. Wenn ich so eifrig herumtelefoniere und Menschen „mit Haut" anrufe, vergesse ich leicht, dass der lebendige, starke Gott, der mich liebt und der einen guten Plan hat, den ich in meinen Leben verwirklichen soll, sehnsüchtig darauf wartet, dass mir einfällt, *ihn* anzurufen.

Gebet

Lieber himmlischer Vater, ich brauche deine Hilfe. Ich bin es leid, mein Leben und schwierige Situationen mit meiner eigenen Kraft zu meistern. In diesem Moment entschließe ich mich, dir zu vertrauen. Hilf mir, meine Sorgen loszulassen und nicht länger zu versuchen, die Dinge zu manipulieren und zu bewerkstelligen, wie ich es für richtig halte. Danke, dass du mich liebst und dass du dich um meine Probleme kümmerst.

Bitte nimm meine Angst weg, wie du es bei Jochebed und Amram getan hast, und tausche sie gegen deinen Frieden ein. Hilf mir, in der vor mir liegenden Nacht mit dem Wissen zu ruhen, dass du einen besonderen Plan für mein Leben hast.

In Jesu Namen, amen.

Mein fester Vorsatz für morgen

Ich will die Verheißung aus Jeremia 29,11–13 über Gottes Plan für mich abschreiben. Ich werde sie an einer Stelle anbringen, wo ich oft hinschaue, und ich will eine Kopie in meinem Portmonee bei mir tragen. Jedes Mal, wenn ich versucht bin, mir über meine Situation Sorgen zu machen, will ich diese Verheißung lesen und Gott im Voraus dafür danken, wie er auf mein Leben einwirken will.

Zum Nachdenken

Es ist eine große Erleichterung, loszulassen und meine Angst Gott zu überlassen. In welchen Bereichen sollte ich ihm noch voll und ganz vertrauen?

Bibellese: 2. Mose 1,6–2,10

6 Dann waren Josef und seine Brüder
gestorben. Von ihrer ganzen Generation
lebte niemand mehr. 7 Aber ihre Nach-
kommen, die Israeliten, waren fruchtbar
und vermehrten sich; sie nahmen über-
hand und wurden so zahlreich, dass sie
das Land füllten. 8 Da kam in Ägypten
ein neuer König an die Macht, der von
Josef nichts mehr wusste. 9 Er sagte zu
seinen Leuten: „Die Israeliten sind so
zahlreich und stark, dass sie uns gefähr-
lich werden. 10 Wir müssen etwas

unternehmen, damit sie nicht noch stär-
ker werden. Sie könnten sich sonst im
Kriegsfall auf die Seite unserer Feinde
schlagen, gegen uns kämpfen und dann
aus dem Land fortziehen." 11 Die Ägyp-
ter setzten deshalb Aufseher ein, um die
Israeliten mit Fronarbeit unter Druck zu
halten. Die Männer mussten für den
Pharao die Vorratsstädte Pitom und
Ramses bauen. 12 Aber je mehr man die
Israeliten unterdrückte, desto zahlrei-
cher wurden sie und desto mehr breite-
ten sie sich aus. Den Ägyptern wurde das
unheimlich. 13-14 Darum ließen sie die
Männer Israels als Sklaven für sich arbei-
ten, misshandelten sie und machten
ihnen das Leben zur Hölle. Sie zwangen
sie, aus Lehm Ziegel herzustellen und
harte Feldarbeit zu verrichten. 15 Doch
nicht genug damit: Der König von Ägyp-
ten ließ die beiden hebräischen Hebam-
men Schifra und Pua rufen und befahl
ihnen: 16 „Wenn ihr den hebräischen
Frauen bei der Geburt beisteht, dann
achtet darauf, ob sie einen Sohn oder
eine Tochter zur Welt bringen. Die
männlichen Nachkommen müsst ihr so-
fort umbringen, nur die Mädchen dürft
ihr am Leben lassen." 17 Die Hebammen
aber gehorchten Gott und befolgten den
Befehl des Königs nicht. Sie ließen auch
die Söhne am Leben. 18 Da ließ der
König die Hebammen kommen und
fragte sie: „Warum widersetzt ihr euch
meinem Befehl und lasst die Jungen am
Leben?" 19 Sie antworteten dem Pha-
rao: „Die hebräischen Frauen sind kräfti-
ger als die ägyptischen. Bis die Hebamme
zu ihnen kommt, haben sie ihr Kind
schon längst zur Welt gebracht." 20 So
vermehrte sich das Volk Israel auch
weiterhin und wurde immer mächtiger.
Gott aber ließ es den Hebammen gut
gehen. 21 Weil sie ihm gehorcht hatten,
schenkte er ihnen zahlreiche Nachkom-
men. 22 Nun gab der Pharao seinem
ganzen Volk den Befehl: „Werft jeden
Jungen, der den Hebräern geboren wird,
in den Nil! Nur die Mädchen dürfen am
Leben bleiben."

2 1 Ein Mann aus der Nachkommen-
schaft von Levi heiratete eine Frau, die
ebenfalls zu den Nachkommen Levis ge-
hörte. 2 Sie wurde schwanger und
brachte einen Sohn zur Welt. Als sie sah,
dass es ein gesundes, schönes Kind war,
hielt sie es drei Monate lang versteckt. 3
Länger konnte sie es nicht verbergen.
Deshalb besorgte sie sich ein Kästchen
aus Binsen, dichtete es mit Pech ab, so-
dass es kein Wasser durchließ, und legte
das Kind hinein. Dann setzte sie das
Kästchen ins Schilf am Ufer des Nils. 4
Die Schwester des Kindes versteckte sich
in der Nähe, um zu sehen, was mit ihm
geschehen würde. 5 Da kam die Tochter
des Pharaos an den Nil, um zu baden.
Ihre Dienerinnen ließ sie am Ufer zurück.
Auf einmal sah sie das Kästchen im
Schilf. Sie schickte eine Dienerin hin, um
es zu holen. 6 Als sie es öffnete, fand sie
darin einen weinenden Säugling, einen
kleinen Jungen. Voller Mitleid rief sie:
„Das ist einer von den Hebräerjungen!" 7
Die Schwester des Kindes kam aus ihrem
Versteck und fragte: „Soll ich eine hebrä-
ische Frau rufen, die das Kind stillen
kann?" 8 „Ja, tu das!", sagte die Tochter
des Pharaos. Da holte das junge Mäd-
chen die Mutter des Kindes, 9 und die
Tochter des Pharaos sagte zu ihr: „Nimm
dieses Kind und stille es für mich! Ich
werde dich dafür bezahlen." So kam es,
dass die Frau ihr eigenes Kind mit nach
Hause nehmen und stillen konnte. 10 Als
der Junge groß genug war, brachte sie
ihn wieder zurück. Die Tochter des Pha-
raos nahm ihn als ihren Sohn an. Sie
sagte: „Ich habe ihn aus dem Wasser ge-
zogen." Darum gab sie ihm den Namen
Mose.

Anmerkung: Das 2. Mosebuch berichtet von der Entstehung des Volkes Israel, seiner bitteren Fronarbeit in Ägypten und seiner Befreiung aus Ägypten unter der Führung von Mose, dem Sohn von Amram und Jochebed. Das war etwa in der Zeit von 1450 bis 1405 v. Chr.

Zuerst komm ich! Zuerst ich!

Eine Geschichte für Leiter

Pastor Mike Hollenbeck und seine Frau Joyce waren 17 Jahre lang kinderlos geblieben. Schließlich adoptierten sie zwei niedliche Mädchen. Sie besuchten uns einmal für einige Tage. Ihre Tochter Kacie war damals fünf Jahre alt und ihre Tochter Jordyn war noch ein Baby. Es machte uns viel Spaß mitzuerleben, wie unsere lieben Freunde mit ihrer wachsenden Familie aufblühten.

Kacie war ein entzückendes, liebenswertes Kind mit rotem Haar und Sommersprossen. Am zweiten Tag ihres Besuchs vertraute Joyce mir an, dass die niedliche Kacie es faustdick hinter den Ohren habe.

„Sie ist gerade in einer Phase, wo sie immer und überall bestimmen möchte!", seufzte Joyce und schüttelte den Kopf. „Sie stemmt ihre kleinen Hände in die Hüften und verkündet, dass sie allein über ihr Zimmer, ihr Spielzeug und über ihre kleine Schwester bestimmen dürfe. Die Kindergärtnerin meint, dass Kacie versucht, auch in ihrer Gruppe den Boss zu spielen!"

Am nächsten Abend wusch ich in der Küche Geschirr ab. Kacie kam dazu und fragte mich, ob sie sich drei Stücke Kuchen vom Teller auf der Anrichte nehmen dürfe. Ich wandte mich ihr zu und antwortete: „Nein, das geht nicht, Schätzchen, aber wenn deine Mami einverstanden ist, gebe ich dir gern *ein* Stück."

Kurz darauf erschien sie mit der gewünschten Erlaubnis und ich gab ihr das versprochene Stück auf einer Serviette. Nachdem sie einmal abgebissen hatte, neigte sie ihr Köpfchen zur Seite und sagte mit einem schelmischen Lächeln: „Tante Jennie, ich habe dich nur angeschmiert. Ich wollte gar nicht drei Kuchenstückchen haben!"

Ich nickte verständnisvoll und wollte gerade wieder meinen Abwasch aufnehmen, als die Kleine mich mit ihrer nächsten Bemerkung überraschte. In der Rechten das Kuchenstück und die Linke wichtigtuerisch in die Seite gestemmt, meinte sie nachdenklich: „Du bist nicht *mein* Boss, aber wenn dein Vater gestorben ist, bist du der Boss hier im Haus, stimmt's?"

Ich lachte laut auf und musste immer noch lächeln, als das Geschirr längst abgewaschen war. „Immerhin ist die Herausforderung für Mike und Joyce durch dieses Kind in viel Humor verpackt!"

Drei Tage nach ihrem Besuch erhielten wir folgende Mail:

Lieber Graydon, liebe Jennie,

vielen, vielen Dank für die wunderschöne Zeit bei euch in Fremont. Die Rückfahrt verlief sehr gut, denn beide Kinder schliefen. Am Montag überraschte Kacie Mike, als sie zu ihm sagte: „Ich will Jesus gehören!“ Während sie betete, sagte sie: „Gott, du sollst der Boss in meinem Leben werden.“ Und, du wirst es kaum glauben, liebe Jennie, Kacie scheint sich tatsächlich zu verändern. Bisher habe ich immer erwartet, dass Gott an Erwachsenen arbeitet, aber ich habe nicht daran gedacht, dass er genauso gut ein Kind positiv verändern kann. Auf jeden Fall freuen wir uns.

Nochmals vielen Dank für eure gute Versorgung und Freundschaft. Es hat uns allen Spaß gemacht.

Alles Liebe,

Joyce

Über diese E-Mail habe ich seither oft nachdenken müssen. Ich hatte die Gelegenheit mitzuerleben, wie aus der kleinen Kacie ein aufgeweckter Teenager wurde, der mit großer Begeisterung und Begabung andere für Christus gewann. Und was ist aus den Bossallüren des kleinen Mädchens geworden, das von seiner eigenen Wichtigkeit so überzeugt war? Es hatte Jesus nicht nur in sein Herz gebeten, sondern ihn auch gebeten, sein Boss, sein Herr, zu werden. Kacie hat ihm den ersten Platz in ihrem Leben eingeräumt. Und das hat alles verändert.

*

Es gibt eine Geschichte im Alten Testament, die ziemlich unter die Haut geht. Sie handelt von einer talentierten, begnadeten Frau, die einmal ein charmantes Kind gewesen sein muss und der Gott viele Talente anvertraut hatte. Leider machte sie den Fehler, selbst der „Boss“ sein zu wollen. Sie werden sie im Verlauf der folgenden Geschichte kennen lernen. Es steckt eine wichtige Lektion für jeden von uns darin.

Die Geschichte von Mirjam

Unrein. Zum hundertsten Mal schaute die alte Frau auf ihre Hände und erschrak. Da war sie wieder, die Erinnerung! Die Schamröte stieg ihr ins Gesicht, als sie sich an ihre verrückte Arroganz, ihren unmöglichen Stolz und an ihre spitze Zunge erinnerte. Wie konnte sie so weit gegangen sein, ausgerechnet sie, die es besser als jede andere hätte wissen müssen?

Es war beunruhigend still hier außerhalb des Lagers, wo sie sich aufhalten musste. Die erste Nacht, in der sie von dem herzhaften Gelächter um das Lagerfeuer ausgeschlossen worden war, war für sie nahezu unerträglich gewesen! Nie hatte sie sich so allein, so aus der Gemeinschaft ihrer Familie, der engen Gemeinschaft der Kinder Israel, ausgeschlossen gefühlt. Sie waren insgesamt zwölf Stämme. Über jedem Stamm flatterte eine eigene Fahne. Das war ein Anblick, den man nicht vergaß. Nicht zu glauben, dass sie, Mirjam, einmal eine angesehene Stammesführerin gewesen war! Und nun? Sie stöhnte vor Selbstverachtung.

Wenn sie doch wenigstens rechtzeitig umgekehrt wäre! Sie sehnte sich danach, ihre hochmütige Arroganz, ihre Selbstgerechtigkeit, ihre Schuld gegenüber ihrem Bruder, ihrer Schwägerin und ihrem Herrn ungeschehen zu machen. Wie hatte sie sich so weit von einer guten Beziehung zu Gott entfernen können? Sie stand auf und schaute über das weite Land, das vor ihr lag. Dabei dachte sie an die vergangenen Jahre zurück.

*

Die Jahre der Sklaverei waren unvergesslich grausam gewesen. Beschimpfungen, Angst, Tod, Verbitterung – Mirjam hatte alles durchlebt. Sie bewunderte die Stärke ihrer Mutter Jochebed, ihren unerschütterlichen Glauben während der letzten Schwangerschaft und ihren Widerstand gegen das Edikt des Pharaos.

Mirjam dachte zurück an den Schleichweg, den sie als kleines Mädchen in aller Frühe mit ihrer Mutter zum Flussufer gelaufen war, wo sie das Baby im Korb zwischen den dicken Schilfrohren versteckt hatten. Ihr war, als könne sie den Fluss riechen und als schaue sie noch einmal durch das hohe Schilf. Als sie sich erinnerte, wie einsam sie sich damals gefühlt hatte, als ihre Mutter Jochebed sie zurückgelassen hatte, um das Baby zu beobachten, klopfte ihr das Herz wie einst. Aber sie war nicht allein gewesen. Gott war bei ihr.

Die Tochter des Pharaos war zum Baden ans Nilufer getreten. Ihr helles Lachen hatte die Morgenluft durchdrungen und Mirjam war das Blut in den Adern erstarrt, als die Prinzessin plötzlich die kleine Arche zwischen den Schilfrohren erblickte.

„Bitte, Gott, bitte hilf uns!", hatte Mirjams kleines Herz geschrien, als sie sah, wie die vornehme Dame das nasse, hungrige Baby aus dem Korb hob. Zitternd näherte sie sich der Frau, die so viel Macht hatte, und fragte, ob sie für das Kind eine Amme holen solle. Und dann rannte sie los und holte ihre Mutter. Jochebed war von einer niedrigen Sklavin zu einer gut bezahlten Amme und Kinderfrau für den kleinen Jungen aufgestiegen, der der Sohn der Pharaostochter werden sollte! Der Tag, der mit so viel Angst und Spannung begonnen hatte, hatte schließlich in einem einzigen Jubel geendet.

*

Mirjam machte eine Pause und seufzte aus tiefster Brust, als die Ereignisse der Vergangenheit vor ihrem inneren Auge abliefen, die noch immer so real wirkten, allerdings bereits 80 Jahre her waren. Sie schüttelte den Kopf und stöhnte noch einmal laut auf.

Die Jahre, die dem Ereignis am Nilufer gefolgt waren, waren für die Hebräer schwierig gewesen. Trotz der Härten hatte Mirjam im Glauben der Familie und ihres levitischen Volksstammes geborgen gelebt. Sie war im Stamm der Priester herangewachsen und hatte dort nicht nur die Gebote und Verheißungen Gottes kennen gelernt, sondern auch die Bewahrung ihres kleinen Bruders erlebt. Unter der Last der Sklaverei hatte sie Hoffnungslichter gesehen. Irgendwie würde Gott sie befreien. Aber wie? Und wann? Würde er Mose dazu brauchen? Würde er sie gebrauchen?

In der Zeit, in der Mose bei der Prinzessin wohnte, sah Mirjam ihren Bruder nur selten. In den 40 Jahren, die folgten, war der Pharao in seiner Verachtung gegenüber dem hebräischen Volk erbarmungslos gewesen. Gelegentlich konnten Mirjam und Aaron, ihr älterer Bruder, Mose aus der Entfernung sehen, wie er in herausragender Position die massiven Bauprojekte betrachtete, die damals entstanden. Er war ein gut aussehender junger Mann und wie ein Ägypter gekleidet. Er benahm sich auch wie ein Ägypter. Wusste er überhaupt, wer er war? Würde er eines Tages helfen, sein Volk zu befreien?

Eines Tages ereignete sich ein königlicher Skandal. Die Neuigkeit verbreitete sich wie ein Lauffeuer unter den Sklaven: Mose war Zeuge gewesen, wie ein ägyptischer Aufseher einen Sklaven brutal zusammenschlug. Da waren bei dem Prinzen alle Sicherungen durchgebrannt und er hatte den Ägypter im Affekt getötet! Als das dem Pharao zu Ohren kam, wurde der so wütend, dass er befahl, Mose hinzurichten.

Mose rannte um sein Leben.

*

Mirjam schloss die Augen, als sie sich an die widerstreitenden Gefühle erinnerte, die damals in ihr getobt hatten. Einerseits war sie sehr stolz gewesen, dass Mose einen seiner eigenen Leute verteidigt hatte. Andererseits war sie voller Angst, man könne ihn erwischen und töten. Schließlich war sie wieder erleichtert, als sie erfuhr, dass er entkommen war. Aber sein Verschwinden sorgte in den langen Jahren, die folgten, oft dafür, dass sie an den Rand der Verzweiflung geriet. Gott hatte ihrem Stammvater Abraham versprochen, dass sie freikommen sollten. Aber wann? Wann sollte die Befreiung kommen?

Weitere 40 mühsame Jahre zogen ins Land und die Kinder Israel schrien zu Gott um Befreiung. Und schließlich schickte Gott ihnen einen Befreier: Mose.

Er kam zurück! Von dem gepflegten und modischen Ägypter, der er einst gewesen war, war nicht mehr viel zu erkennen. Seine Haut war durch Sonne und Wind gebräunt und er trug einen Vollbart. 40 Jahre lang hatte er im Lande Midian Schafe gezüchtet. Dort hatte er die Tochter eines Priesters geheiratet. Den Israeliten berichtete Mose, dass er eine ungewöhnliche Begegnung mit Gott gehabt, ja, dass dieser sich ihm in einem brennenden Dornbusch gezeigt habe. Trotz seiner umfassenden ägyptischen Ausbildung war Mose ein bescheidener Mann geblieben. Es fiel ihm offensichtlich schwer, in der Öffentlichkeit zu reden. Und doch besaß er die von Gott verliehene Kühnheit, vor den Pharao zu treten und ihn um die Freilassung der Israeliten zu bitten.

Und wieder entflammte neue Hoffnung in Mirjams Herz. Ihr Bruder Aaron stand Mose zur Seite und machte sich öfters zu seinem Sprecher. Gott hatte vor allem Mose bevollmächtigt, Wunder zu tun. Als Mose zum Beispiel vor dem Pharao stand, wurde aus seinem Stab eine Schlange, und als er sie beim Schwanz fasste, wurde aus der Schlange wieder ein Stab! Er berührte den Nil mit seinem Stab und er wurde rot wie Blut. Frösche sprangen aus allen Ecken und verbreiteten sich überall! Hagel schlug auf Ägypten nieder. Anschließend kamen Schwärme von Heuschrecken und fraßen auch noch das letzte Grün auf. Trotz Pest, Plagen und Dunkelheit weigerte sich der Pharao, das Volk Israel ziehen zu lassen. Bis die Nacht des Todes anbrach: die Nacht vor dem Passafest.

Mose hatte den Pharao gewarnt, dass in jedem Haus des Reiches der Erstgeborene sterben müsse, falls er das Volk nicht ziehen lassen würde. Um diesem Tod zu entgehen, wurde den Israeliten befohlen, Brot ohne Sauerteig zuzubereiten und ein Lamm zu schlachten. Mit dem Blut des Lammes sollten sie beide Seitenpfosten und den Balken über ihrer Haustür bestreichen.

Der Pharao wollte es einfach nicht glauben. Um Mitternacht kam der Tod. Kummer und Schrecken ergriff das ganze Land der Ägypter. Kein Haus ohne Blut am Türbalken entkam der Strafe Gottes. Durch den Tod seines Sohnes, seines Erben, veränderte der Pharao endlich seine Haltung gegenüber den Israeliten. Er flehte sie an, zu gehen und ihr gesamtes Vieh mitzunehmen.

*

Mirjams Gesicht verzog sich zu einem Lächeln, als sie sich an ihren triumphalen Auszug erinnerte. Was für ein Anblick! Mehr als zwei Millionen Menschen verließen Ägypten! Das waren 600.000 Männer plus Frauen und Kinder! Und drei Menschen gingen ihnen voran: Mose, Aaron und Mirjam, die ihrem allgegenwärtigen Gott folgten.

Der Auszug stellte große Herausforderungen an alle. Doch im Rückblick konnte Mirjam erkennen, wie Gott jede Herausforderung dazu benutzt hatte, sein Volk zu lehren und sich ihm zu offenbaren. Das erste Hindernis entstand am Roten Meer. Der Pharao hatte seine Meinung geändert und wollte die Israeliten als Sklaven zurückhaben. Darum schickte er seine großen Armeen hinter ihnen her, auch Pferde und Reiter und Offiziere mit 600 Wagen, um sie zu verfolgen. Das Volk saß in der Falle und konnte nicht weiter. Angst machte sich breit! Aber Gott sprach zu Mose und Mose erhob seinen Stab über dem Wasser.

Ein heftiger Sturm brach los. Das Wasser teilte sich zur Rechten und zur Linken und vor ihnen tat sich ein trockener Pfad auf! Es war keine leichte Aufgabe, die vielen Menschen durch eine so befremdliche und beängstigende Furt zu führen. Aber die Starken halfen den Schwachen, Lahmen und Alten. Männer, Frauen, Kinder und Viehbestände von zwölf Stämmen, durchzogen das Rote Meer. Einige zogen Wagen hinter sich her. Jeder schleppte Lasten.

„Beeilt euch, Leute. Beeilt euch! Die Truppen des Pharaos sind uns auf den Fersen!"

Aber wo waren die Ägypter geblieben? Mirjam und die anderen stellten schnell fest, dass Gott seine Gegenwart in Form einer Wolkensäule zwischen seine Leute und ihre Feinde gestellt hatte. Er ließ es für die Ägypter dunkel werden, aber den Israeliten gab er Licht, damit sie ihren Weg finden konnten.

Der mühsame Weg setzte sich die ganze Nacht fort. Am nächsten Morgen, als das Volk sicher am anderen Ufer angelangt war, hob Gott die Wolkensäule hinter ihnen auf, und die Israeliten konnten erkennen, wie die ägyptische Armee sie durch dieselbe Furt verfolgte. Plötzlich verloren die Kriegswagen durch Gottes Eingreifen ihre Räder. Es entstand Verwirrung und die vorderen Wagen versperrten den hinteren den Weg. Die Soldaten hinter den Kriegswagen drängten weiter vor. Als die komplette Armee den Grund des Meeres betreten hatte, gebot Gott Mose, seinen Stab noch einmal über dem Wasser auszustrecken.

Die Schreie der Menschen am sicheren Ufer und die schrecklichen Todesschreie der Soldaten und Pferde wurden von dem Getöse der Wassermassen verschlungen, die über dem Feind zusammenschlugen und alles unter sich begruben.

Die Gewalt dessen, was vor ihren Augen geschah, überwältigte die Israeliten zunächst. Mit angstvollen Herzen beobachteten sie, wie die Körper der toten Soldaten ans Ufer gespült wurden. Doch nach und nach wurde ihnen bewusst, dass sie frei waren. Gott hatte sie durch seinen Diener Mose befreit! Der Jubel begann und wollte kein Ende nehmen!

Sie sangen! Sie tanzten! Mirjams Füße bewegten sich jetzt noch zum Rhythmus der Musik, die bei der Erinnerung an dieses Fest in ihrem Herzen klang. Es war ihre schönste und fröhlichste Erfahrung im Verlauf ihrer Leiterschaft gewesen. Sie hatte zu einem Tamburin gegriffen, es über ihren Kopf gehalten und mit den Füßen auf den Boden gestampft. Mit allen Frauen – es waren Tausende –, die es ihr gleichtaten, hatte sie ihre Freude hinausgejubelt und den Lobgesang angestimmt: „Singet dem Herrn, denn er ist hoch erhoben! Pferde und Reiter hat er ins Meer gestürzt!"

*

Während das Echo jenes Liedes von einst in ihr verhallte und sie sich ihres früheren Verhaltens und ihrer augenblicklichen Situation neu bewusst wurde, schüttelte Mirjam traurig den Kopf. Gott hatte ihr erlaubt, nicht nur mitzuhelfen, das Volk Israel zu führen, nein, sie hatte auch zu ihrem Volk gesprochen! Sie war Prophetin, die ihrem Volk Gottes Worte weitergesagt hatte. Wie war es möglich, dass sie trotz der Freude in ihrem Amt und obwohl sie wusste, dass Gott durch ihren bescheidenen Bruder mächtig am Werk war, so kritisch hatte sein und so unnütze Bemerkungen hatte machen können?

*

Ihre Schwägerin, die kuschitische Frau von Mose ... Sie hatte ihrem Herzen schon eine Zeit lang zu schaffen gemacht. Als Mirjam aus ihrer Zeltöffnung geblickt hatte, hatte sie gesehen, wie Mose sich zu seiner Frau hinabbeugte und ihr zuhörte. Er hatte ihr zugelächelt und dann waren sie in ein herzliches Lachen ausgebrochen. Anschließend hatte er seiner Frau nachgeschaut, wie sie mit einem Tragekorb auf dem Kopf anmutig davonschlenderte. Mirjam hatte eine Bitterkeit in ihrem Herzen verspürt.

Bis zum Abend hatte Mirjam nicht nur ihre bitteren Gedanken gegen die Schwägerin genährt, nein, sie weihte ihren Bruder Aaron in ihre Gedanken ein und beide begannen, nachteilig über Mose zu schwatzen.

„Aaron, komm und setz dich zu mir ans Feuer. Ich möchte mit dir reden."

So alt und erschöpft, wie sie sich selbst fühlte, ließ sich Aaron vor ihrem Zelt nieder. Beide sahen aus, als wären sie ihr Leben lang durch diese Wüste gewandert.

„Was gibt es, Mirjam? Meine alten Knochen brauchen ihre verdiente Ruhe."

„Hast du heute Mose gesehen? Hat er sich bei dir heute Rat geholt?", fragte sie.

„Er war mit Stammesangelegenheiten beschäftigt, Schwester."

„Nun gut. Aber um mit seiner Kuschitenfrau am helllichten Tag zu schäkern, dazu hatte er Zeit genug!", lästerte Mirjam giftig.

Dass Mose sich ausgerechnet diese Frau ausgesucht hatte, hatte die Geschwister von Anfang an gestört. Nun gut, Mose hatte unter fremden Kulturen gelebt. Aber dass er sich ausgerechnet eine Ausländerin zur Frau genommen hatte, wo er die Wahl unter zwölf Stämmen Israels gehabt hätte – das erbitterte sie. Diese Tatsache und dazu das ständige Wandern in der eintönigen Wildnis brachte sie an die Grenzen ihrer Nervenkräfte.

„Was hätte Mose ohne unsere Hilfe in all den Jahren gemacht? Die aufwändige ägyptische Ausbildung hat wahrlich keinen großen Redner aus ihm gemacht! *Du* musstest für ihn in Ägypten reden, Aaron! Hätte ein energischerer Führer dieses launische Volk, das sich immerzu beklagt, nicht besser antreiben können?

„Hat der Herr etwa nur durch Mose gesprochen?", fuhr sie fort. Ihre Frage klang herausfordernd. Die beiden Geschwister schauten einander bei dem flackernden Schein des Feuers in die Augen.

„Nein, Schwester", antwortete Aaron, der sich aufrecht setzte und ihrem Blick standhielt. „Er hat auch durch *uns* gesprochen. Er hat uns beide zusammen *mit* Mose zu Führern bestimmt, als wir aus Ägypten geflohen sind."

Mirjam ereiferte sich regelrecht, als sie ergänzte: „Wir beide sind Gottes Botschafter als Prophet und Prophetin und wir sind immerhin seine *älteren* Geschwister!"

Während sie ihre Egos auf diese Weise stärkten, verglichen sie stolz ihre prophetischen Gaben mit denen ihres Bruders Mose und kritisierten schroff die Wahl seiner Frau.

Gott hörte zu. Mirjam war in ihrer Sünde bereits so gefangen wie ein Kaninchen in der Falle. Es war viel zu spät, um ihr dummes Geschwätz zurückzunehmen.

*

Mirjam war der kalte Schweiß ausgebrochen, als sie plötzlich Gottes Stimme vernommen hatte. Bislang hatte Gott zu Aaron und zu ihr in Träumen und Visionen gesprochen, und er hatte ihnen seine Worte in den Mund gelegt, die sie dem Volk sagen sollten. An jenem Tag jedoch sprach Gott zu Mirjam und ihren beiden Brüdern: „Geht hinüber zum heiligen Zelt, ihr drei!"

Zitternd waren sie zum Zelt in der Mitte des Lagers gegangen und

Gott war in einer Wolkensäule zu ihnen herniedergekommen und hatte zu Aaron und Mirjam gesprochen:

Hört her! Wenn ich Propheten zu euch sende, offenbare ich mich ihnen in Visionen und spreche zu ihnen in Träumen. Mit meinem Bevollmächtigten Mose aber halte ich es anders. Ihm habe ich mein ganzes Haus anvertraut. Deshalb rede ich zu ihm wie ein Mensch zu einem andern, in klaren, eindeutigen Worten. Er darf sogar mich selbst sehen. Wie könnt ihr es wagen, ihm etwas vorzuwerfen?

4. Mose 12,6–8

Als Gott seine intime Beziehung zu Mose beschrieb und seinen Zorn zum Ausdruck brachte, weil sie über seinen demütigen Diener abfällig geredet hatten, war Mirjam bis ins Mark erschüttert. Ihre Strafe folgte sogleich und für einen Augenblick sah sie dem Tod ins Gesicht. Als Gott sie verließ, war Mirjam mit Aussatz bedeckt. Ihre Haut war zum Teil wie weggefressen.

Erschrocken wandte sich Aaron an Mose und bat ihn um Vergebung, dass er und Mirjam sich so an ihm versündigt hatten. Weil er Moses Einfluss auf Gott kannte, der dem Lauf der Dinge Einhalt gebieten konnte, flehte er Mose an, nicht zuzulassen, dass Mirjam mit diesem fressenden Aussatz behaftet bliebe.

*

Mirjam senkte den Blick. Die Sonne hatte sich geneigt. In etwa einer Stunde war seit dem schrecklichen Ereignis jenes Tages bereits eine volle Woche vergangen. Mirjam schaute auf die kranken Hände in ihrem Schoß. Langsam öffnete sie die Finger. Ihre Hände waren faltig und schorfig aber – sie waren gesund! Eine Träne rann ihr über die Wange. Sie musste schlucken. Sie dachte an die Reaktion ihres Bruders Mose auf ihre Vorwürfe gegen ihn. Ihr Bruder hätte ein gutes Recht gehabt, wütend auf sie zu sein, weil sie versucht hatte, seine Führung anzuzweifeln. Zumindest hätte er sie zurechtweisen können, seine Frau mehr zu respektieren, ganz zu schweigen von der Berufung, die er zweifelsohne von Gott bekommen hatte! Aber er tat weder das eine noch das andere. Er bewies ihr seine Liebe. Er rief Gott für sie um Hilfe an.

„Gott, bitte heile sie!“

Gott hat sie nicht sofort geheilt und wieder ganz gesund gemacht. Er ordnete an, dass sie sich sieben Tage lang allein mit ihrer Schande außerhalb des Lagers aufhalten solle.

Es war eine lange, einsame und manchmal beängstigende Woche gewesen. Doch sie wurde bald gesund. So wie die Beziehung zu ihrer Familie und zu ihrem Volk. Und ihr wurde vergeben. Mirjam weinte vor Freude und Dankbarkeit.

Hintergrundinformationen

Ich habe versucht, diese Geschichte aus der Perspektive von Mirjam am Ende ihrer Verbannung zu erzählen, so wie sie sie rückblickend gesehen haben könnte. Ehrlich gesagt tat ich mich schwer mit dem Ausgang ihrer Geschichte, weil ich es frustrierend fand, dass Gott Mirjam aussonderte und bestrafte und Aaron nicht. Als ich jedoch etwas nachforschte, fand ich einige wichtige Gedanken und Informationen, die ich Ihnen mitteilen möchte:

Mirjam war eine einflussreiche Frau
Sie stammte aus einer gottesfürchtigen Familie und wurde von Gott als Führerin eingesetzt. Als Mitglied des Stammes Levi besaß sie ein göttliches Erbe. Schon als Kind hatte sie Gottes Handeln in ihrer Familie erlebt. Gott schenkte ihr sogar die Gabe der Prophetie und gab ihr Führungskraft. Interessant ist auch, dass sie die erste in der Bibel genannte Sängerin ist. (Wie wunderbar, dass ihr erster Gesang, von dem berichtet wird, ein Lobgesang war.) In der Bibel heißt es, dass, als sie nach der Rettung aus dem Roten Meer einen Lobpreis anstimmte und zu tanzen begann, alle Frauen einstimmten und mittanzten. Sie war die einflussreichste Frau ihres Volkes.

Die Rangordnung in der Führung war klar
Mose war persönlich von Gott auserwählt worden, die Kinder Israel aus Ägypten herauszuführen und sie aus ihrer Versklavung zu befreien. Das geht klar und deutlich aus der Geschichte Israels hervor. Viele Jahre später berichtete der Prophet Micha darüber und listete die drei Führer auf, die Gott vor dem Volk Israel herschickte, um es aus der Sklaverei zu führen. Gott sprach: „Ich habe dich aus der Sklaverei in Ägypten befreit. Ich habe dir Mose, Aaron und Mirjam als Führer gegeben“ (Micha 6,4).

Mirjam wird zwar an dritter Stelle genannt, aber immerhin gehört sie zum „Führungsteam" dazu! In 4. Mose 12, wo über ihre Schuld und Gottes Urteil gesprochen wird, wird ihr Name eindeutig zuerst genannt. Deshalb nehme ich an, dass sie den Konflikt initiiert hatte.

In einem dicken Buch des Hebräischlehrers Rabbi Josef Telushkin über biblische Schriftlehre fand ich einige interessante Hinweise, die mich in meiner Theorie, dass Mirjam die Anstifterin war, bestärkt haben. Rabbi Telushkin schreibt: „Im Text befinden sich zwei Hinweise darauf, dass Mirjam den Konflikt angezettelt hat. Erstens steht das Verb zur Beschreibung ihres Eingangskommentars im Singular feminin. Es lautet *ve-teddaber* („und sie sprach"). Zweitens wird ihr Name zuerst genannt, obwohl bei allen Gelegenheiten, wo Mirjams und Aarons Namen zusammen genannt werden, Aarons Name grundsätzlich zuerst steht."[1]

Mose hat seine Autorität über Mirjam und Aaron nicht benutzt, um sich über sie zu erheben

Ganz im Gegenteil. In 4. Mose 12,3 wird bestätigt: „Er war der bescheidenste Mensch, der je auf der Erde gelebt hat."

Mose hätte viele Gründe gehabt, sich über andere zu erheben: Da waren seine Vergangenheit als ägyptischer Prinz, seine ausgezeichnete Ausbildung, die der eines jeden Israeliten himmelweit überlegen war, seine hervorragende Position als Führer des Volkes Israel und die vielen Wunder, die Gott durch ihn getan hatte. Stattdessen war er der bescheidenste Mann der Welt.

Kein Wunder, dass Gott so sauer auf Mirjam war. Er konnte die unberechtigte Kritik an seinem treuesten Diener nicht stehen lassen, und schon gar nicht von einer Person, die es hätte besser wissen müssen. Das durfte nicht ungestraft bleiben.

Es ist nicht meine Sache zu beurteilen, ob Gott „fair" war oder nicht

In der Bibel heißt es ganz klar, dass Gott treu und gerecht ist und dass er uns von aller Ungerechtigkeit reinigt, wenn wir unsere Sünden bekennen (1. Johannes 1,9). In 1. Mose 18,25 sagt Abraham: „Du bist der oberste Richter der ganzen Erde, darum darfst du nicht selbst gegen das Recht verstoßen!" Das bedeutet, ich kann Gottes Handeln vertrauen, selbst wenn ich es nicht immer verstehe. Das bedeutet außerdem, dass ich Vergebung und Wiederherstellung erfahren darf, wenn ich gegen das Recht verstoßen habe.

Ich kann mir nicht vorstellen, dass Mirjam lange gebraucht hat, um Gott ihre Schuld einzugestehen. Vielleicht hörte sich ihr Herzensschrei wie der von David an, nachdem er Ehebruch begangen hatte:

Gott, sei mir gnädig nach deiner Güte, und tilge meine Sünden nach deiner großen Barmherzigkeit. Wasche mich rein von meiner Missetat, und reinige mich von meiner Sünde ...

Siehe, dir gefällt Wahrheit, die im Verborgenen liegt, und im Geheimen tust du mir Weisheit kund. Entsündige mich mit Ysop, dass ich rein werde; wasche mich, dass ich schneeweiß werde. Lass mich hören Freude und Wonne, dass die Gebeine fröhlich werden, die du zerschlagen hast ...

Schaffe in mir, Gott, ein reines Herz, und gib mir einen neuen, beständigen Geist. Verwirf mich nicht von deinem Angesicht, und nimm deinen Heiligen Geist nicht von mir. Erfreue mich wieder mit deiner Hilfe, und mit einem willigen Geist rüste mich aus.

Psalm 51,3–4.8-10.12-14

Dass Gott Mirjam eine Woche Isolation verordnet hatte, war wahrscheinlich das Weiseste, was er für diese talentierte, cholerische Frau tun konnte. Dadurch bekam sie Zeit, sich mit sich selbst und Gott auseinander zu setzen. Ich stelle mir vor, dass eine zerknirschte Mirjam eine einmalige Klausur mit Gott erlebt hat, und ich bin mir sicher, dass sich für sie anschließend alles änderte.

Was geschah mit Mirjam nach ihrer Gesundung?

Ich habe versucht herauszufinden, was geschah, als Mirjam wieder ins Lager zurückgekehrt war. Leider gibt es nur noch zwei Angaben in Bezug auf Mirjam: Zum einen erfahren wir, wann sie gestorben ist und wo sie beerdigt wurde, zum anderen finden wir noch eine bedrückende Warnung in 5. Mose 24,9: „Denkt daran, wie es Mirjam erging, die der Herr, euer Gott, nach eurem Auszug aus Ägypten für ihren Ungehorsam mit Aussatz bestrafte."

Wie bitte? Keine Würdigung ihres Gehorsams als Kind am Ufer des Nils? Ihrer ausgezeichneten Leitung der Frauen? Ihrer Gabe der Prophetie oder ihrer schönen Singstimme? Wir sollen ausschließlich an ihr Fehlverhalten denken? Nachdem ich darüber im Gebet nachgedacht hatte, stellte ich fest, dass hier die Worte: „Denkt daran" benutzt werden, weil mich Mirjams Geschichte auf etwas aufmerksam machen soll, was auch mit meinem Leben zu tun hat.

Was für eine Bedeutung hat diese Geschichte für mein Leben?

Richten Sie Ihren Blick auf Gott

Gottes Gegenwart zeigte sich den Israeliten in Form einer Wolkensäule bei Tag und in der einer Feuersäule bei Nacht. Ich frage mich, ob Mirjam sich so sehr an die Gegenwart Gottes gewöhnt hatte, dass sie seine Präsenz in ihrer Mitte als selbstverständlich betrachtete. Vielleicht hat sie mit der Zeit ihren Blick gar nicht mehr auf Gott gerichtet und nur sich selbst und ihre eigenen Ambitionen im Blick gehabt. Ursprünglich hatte sie sich sehr über den Herrn und seine Führung gefreut. Aber nach und nach veränderte sich ihre Blickrichtung, und sie beschloss, ihr eigener Boss zu sein.

Wir leben in einer aufregenden Zeit, in der Frauen in unserem Land grundsätzlich jede Position anstreben können. Gott ermöglicht es vielen Frauen, führende Positionen einzunehmen, sei es in den kommunalen Gemeinden, Kirchen, in der Wirtschaft oder Missionswerken. Doch eigentlich brauchen wir uns gar nicht abzuplagen, um unsere Machtpositionen ständig auszubauen oder zu steigern. Wenn wir dem Herrn unser Leben überlassen und ihn immer vor Augen haben, kann er uns auf erstaunliche Weise Türen für neue Gelegenheiten öffnen (so wie er mir zum Beispiel die Gelegenheit gegeben hat, dieses Buch zu schreiben) und uns eine Erfüllung schenken, die wir uns im Traum nicht hätten vorstellen können. Als Christinnen oder Nachfolgerinnen von Jesus Christus, Gottes Sohn, sind wir seine persönlichen Repräsentantinnen, und es ist unsere Aufgabe, ihn (nicht uns) in einer verlorenen und sterbenden Welt sichtbar zu machen.

Leider habe ich erleben müssen, dass einige wirklich begnadete christliche Führungskräfte vorzeitig aufgegeben haben. Dynamische Gemeinden haben gelitten oder sind buchstäblich verhungert, weil „blinde Blindenführer“ ihre Augen von Christus abgewendet und sich nur noch auf sich selbst konzentriert haben. Einige gierten nach Macht, andere nach Geld oder verbotenem Sex. Dabei wurde nicht nur ihr persönlicher Ruf ruiniert, sondern ihr Zeugnis für Christus, den sie verkündigt hatten, wurde beschädigt, weil sie selbst der Boss sein wollten.

Ich habe tatsächlich vieles mit Mirjam gemein. Auch ich bin in einem gläubigen Elternhaus aufgewachsen und habe somit ein göttliches Erbe angetreten. Auch ich habe das Privileg, als Rednerin und

Geschichtenerzählerin mein Amt „an der Front“ auszuüben, und wie Mirjam habe ich eine berühmte Schwester im Amt, die Vorträge hält und schreibt (meine verehrte und geliebte ältere Schwester, Carol Kent). Auch ich besitze die Eigenschaften einer kontrollierenden Cholerikerin, die ich immer wieder dem Herrn unterordnen muss. Ich weiß nicht, wie es Ihnen geht, aber ich möchte lieber aus Mirjams Fehlern lernen, als dass Gott sich intensiv mit meinem selbstzentrierten Persönlichkeitstyp beschäftigen muss. Ich bin sehr dankbar, dass Gott mit Mirjam einen langen Atem hatte, um zum Schluss zu sagen: „Denkt daran ...“ Oder wie sehen Sie das?

Beißen Sie sich auf die Zunge

Haben Sie sich auch schon mal gewünscht, böse Gedanken oder harte Worte gegen jemanden zurücknehmen zu können? Ich schon. Offen gestanden, solche Worte habe ich meistens dann ausgesprochen, wenn ich mich meinem Gegenüber überlegen fühlte oder eine Situation kontrollieren wollte.

Wie gut, dass es Vergebung gibt! Dafür bin ich sehr dankbar.

*

Ich weiß, dass einen eine Geschichte wie die von Mirjam stark beschäftigen kann. Aber Gott kann sie dazu benutzen, unseren eigenen Stolz und dumme Handlungen aufzudecken. Die gute Nachricht ist, dass er uns so sehr liebt, dass er uns, wenn nötig, zur Einsicht bringen kann. „Wenn wir aber unsere Verfehlungen eingestehen, können wir damit rechnen, dass Gott treu und gerecht ist: Er wird uns dann unsere Verfehlungen vergeben und uns von aller Schuld reinigen“ (1. Johannes 1,9).

Ich kann Ihnen Gottes Vergebung am besten beschreiben, indem ich Ihnen erzähle, wie er mir seine Vergebung schenkte, als ich sie gar nicht verdiente.

*

Ich hatte Heimweh, ein tiefes, schmerzliches, überwältigendes Heimweh.

Mein Mann war in der Armee und wir wurden aus unserem Staat Michigan in das weit entfernte Fort Polk, Louisiana, geschickt.

Ich vermisste meine Mutter unsagbar. Ich erinnerte mich an ihre liebe Art und an die Zeiten, in denen sie für mich da war. Ich dachte daran, wie ich Morgen für Morgen die Treppe hinuntergestiegen war und sie auf ihren Knien vor unserer alten, durchgesessenen Couch hatte knien sehen, wo sie laut für ihre Kinder gebetet hatte. Der Gedanke daran, wie oft ich sie als Teenager zur Verzweiflung gebracht hatte, verfolgte mich.

Ich war eine gute Schülerin gewesen. Ich war damals Klassensprecherin und in meiner High School sehr engagiert. Das Leben war aufregend und ich stand gerne im Mittelpunkt. In den Theaterstücken, die unsere Schule von der ersten bis zur letzten Klasse Jahr für Jahr inszenierte, hatte ich jedes Mal eine Hauptrolle. Ich liebte das Rampenlicht. Bei uns zu Hause gab es keine Bühne oder Scheinwerfer. Wir lebten als achtköpfige Pastorenfamilie von nur einem Gehalt. Ich ärgerte mich über die Arbeiten, die mir als einer der ältesten von uns Geschwistern zufielen, und es stank mir, dass bei uns das Geld immer knapp war. Ich opponierte gegen die strengen Regeln meiner Eltern und gegen das Ausgangsverbot, das sie mir abverlangten. Ich machte meiner Mutter Vorwürfe.

„Warum seid ihr so unfair? Ich spiele die erste Rolle im Schülermusical, und ihr verlangt, dass ich um Mitternacht von der Party nach der Aufführung zu Hause bin! Wollt ihr mich vor meinen Freunden klein machen oder vertraut ihr mir einfach nicht?"

„Warum muss ich vor der Schule jeden Morgen unten die Zimmer staubsaugen? Und wenn ich aus der Schule heimkomme, ist das Spülbecken voll mit schmutzigem Geschirr, das ich vor dem Abendbrot abwaschen soll! Was machst du eigentlich den ganzen Tag?"

Ich war mit vielen Dingen unzufrieden. Und hinter der geschlossenen Haustüre – und vor allem, wenn mein Vater nicht zu Hause war – riskierte ich einen selbstsüchtigen und frechen Ton gegenüber meiner Mutter. Sie verbot mir nicht den Mund – aus welchen Gründen auch immer –, aber manchmal weinte sie.

Viele Jahre später stand ich nun also da – eine erwachsene Frau mit einem eigenen Haushalt, weit von zu Hause entfernt – und vermisste meine Mutter. Ich war ganz unglücklich, dass ich ihr so viel Kummer gemacht hatte.

Vier Jahre vergingen. Das Ende des Militärdienstes meines Mannes rückte näher. Darum mussten wir ein Haus und Büroräume für seine Rechtsanwaltspraxis suchen. Weil wir in den Osterferien zu einem Kurzbesuch nach Michigan heimfahren wollten, schrieb ich meiner Mutter und lud sie ein, uns zu besuchen. Sie fuhr die sechsstündige Strecke im Auto allein, damit wir zusammen sein konnten. Es war eine wunderschöne Begegnung.

Als ich am nächsten Tag in das Wohnzimmer des Hauses kam, in dem wir damals unseren Urlaub verbrachten, saß da meine Mutter im Schaukelstuhl. Den Kopf hatte sie nach hinten gelegt und die Augen geschlossen. Sie schlief tief und fest. Ich stand in einiger Entfernung und beobachtete sie eine Weile.

Ich liebe dich so sehr, Mama, dachte ich. *Ich habe dich so vermisst.* Während ich dort stand, merkte ich, dass die Zeit gekommen war, einiges in Ordnung zu bringen, was seit langer Zeit nicht in Ordnung war.

Ich ging zu ihrer rüber, kniete mich neben ihren Schaukelstuhl nieder und legte vorsichtig meinen Ellbogen in ihren Schoß. Als sie aufwachte, legte ich meinen Kopf auf meinen Arm. Sie streichelte zärtlich über mein Haar, als sei ich wieder ein kleines Mädchen.

„O Mama, ich habe dich so sehr vermisst!"

„Ich habe dich auch vermisst, Liebling", antwortete sie und streichelte mir über die Wange. Ich richtete mich auf, um ihr in die Augen zu schauen. „Mama, es gibt etwas, das mich schon seit langem beschäftigt. Ich möchte, dass du mir vergibst."

Sie schaute mich an und fragte: „Dir vergeben? Aber was denn, Jennie?"

„O Mama, all das, womit ich dich zum Weinen gebracht habe, als ich ein Teenager war. Ich habe damals nicht verstanden, dass du mich schützen wolltest, wenn du so streng mit mir warst. Ich war so sehr mit mir selbst beschäftigt. Ich hatte nicht wirklich Verständnis für Papas Job oder für seine Verantwortung für unsere Familie. Ihr hattet das Haus voller Kinder, und es war meine Aufgabe, jeden Morgen staubzusaugen. Wenn nach der Schule schmutziges Geschirr im Spülbecken auf mich wartete, dann deswegen, weil du den ganzen Nachmittag für geistlich bedürftige Menschen da warst, weil du mit ihnen gebetet, sie beraten und ihnen Apfelkuchen ausgeteilt hast. Ich war damals so selbstsüchtig. Ich habe dich so oft verletzt. Bitte vergib mir, Mama. Es tut mir Leid."

Mit Tränen in den Augen, umarmte mich meine Mutter und antwortete ruhig: „O meine liebe Jennie. Ich liebe dich und ich habe dir schon längst vergeben."

Seit jenem Tag sind viele Jahre vergangen, aber ich bin seither schon unzählige Male dankbar gewesen für die Lektion, die mich meine Mutter gelehrt hat, indem sie mir ein Beispiel für Gottes Vergebung gab. Wenn ich zu meinem himmlischen Vater mit einem zerbrochenen und gebeugten Herzen komme und sage: „O Gott, es tut mir so Leid. Ich habe alles verdorben. Ich habe dich schon wieder verletzt. Bitte vergib mir!“, dann schaut mich der Herr an mit der ganzen Liebe, die ihn drängte, ans Kreuz von Golgota zu gehen, und er antwortet: „O mein Kind, ich liebe dich. Ich habe dich schon geliebt, bevor du geboren wurdest, und ich habe den Preis schon lange bezahlt. Ich habe dir längst vergeben.“

Gebet

Lieber himmlischer Vater, ich danke dir für Mirjams Geschichte. So oft bin ich genau wie sie – in einem Augenblick diene ich dir mit Freuden und lobe dich, und im nächsten Moment suche ich nach Anerkennung. Bitte vergib mir, dass ich so oft deine Gegenwart und dein Handeln in meinem Leben ignoriert habe und nur mich selbst im Blick hatte.

Danke für das herrliche Privileg, deine Repräsentantin auf dieser Erde zu sein. Bitte bewahre mein Herz vor der Versuchung, mich selbst in den Vordergrund zu stellen anstatt dich.

Herr, bitte achte auch auf meine Zunge. Bewahre mich davor, dass ich sie benutze, um boshaft über andere zu reden. Bewahre mich davor, die zu kritisieren, die du als Autoritäten über mich gestellt hast.

Und gib mir bitte den Mut, mich bei denen zu entschuldigen, denen ich Böses getan habe, und gib mir die Gnade, denen zu vergeben, die mich verletzt haben, weil ich weiß, wie bedingungslos du mich liebst und mir vergeben hast.

Im Namen deines Sohnes Jesus, amen.

Mein fester Vorsatz für morgen

Ich will bewusst freundlich zu dem sein, den ich hart kritisiert oder unfreundlich behandelt habe, und ihm bewusst etwas Gutes tun. (Das kann ein Mensch in meiner Familie, am Arbeitsplatz, in der Gemeinde, in der Nachbarschaft oder sonst irgendjemand aus meinem Umfeld sein).

Ich will meinen Stolz überwinden und mich entschuldigen.

Zum Nachdenken

Was für eine „Repräsentantin“ bin ich persönlich für Jesus Christus? Dient oder schadet mein Verhalten und mein Handeln der Sache Jesu?

Bibellese: 4. Mose 12,1–16

1 Mirjam und Aaron machten Mose Vor-
würfe wegen der kuschitischen Frau, die
er geheiratet hatte. 2-3 Zu den Israeli-
ten sagten sie: „Darf Mose behaupten,
dass nur er den Willen des Herrn kennt?
Hat der Herr nicht auch zu uns gespro-
chen?" Mose unternahm nichts dage-
gen; denn er war der bescheidenste
Mensch, der je auf der Erde gelebt hat.
Aber der Herr hörte, was sie sagten. 4 Er
forderte Mose und Aaron und Mirjam
auf: „Geht hinüber zum Heiligen Zelt, ihr
drei!" Als sie dort waren, 5 kam der Herr
in der Wolkensäule herab und stellte sich
an den Eingang des Zeltes. Er rief Aaron
und Mirjam, und die beiden traten vor. 6
Dann sagte er zu ihnen: „Hört her! Wenn
ich Propheten zu euch sende, offenbare
ich mich ihnen in Visionen und spreche
zu ihnen in Träumen. 7 Mit meinem Be-
vollmächtigten Mose aber halte ich es
anders. Ihm habe ich mein ganzes Haus
anvertraut. 8 Deshalb rede ich zu ihm
wie ein Mensch zu einem andern, in kla-
ren, eindeutigen Worten. Er darf sogar
mich selbst sehen. Wie könnt ihr es
wagen, ihm etwas vorzuwerfen?" 9 Voll
Zorn ging der Herr weg. 10 Als die Wolke
verschwunden war, war Mirjam von Aus-
satz befallen und ihre Haut war weiß wie
Schnee geworden. Aaron sah es 11 und
sagte zu Mose: „Verzeih, wir haben im
Unverstand gehandelt und Unrecht
getan. Lass uns nicht dafür büßen! 12
Soll Mirjam wie eine Totgeburt ausse-
hen, deren Fleisch schon halb verwest ist,
wenn sie aus dem Mutterschoß kommt?"
13 Mose schrie zum Herrn: „O Gott, lass
sie doch wieder gesund werden!" 14 Der
Herr antwortete: „Sie muss sieben Tage
lang aus dem Lager ausgesperrt werden,
dann könnt ihr sie wieder in eure Ge-
meinschaft aufnehmen. Wenn ihr Vater
ihr ins Gesicht gespuckt hätte, müsste sie
sich ja auch sieben Tage lang schämen."
15 So wurde Mirjam für sieben Tage aus
dem Lager ausgesperrt. Das Volk aber
zog nicht weiter, bis Mirjam wieder auf-
genommen werden durfte. 16 Dann ver-
ließen sie Hazerot und schlugen ihr
Lager in der Wüste Paran auf.

Anmerkung: Wann hat sich diese Geschichte abgespielt? Nach dem *Baker Commentary of the Bible* soll der Auszug aus Ägypten um 1440 v. Chr.[3] stattgefunden haben. Wenn das stimmt, ereignete sich die Geschichte von Mirjams Rebellion irgendwann zwischen 1439 und 1400 v. Chr. (Denken Sie daran: Die Zahlen werden kleiner, je näher man sich dem Datum der Geburt Jesu nähert.)

Der Stolze nimmt ein Bad

Eine Geschichte über Bescheidenheit, Heilung und Dienerschaft

„Wie schön! Ich sehe heute Abend wirklich *gut* aus!"

Ich zog meinen Bauch ein, drehte mich vor dem Spiegel hin und her und betrachtete meine Figur. Ich sollte meinen Mann zu seinem alljährlichen Geschäftsessen begleiten und wollte so gut wie möglich aussehen. Mein Kostüm stand mir gut und ich war hübsch frisiert. Das Make-up war sorgfältig aufgetragen. Während ich das Ergebnis meiner Bemühungen betrachtete, hatte ich das erhabene Gefühl, dass mein Mann auf die Frau an seiner Seite stolz sein konnte.

Stunden später wusch ich mir in unserem Badezimmer die Hände. Wieder blickte ich in den Spiegel. Ich lächelte mein Spiegelbild an und freute mich, dass der Abend so gut verlaufen war. Mit Vergnügen erinnerte ich mich an einige Komplimente zu meinem Äußeren.

Unsere Tochter Amber – sie war damals gerade acht Jahre alt – wurde wach und wankte ins Badezimmer, wo ich gerade vor dem Spiegel stand. Sie war ganz warm und verschlafen und so richtig schnuckelig in ihrem langen Nachthemd. Gähnend kuschelte sie ihr Köpfchen an meinen Bauch und ich umarmte sie.

„Was machst du denn hier mitten in der Nacht, meine kleine Maus?", fragte ich und gab ihr einen Kuss aufs Haar.

Wir konnten uns beide im Spiegel sehen. Plötzlich weiteten sich ihre verschlafenen Augen und sie rief begeistert: „Mama! Endlich weiß ich, was ich dir zu Weihnachten schenken kann! Du wirst dich bestimmt sehr darüber freuen!"

Ich wollte ihre Begeisterung nicht dämpfen, schließlich war erst Mitte März, also antwortete ich: „Oh, du bist aber eine frühzeitige Planerin, mein Kleines!"

Doch sie war ganz bei der Sache und begeisterte sich immer mehr und ein Gedanke ergab den nächsten. „Weißt du, das kostet schrecklich viel Geld, Mama. 19,95 Dollar! Ich brauche ganz lange, bis ich das zusammengespart habe! Aber das macht nichts", fuhr sie fort,

„weil ich weiß, dass mir etwas eingefallen ist, das du ganz bestimmt gut gebrauchen kannst. Du wirst dich freuen!"

Sie machte eine kurze Pause. „Aber da gibt es noch ein Problem." Sie zog ihre kleinen Augenbrauen zusammen. „Ich glaube nicht, dass es möglich ist, dich wirklich damit zu überraschen."

Ich drehte sie zu mir um, damit wir uns direkt anschauen konnten, und nahm ihr liebes, zartes Gesicht in meine Hände. Ich sagte ihr, dass ich Überraschungen liebe, und versuchte ihr zu erklären, dass ich keine teuren Geschenke brauche. „Liebling", sagte ich, „am allerliebsten mag ich Geschenke, die mit viel Liebe selbst gemacht sind."

Sie schüttelte den Kopf. „Nein, Mama. Ich bin mir ganz sicher, das wird bestimmt dein liebstes Geschenk in diesem Jahr. Ich weiß, dass du es mögen wirst. Darum ist es auch ganz in Ordnung, wenn ich dir später einmal erzähle, was es ist. Bis Weihnachten kann ich mir das Geld verdienen, das ist nicht das Problem. Aber ich weiß nicht, wie ich das Geschenk bestellen soll. Die Werbung sagt, ich muss eine gebührenfreie Nummer wählen, und ich bin mir nicht ganz sicher, wie ich das machen soll. Weißt du das?"

Eine gebührenfreie Nummer? Mein Gehirn arbeitete fieberhaft. „Ja, ich weiß, wie man eine gebührenfreie Nummer wählt. Aber, Liebling, was könnte ich nur brauchen, das man über das Telefon bestellen muss?"

Da platzte sie mit ihrer Neuigkeit heraus. „EINE MIEDERHOSE! Du brauchst wirklich eine, Mama, stimmt's?" Sie lächelte mit naivem Vertrauen zu mir hoch. Ich habe dir doch versprochen, dass es etwas ist, was du gerne haben möchtest!"

Sie kennen sicher den Ausspruch: „Kindermund tut Wahrheit kund!"

Die Beobachtung meiner Tochter und die Feststellung dessen, was „ich brauchte", war nichts, das ich wirklich gern hörte, aber ich musste zugeben, da war bestimmt etwas Wahres dran.

*

Im Alten Testament, in 2. Könige 5, gibt es eine Geschichte über einen stolzen Mann, der in große Not geriet. Und nur weil er bereit war, den weisen Rat eines jungen Mädchens in seinem Haus anzunehmen, veränderte sich sein Leben radikal. Sein Name war Naaman. Er war Heerführer des Königs von Syrien. Er lebte in der

Königsstadt Damaskus, wo Götzendienst getrieben wurde und wo Naaman seinen König in den Tempel des Gottes Rimmon begleitete. Wegen seines sagenhaften kriegerischen Könnens hielt der König große Stücke auf ihn und auch unter der Bevölkerung war Naaman sehr beliebt. Die Bibel spricht von ihm als von einem tapferen Soldaten. Doch trotz seines Reichtums, seiner Position und seiner Popularität hätte nicht einmal der geringste Sklave in Syrien in seiner Haut stecken mögen, denn ... Naaman war aussätzig. Er war befallen von dieser schrecklichen Krankheit, die ihm mit der Zeit jede Lebenskraft raubte, ihn aus der Gesellschaft verbannte und letztlich zu seinem Tod führen würde.

Die Geschichte von Naaman

Das junge Mädchen lächelte fröhlich seine Herrin an, die in einem wunderschönen neuen Kleid vor dem großen Spiegel ihres prächtigen Schlafgemaches saß. „Ihr habt mich gerufen?", fragte sie höflich.

„Ja, mein Kind. Komm her und hilf mir, meine Halskette zu schließen", bat die Dame freundlich. „Dein Herr wird bald nach Hause kommen und ich möchte für ihn so schön wie möglich aussehen."

„Mein Herr Naaman wird Euch sehr schön finden, Herrin", sagte das Mädchen überzeugt. „Ihr macht ihn glücklich!"

Die Frau warf dem Mädchen einen flüchtigen Blick zu und lächelte gequält. „Wenn das mit einem neuen Kleid nur möglich wäre!", seufzte sie bekümmert.

Wie kommt es, dass ich diesem jungen israelitischen Mädchen so viel Vertrauen schenke?, fragte sich die Frau des syrischen Feldherrn. Das Mädchen lebte schon lange bei ihnen. Es verstand sich nicht nur auf seine Aufgaben in dem großen Haushalt, in dem es diente, sondern hatte auch ein Gespür für das Leid, in dem seine Herrschaft lebte. Schon oft hatte die Frau Naamans sich über die positive Haltung des Mädchens gewundert, dessen Lebensumstände nicht gerade rosig waren. Wer hätte es ihm verdenken können, wenn es sich nur mürrisch untergeordnet hätte? Immerhin war es die Kriegsbeute syrischer Krieger. Die junge Sklavin war jedoch in keiner Weise verbittert, sondern liebenswürdig und hilfsbereit. Sie war wahrhaftig ein Segen in ihrem privilegierten, aber von einer tödlichen Krankheit gezeichneten Haushalt.

Sie kniete sich neben die Dame des Hauses, die mit fest verschlossenen Händen vor ihrem Frisiertisch saß. Sie schaute ihrer Herrin mit großem Ernst in die Augen und sagte tapfer:

„Ich weiß, wie mein Herr wieder gesund werden kann, Herrin."

Bei diesem Satz schreckte die Frau des Feldherrn aus ihren Gedanken auf und schaute erstaunt in das Gesicht des Mädchens. Seinen dringenden Wunsch zu helfen verstärkte es mit der Erklärung: „Wenn mein Herr doch zu dem Propheten gehen würde, der in Samaria lebt! Der würde ihn von seiner Krankheit heilen."

Unwillkürlich entzündete sich ein Hoffnungsfunke im Herzen der bekümmerten Frau, als sie in das hübsche Gesicht des Mädchens schaute, das eine feste Überzeugung ausstrahlte. Sollte es möglich sein, dass Elischa, dieser Prophet des hebräischen Gottes, Naaman heilen konnte? Hatten Sie nicht vergebens vor den Götzenbildern im Tempel ihres Gottes Rimmon geopfert? Während sie die zarten Züge des kindlichen Gesichts studierte, atmete sie tief durch und beschloss, so bald wie möglich mit Naaman darüber zu sprechen.

*

„Naaman, mein tapferer Held! Was treibt dich an diesem Morgen zu mir? Bringst du mir Nachricht von neuen Grenzstreitigkeiten, die mir Appetit auf die Erweiterung meines Königreiches machen könnten?"

Der König freute sich, Naaman zu sehen. Obwohl seine Begrüßung bewusst locker war, machte er sich doch zunehmend Sorgen um die körperliche Verfassung seines Heerführers. Man sah, dass die Lepra an dem Mann, der vor ihm stand, Spuren hinterließ.

Naaman beugte seine große, kräftige Gestalt vor seinem König. „Ich möchte eine persönliche Frage an Euch richten, mein König", sagte er.

Der König gab sofort Befehl, ihn mit seinem Feldherrn allein zu lassen. Er spürte die Dringlichkeit von Naamans Anliegen. Naaman erinnerte den König an einen Angriff, der vor einiger Zeit stattgefunden hatte und bei dem unter anderem ein hebräisches Mädchen erbeutet worden war, das man seinem Bedienstetenstab zugeordnet hatte. Er wiederholte, dass das Mädchen gesagt hatte, dass der hebräische Prophet Elischa ihn von seiner Lepra heilen könne, und bat seinen König um Rat.

„Selbstverständlich! Da musst du hin!“, antwortete der König. „Allerdings wissen wir beide, dass die Israeliten dir nicht unbedingt freundlich gesinnt sein werden, wenn sie dich kommen sehen, nachdem du sie bei der letzten Konfrontation so bitter geschlagen hast! Darum, mein Lieber, werde ich dir ein Schreiben mitgeben, dass dir den Weg freimacht.“ Dabei schlug er sich bedeutsam auf die eigene Brust. „Sie werden es nicht wagen, dich anzugreifen!“

Der König schrieb also einen Brief, in dem zu lesen war: „Mit diesem Brief schicke ich dir meinen Diener Naaman und bitte dich, ihn freundlich aufzunehmen und von seinem Aussatz zu heilen.“ Er nahm sein großes königliches Siegel, versiegelte den Brief, überreichte ihn Naaman mit seinen besten Wünschen und sagte seinem treuen Feldherrn auf Wiedersehen.

Kurz darauf verließen Naaman und sein Gefolge Damaskus. Weil er den Propheten Elischa für seine Dienste reich belohnen wollte, hatte Naaman seine Staatskarossen mit sieben Zentnern Silber und 70 Kilo Gold beladen lassen. Außerdem hatte er als Geschenk zehn Festgewänder mitgenommen. Mit seinen rassigen Pferden, den kunstvoll geschmückten Wagen und dem großen Gefolge machte Naaman einen imponierenden Eindruck, als er sich dem Palast seines Feindes näherte. Er wurde als Repräsentant der syrischen Nation mit einem prachtvollen Zeremoniell empfangen. Allerdings erlitt der skeptische israelitische König fast einen Nervenzusammenbruch, als er den Brief mit dem Siegel des syrischen Königs gelesen hatte. Bestürzt zerriss er seine königlichen Kleider und rief seinen Beratern empört zu: „Ich bin doch nicht Gott! Er allein hat Macht über Tod und Leben! Der König von Syrien verlangt von mir, dass ich einen Menschen von seinem Aussatz heile. Da sieht doch jeder: Er sucht nur einen Vorwand, um Krieg anzufangen!“

Als Elischa, der Prophet des Herrn, von der Verzweiflung seines Königs erfuhr, ließ er dem König sagen: „Warum hast du deine Kleider zerrissen? Schick den Mann zu mir! Dann wird er erfahren, dass es in Israel einen Propheten gibt!“

*

Naaman bereitete sich auf das Treffen mit Elischa gut vor. Der alte Mann war für seine Wundertaten berühmt. Sicher, normalerweise wurden sie den Armen zuteil, aber er würde den Propheten auf jeden Fall reichlich belohnen. Auf dem Weg zu Elischa malte sich Naaman aus, wie so eine Heilung ablaufen würde. Zweifellos waren dazu einige Zeremonien notwendig. Zunächst würde der Prophet ihn offiziell begrüßen, möglicherweise würde er dem Mann Gottes vorab einige Geschenke überreichen lassen (das machte sich immer gut), und anschließend, sobald der Prophet mit den angebotenen Geschenken zufrieden gestellt war, würde dieser mit der Heilungszeremonie beginnen. Mit offiziellen Protokollen kannte Naaman sich aus.

Ein Ruf des Vorreiters riss Naaman aus seinen Überlegungen: Ihr Zielort war in Sichtweite! Er erklomm einen kleinen Hügel und betrachtete mit erhöhtem Pulsschlag den vor ihm liegenden Besitz. Das hatte er nicht erwartet! In der Welt Naamans führte Ruhm immer zu Reichtum, und wie es hieß, war dieser Prophet in der Tat berühmt! Aber Naaman erkannte, so weit das Auge reichte, keinerlei Zeichen von Reichtum.

Der Heerführer Naaman befahl seinen Reitern und Wagenlenkern, direkt bis vor die Tür von Elischas Hütte zu kommen. Hier warteten sie einige Zeit auf das Erscheinen des großen Propheten.

Als sich die Tür endlich öffnete, gab es weder Prunk noch irgendeine Zeremonie oder eine formelle Begrüßung. Der Prophet Elischa erschien nicht einmal persönlich. Stattdessen trat ein schlichter Diener mit einer kurzen, knappen Nachricht für Naaman ans Tageslicht. Die Nachricht lautete: „Fahre zum Jordan und tauche siebenmal darin unter! Dann bist du von deinem Aussatz geheilt."

„Waaas?" Ungläubig starrte Naaman den unscheinbaren Jüngling an. Sein Erstaunen wandelte sich in Irritation.

„Ich habe immerhin eine weite Reise hinter mir, die mich einen hohen persönlichen Aufwand gekostet hat", antwortete er in bedeutungsvollem Ton. Doch der Diener drehte sich nur auf dem Absatz um, ging wieder ins Haus zurück und schloss die Tür hinter sich.

Jetzt wurde Naaman zornig. Wütend schüttelte er einen Arm in der Luft und ließ seine Kutscher und Reiter wenden. Vor seinem Gefolge machte er seiner Empörung ungehemmt Luft. „Ich hatte gedacht, er würde zu mir herauskommen und sich vor mich hinstellen, und dann würde er seinen Gott beim Namen rufen und dabei seine Hand über der kranken Stelle hin- und herbewegen und mich so von meinem Aussatz heilen", rief er verächtlich, „da hätte ich mich gleich in den herrlichen, klaren Flüssen in Damaskus baden können.

Was für ein vergeudeter Aufwand, diese ganze Reise! Aufsteigen, Männer!", kommandierte er. „Hier sind wir fertig. Wir fahren heim!"

Wütend trat Naaman den Rückzug an. Seine Leute folgten ihm mit hängenden Köpfen.

Unterwegs gab er der Reisegesellschaft ein Signal zum Halt. Sie sollten die Pferde tränken und sich ausruhen. Er stieg von seinem Wagen herunter und überwachte die Arbeit seiner Leute, damit alles seine Ordnung hatte. Schließlich setzte er sich auf den Rücksitz seines Wagens und wischte sich mit dem Unterarm über die Stirn. Er spürte die vernarbte, kranke Haut auf seiner Stirn und merkte, während er den schweren Kopf in beide Hände stützte, wie sich sein Zorn in bittere Enttäuschung und Kummer verwandelte. Was war nur mit ihm los? Hatte er es in seinem Leben so weit gebracht, um schließlich als wütender, aussätziger Irrer zu enden?

„Verzeihung ..."

Naaman blickte auf. Vor ihm standen seine Diener, zurückhaltend, aber offensichtlich besorgt. Diese Leute kannten ihn gut. Sie hatten oft beobachtet, wie ihr Feldherr in heißen Schlachten einen kühlen Kopf behielt. Heute allerdings waren sie Zeugen seiner hitzköpfigen Wut geworden, die aus einem gekränkten Stolz und verzweifelter Enttäuschung geboren war. Ein Diener ergriff das Wort für alle und sagte ehrerbietig: „Wenn der Prophet etwas Schwieriges von Euch verlangt hätte, hättet Ihr es bestimmt getan. Aber er hat nur gesagt: „Bade dich und du wirst gesund!" Solltet Ihr das nicht wenigstens versuchen?"

Einen Moment lang sagte Naaman gar nichts. Er saß da und schwieg und ließ die Wahrheit dieser einfachen Feststellung in sich eindringen. Wie dumm er gewesen war! Seine Augen blickten von einem ängstlich besorgten Gesicht zum anderen und dann nickte er langsam. Er seufzte tief, hob sein Gesicht zum Himmel und schöpfte wieder Hoffnung.

Er stand auf, zog lächelnd eine Augenbraue hoch und fragte seine Diener: „Seid ihr bereit, mit mir zum Jordan zu reiten? Mir ist plötzlich sehr nach einem Bad!"

*

Seine Diener halfen Naaman aus den prachtvollen Gewändern, die er für seinen Besuch bei Elischa angelegt hatte, und schauten ihm bekümmert nach, wie er nackt in das kalte Wasser des Jordans stieg.

Als ihm das Wasser bis zur Brust reichte, blieb er stehen und schaute auf seine vorgestreckten Hände, die durch seine zahlreichen Schlachten und durch die Krankheit verunstaltet waren. Jetzt drehte er sich zu seinen Männern am Ufer um. Er winkte ihnen lächelnd zu und rief: „Achtung! Es geht los!"

Er holte tief Luft und ging in die Knie, bis das Wasser über ihm zusammenschlug. Schnell sprang er wieder hoch, warf den Kopf nach hinten, wischte sich das Wasser aus den Augen und streckte seine Hände zur Inspektion vor. Keinerlei Veränderung.

Er schaute zu den besorgten Zeugen am Ufer und schüttelte den Kopf. Nun, der Prophet hatte gesagt, er solle *siebenmal* untertauchen. Darum hob er den Zeigefinger und rief: „Das war das erste Mal!"

Wieder tauchte er unter und wieder und wieder und wieder und noch einmal. Seine Diener am Ufer zählten laut mit, während er sich schüttelte und das schmutzige Wasser ausspuckte, das ihm in den Mund gedrungen war. Dann schloss er die Augen, holte noch einmal tief Luft und ließ seinen Körper zum siebenten und letzten Mal verschwinden.

Während er wieder auftauchte, wusste er, noch bevor er seine Augen geöffnet hatte, dass er geheilt war. Was hatte der Prophet doch zu ihm gesagt? *Fahre zum Jordan und tauche siebenmal darin unter! Dann bist du von deinem Aussatz geheilt.* Unbeschreibliche Freude und Dankbarkeit durchfluteten ihn, als er seine Hände erhob, um sich das triefende Haar aus der glatten Stirn zu streichen. Die Gefühle, die ihn dabei überwältigten, waren noch viel stärker als die freudige Erkenntnis, dass er körperlich geheilt worden war. Es war diese unbeschreibliche Gewissheit, dass der Herr ihn auch geistlich gereinigt hatte.

Mit einem Jubelruf erreichte Naaman das Ufer und zeigte sich seinen treuen Dienern, die begeistert auf seine Haut starrten, die jetzt so zart und neu war wie die Haut eines kleinen Kindes.

*

Naaman eilte nicht sofort nach Hause nach Syrien, um seiner Frau und seinem König die erstaunlichen Ergebnisse seiner Mission zu zeigen. Vielmehr kehrten er und sein Gefolge zum Haus von Elischa zurück. Dieses Mal wurde Naaman zu Elischa vorgelassen. Ein strahlender Naaman stand vor dem Propheten und rief: „Nun weiß ich, dass es keinen anderen Gott in der Welt gibt, außer den Gott Israels. Bitte nimm ein Geschenk von deinem Diener an."

Elischa rieb sich das Kinn, als er hörte, wie der einst so stolze Feldherr Gottes Macht bezeugte und ihm Geschenke anbot. Naaman, der daran gewöhnt war, alles zu bezahlen, und der glaubte, dass alles seinen Preis hat, musste dringend lernen, dass sein neuer Gott nicht käuflich war, dass es dem lebendigen Gott vielmehr um das Herz eines Menschen geht als um dessen Güter. Darum sagte der Prophet:

„Nein! So wahr Gott lebt, nehme ich nichts von dir an."

„Aber das geht doch nicht! Hier ist Silber und auch Gold! Außerdem habe ich neue Gewänder mitgebracht. Bestimmt kannst du etwas davon gebrauchen!", drängte Naaman.

Aber Elischa blieb bei seinem Nein.

„Nun, wenn du absolut nichts von meinen Geschenken haben willst, darf ich dich vielleicht um einen besonderen Gefallen bitten? Darf ich so viel Erde von dieser Stelle mitnehmen, wie zwei Maulesel tragen können? Denn, weißt du, ich will nie mehr irgendeinem anderen Gott Brandopfer und sonstige Opfer bringen als allein dem Gott Israels. Auf diese Weise hätte ich heiliges Land, auf dem ich deinem Gott opfern kann."

Das erlaubte Elischa. Naamans Diener machten sich gleich an die Arbeit. Sie hoben die Erde aus und verpackten sie in große Säcke, die zwei Mauleseln aufgeladen wurden. *Das ist gut*, dachte sich Naaman und stellte sich schon den Ort vor, wo er seine Opfer darbringen wollte. Beim Gedanken an sein Leben in Damaskus fiel ihm allerdings etwas ein, das ihn plötzlich bedrückte.

„Mann Gottes", sagte Naaman zögernd, „da gibt es noch eine Sache, die mir Gott verzeihen möge. Sieh, es gehört zu meiner Aufgabe in Damaskus, dass ich als Heerführer des Königs diesen in den Tempel seines Gottes Rimmon begleiten muss. Dabei stützt der König seinen Arm auf meinen, um seine Knie vor Rimmon zu beugen, und darum ist es notwendig, dass auch ich mich mit ihm beuge." Naamann war über dieses Dilemma offensichtlich sehr bekümmert und er fuhr fort: „Möge der Herr es mir verzeihen!"

Elischa betrachtete den ernsthaften, dynamischen Mann, der so jung im Glauben war und mit gesenktem Kopf vor ihm stand. Er wusste, dass Gott diesen Mann schon vor langer Zeit auserwählt hatte. Er hatte ihm Siege über das Volk Israel gegeben und hatte eine demütigende Krankheit bei ihm zugelassen. Er hatte ihn in eine Krise der Verzweiflung geführt, damit er den wahren Gott finden konnte.

Zunächst mochte sein Stolz ihm im Weg gestanden haben, aber schließlich hatte Naaman sich Gottes Anweisungen demütig unterworfen. Elischa wusste, er könnte für ihn eine lange Liste aufstellen mit Dingen, die er tun durfte, und solchen, die er nicht tun durfte, und Naaman würde sich gewissenhaft daran halten. Aber er verzichtete darauf. Elischa sagte schlicht und einfach: „Gehe hin in Frieden."

Und so verabschiedete sich ein dankbarer Naaman demütig und herzlich von dem Propheten Elischa. Dann ließ er seine Wagen noch einmal wenden und machte sich auf den Heimweg. Dieses Mal wurde sein reich verzierter Wagen von zwei Maultieren begleitet, die heilige Erde trugen, auf der er dem einzig wahren Gott seine Opfer bringen wollte.

Hintergrundinformationen

Als ich die Geschichte aus 2. Könige 5 gelesen und immer wieder gelesen hatte, war ich erstaunt, wie viel man aus diesem einen Abschnitt in der Bibel lernen kann. Zum Beispiel erhalten wir in der Geschichte von Naaman drei wichtige Hinweise auf verschiedene Diener. Erstens geht es um das erbeutete Mädchen, das Naaman einen weisen Rat gegeben hat. Zweitens um die Untergebenen Naamans, die nach seinem Wutausbruch vorsichtig vor ihn traten und ihm ihren Rat gaben. Und drittens bezeichnete Naaman, der weltliche Heerführer, nachdem er ein Glaubender geworden war, sich selbst als einen Diener. Was für eine Verwandlung hat dieser stolze, starke Mann, der einst alles unter Kontrolle hatte, mitgemacht!

Zum besseren Verständnis möchte ich im Folgenden die Geschichte in verschiedene Abschnitte einteilen und ein wenig tiefer graben.

Naaman war ein großartiger Feldherr mit einem schwerwiegenden Handicap

Er hatte seine große Popularität durch den Sieg der syrischen Armee über die Israeliten gewonnen. In Vers 1 von Kapitel 5 heißt es allerdings, dass *der Herr* den Syrern durch ihn zum Sieg über Gottes Volk verholfen hatte, das sich zu jener Zeit weit von seinem Gott entfernt hielt.

Naamans Verzweiflung über seine Krankheit geht aus der Bereitschaft hervor, den Rat des jungen Mädchens anzunehmen. Was genau hatte es mit der Krankheit „Lepra“ auf sich? In der Bibel wird das Wort „Lepra“ oder „Aussatz“ als Hautproblem beschrieben. Ich nehme an, dass der Aussatz, der Naaman befallen hatte, die so genannte weiße Lepra war, weil am Ende des Kapitels der Aussatz von Gehasi mit typischen Kennzeichen von weißer Lepra beschrieben wird. In *Fausset's Bible Dictionary* wird bildhaft beschrieben, wie Ekel erregend der Verlauf dieser Krankheit war: „Lepra beginnt mit geringen Schmerzen und setzt sich langsam aber sicher fort, bis sie den Körper verstümmelt, ihn verformt und die Stimme in ein Krächzen verwandelt ... Unästhetische Elefantiasis (weiße Lepra) beginnt auf der Stirn mit glänzenden, weißen Flecken, die aufbrechen. Knochen für Knochen wird zerstört. Die Haut wird mumienhaft. Die Lippen hängen herunter und geben Zähne und Gaumen frei ... Der Leprakranke ist eine wandelnde Leiche.“[1]

An dieser Krankheit litt der Feldherr Naaman. Fausset bestätigt, dass Menschen mit der Diagnose „weiße Lepra“ bis zu 20 Jahre lang leben konnten, während sich ihre körperliche Verfassung stetig verschlechterte. Obwohl Naamans Krankheit sowohl abstoßend als auch beängstigend war, war sie offensichtlich noch nicht so weit fortgeschritten, dass er aus der syrischen Gesellschaft ausgestoßen werden musste. (In Israel wäre er allerdings bereits von der Allgemeinheit isoliert worden.)

Wer war das erbeutete Mädchen?

Es war üblich, dass syrische Soldaten auf Raubzüge gingen und Sklaven erbeuteten. Die Bibel berichtet, dass die syrischen Soldaten das junge Mädchen bei einem durchaus üblichen Grenzstreit zwischen Syrien und Israel als Beute mitgenommen hatten. Schließlich war es in den Dienst der Familie Naamans gestellt worden.

Ich vermute, dass die meisten Sklaven und Sklavinnen schreckliche Angst und böses Heimweh hatten, doch von dem Mädchen wird uns nichts Derartiges berichtet. Was wir aber erfahren, ist, dass es seiner Herrin beistand und ihr einen Rat und ein begeistertes Zeugnis von Gottes Macht durch den Propheten in seiner Heimatstadt Samaria gab! Das Mädchen muss eine gewisse Überzeugungskraft ausgestrahlt haben, sodass Naaman tatsächlich mit dem Rat des jungen Mädchens zu seinem König ging. Und selbst der König glaubte, dass sich die Reise ins Feindesland lohnen würde.

Es ist bemerkenswert, dass das Mädchen eine solche Heilung vorgeschlagen hat, zumal es noch nie erlebt oder gehört hatte, dass irgendjemand in seiner Heimat von Lepra geheilt worden war, geschweige denn ein Ausländer. In Lukas 4,27 wird berichtet: „Und zur Zeit des Propheten Elischa gab es viele Aussätzige in Israel; aber keiner von ihnen wurde geheilt, nur der Syrer Naaman."

Dieses kleine Mädchen war trotz der Lebensumstände, die es sich bestimmt nicht selbst ausgesucht hätte, ein großartiges Zeugnis für Gottes wunderbare Kraft. Ich weiß nicht, ob ich in seiner Situation so hilfsbereit reagiert hätte.

Was hat es mit dem Schreiben des Königs auf sich?

Der König hat Naaman nicht nur ermutigt, die Reise zu unternehmen und den Propheten aufzusuchen. Nein, er hat auch versucht, den Weg für ihn vorzubereiten, indem er einen Brief an den König von Israel schreiben ließ. Naaman wurde als Überbringer des Schreibens seines Königs mit allen Würden ausgestattet. Er wurde von einem großen Gefolge begleitet. Die Prunkwagen, die ihn begleiteten, enthielten beachtliche Schätze wie Gold, Silber und kostbare Gewänder.

Als der König von Israel den Brief las, fing er an zu toben und zerriss empört seine Kleider, weil er dachte, dass sein syrischer Kollege ihn nur provozieren wolle, um ihn indirekt wieder zum Krieg herauszufordern. Und der König von Israel konnte aus guten Gründen beunruhigt sein, denn:

1. Naaman war der Feldherr, der mit dem syrischen Heer die Israeliten geschlagen hatte!
2. Naaman hatte Aussatz! In Israel wäre er längst in der Leprakolonie gelandet oder er hätte zumindest einen Mundschutz tragen müssen.
3. Der König von Israel hatte sich mit seinen Götzen so gut arrangiert und hatte so wenig Berührung mit dem Propheten Elischa, dass er, als er das Schreiben des Königs las, nie auf die Idee gekommen wäre, dass der syrische Feldherr dem israelitischen Propheten Elischa vorgestellt werden wollte. Der König nahm an, dass man von ihm selbst erwartete, Naaman zu heilen. Darum zerriss er seine Kleider und rief aus: „Ich bin doch nicht Gott! Er allein hat Macht über Tod und Leben! Der König von Syrien verlangt von mir, dass ich einen Menschen von seinem Aussatz heile. Da sieht doch jeder: Er sucht nur einen Vorwand, um Krieg anzufangen" (Vers 7).

Elischa hörte, was geschah, und ließ dem König sagen: „Schick den Mann zu mir! Dann wird er erfahren, dass es in Israel einen Propheten gibt“ (Vers 8). (Das war gleichzeitig eine Erinnerung für den König von Israel und eine Nachricht für den syrischen Feldherrn.)

Wie oft haben wir in bestimmten Situationen ähnlich reagiert wie der König? Wo haben wir versucht, einen Weg zu finden, mit einer Krise fertig zu werden, um schließlich festzustellen, dass wir mit unserer eigenen Kraft am Ende waren?

Elischa gab einen präzisen Befehl

Als Naaman Elischas Haus erreicht hatte, war er voller Erwartungen. Er hatte seine eigenen Vorstellungen davon, wie die Heilung vonstatten gehen würde – mit Zeremonie so ganz nach Protokoll. Zumindest hatte er erwartet, dass er von dem Propheten persönlich empfangen würde. Stattdessen öffnete sich die Tür, ein Bote trat heraus (wahrscheinlich der Diener Gehasi) und ohne ein direktes Grußwort des Propheten oder einen allgemeinen Willkommensgruß wurden zwei nüchterne Instruktionen erteilt. Die kurzen Anweisungen waren einfach – genau genommen *zu* einfach. Naaman explodierte vor Wut und ließ vor seinem Gefolge lautstark die seiner Meinung nach berechtigten Erwartungen heraus, die er gehegt hatte. In Vers 11 heißt es: „Ich hatte gedacht, er würde zu mir herauskommen und sich vor mich hinstellen, und dann würde er den Herrn, seinen Gott, beim Namen rufen und dabei seine Hand über der kranken Stelle hin- und herbewegen und mich so von meinem Aussatz heilen.“

Meiner Meinung nach klingt das, als habe er eine kleine Zaubervorstellung oder ein zeremonielles Hokuspokus erwartet, oder? Können Sie verstehen, dass er sagt: „Jetzt bin ich extra tagelang hierher gereist, und nun erwartet der Mann von mir, dass ich noch weiter bis zum Jordan fahre? Wenn ich baden wollte, hätte ich auch gleich zu Hause bleiben können.“

Anschließend zog er wütend ab. In der Bibel heißt es: „Voll Zorn wollte er nach Hause zurückfahren“ (Vers 12). Bei aller Mühe war nichts so gelaufen, wie er es erwartet hatte. Deshalb kochte er vor Wut.

Naaman hatte weise Berater

Wenn Ihr Chef über etwas wütend wird, versuchen Sie unter normalen Umständen doch auch, das Weite zu suchen, bis er sich beruhigt hat, oder? Bei den Angestellten Naamans war das anders. Gott hatte Naaman mit weisen und vertrauenswürdigen Untergebenen gesegnet. Zuerst war da das junge Mädchen. Dann die Diener, die den hoffnungsvollen Aufbruch der aufregenden Reise miterlebt hatten und Zeugen seines Wutausbruchs geworden waren, als es nicht so lief, wie ihr Gebieter es erwartet hatte. Die Reise war lang und beschwerlich gewesen (es sind etwa 177 Kilometer von Damaskus nach Samaria), und wer hätte es den Leuten verdenken können, dass sie so schnell wie möglich wieder nach Hause wollten? Doch die Untergebenen sorgten sich so sehr um ihren Chef, dass sie sich ihm respektvoll näherten und ihm in aller Ruhe eine Frage stellten, die ihn zum Nachdenken brachte, und einen einfühlsamen Rat gaben. Der Sprecher seines Gefolges verstand es, Naaman in voller Fahrt anzuhalten, und veranlasste ihn, sein Herz und seine Wagen umzuwenden und auf einen Weg zu bringen, der zu seiner körperlichen und geistlichen Heilung führen sollte.

Die Heilung verlangte Glauben

Naaman überwand seinen Stolz, kehrte nach Samaria zurück und fuhr zusätzlich 40 Kilometer weiter in Richtung Jordan. Am Fluss angekommen, befolgte er die Anweisungen des Propheten. Gott belohnte seinen Gehorsam. Naamans Haut wurde neu – wie die zarte, unbeschadete Haut eines kleinen Kindes. Können Sie sich Naamans Freude vorstellen? „Hurra! Der Aussatz ist weg! Schaut her! Ich bin frei von dieser Krankheit! Ich bin gesund!“

Mir kam der Gedanke, dass Naaman gewohnt war, Mann gegen Mann zu kämpfen. Zweifellos hatte er dabei als Krieger Blessuren davongetragen. Ist es nicht interessant, sich vorzustellen, dass jene Wunden zusammen mit dieser Krankheit für immer verschwunden waren?

Seine Heilung verlangte von ihm Demut, keine Schau mit Applaus. Sie verlangte Glauben, kein Geschäft zwischen zwei großen Männern. Sie verlangte Gehorsam, keine Bezahlung für erwiesene Hilfeleistungen. Das Ergebnis von Naamans demütiger Bereitschaft, sich Gottes Anweisungen unterzuordnen, war wesentlich großartiger, als er es sich erhoffen konnte, denn zusätzlich zu seiner neuen Haut erhielt er ein neues Leben – er akzeptierte den einzig wahren Gott.

Naaman bekannte seinen Glauben

Noch tief greifender als das Wunder von Naamans körperlicher Heilung war das Wunder seiner geistlichen Wiedergeburt. Ein mächtiger Heide und Götzenanbeter wurde geistlich verwandelt. Mein Schwager, Kelly Carlson, ist Pastor und Bibelhistoriker, und erlaubt mir großzügigerweise hin und wieder, sein Wissen „anzuzapfen". Als ich ihm eine E-Mail zu unserem Bibelabschnitt schickte, sandte er folgenden Kommentar zurück: „Naamans Geschichte ist ein unglaubliches Beispiel von Ironie: Der Feind des Volkes Gottes wird veranlasst, seinen Militärspfad von einst erneut aufzunehmen, um in Israel demütig um eine weitere Lebensspanne zu bitten. Dazu ist kein Ritual oder eine Zugehörigkeit zum Volk der Juden notwendig, sondern einzig und allein ein direkter Kontakt zu dem lebendigen Gott."

Naamans öffentliches Zeugnis seines Glaubens an den einen wahren Gott war weit wirksamer als das Zeugnis jedes Israeliten seiner Zeit, bis auf das Zeugnis des Propheten Elischa selbst. Naamans radikale geistliche Wandlung hatte den einst so stolzen Mann offensichtlich demütig gemacht, denn auf seinem Heimweg dankte er nicht nur Elischa, sondern bezeichnete sich dem Propheten gegenüber als sein Diener. Was für eine Verwandlung!

Was für eine Bedeutung hat diese Geschichte für mein Leben?

Das Entscheidende ist: Naaman nahm Gott bei seinem Wort und tat das, was notwendig war, um sein Wort auf sein Leben anzuwenden. Ergebnis: Er wurde radikal verändert – innerlich wie äußerlich. Daraus ergibt sich für uns eine wichtige Lektion: Wenn wir sein Wort auch auf unser Leben anwenden, kann Gott auch an uns radikal wirken.

Gleichzeitig lehrt uns diese Geschichte, dass das Heil für jeden gilt und nicht nur für ein besonderes Volk oder für ganz besondere Menschen. Ich war beeindruckt, dass Elischa Naamans neuen Glaubensweg nicht mit einem Bündel von Gesetzen verkompliziert hat, als dieser erklärte, dass sein Arbeitsvertrag in Damaskus beinhalte, dass er seinen König zum Tempel des Rimmon begleiten müsse.

„Was, Naaman!? Weißt du denn nicht, dass du als Gläubiger

nicht mehr rauchen, tanzen, trinken oder den König in den Tempel begleiten darfst? Und übrigens: In Zukunft keine Tattoos oder Ohrringe mehr, mein lieber Freund!"

Nichts von alledem. Elischa sah das ernsthafte Verlangen des Naaman, dass er Gott verehren wollte, und gab ihm keine Liste von Geboten und Verboten mit. Es heißt schlicht: „Kehre heim in Frieden!" (Vers 19)

Wie oft war ich in meinem evangelistischen Eifer schnell dabei, jemandem einen Lebensstil und Verhaltensweisen zu diktieren, die uns als gute Christen „ausweisen", ohne dem Heiligen Geist selbst zu gestatten, dem anderen in bestimmten Lebensbereichen eine neue Einstellung zu schenken. Kennen Sie das auch?

*

Sehr oft benutzt Gott schwierige Lebensumstände, um uns zu sich zu ziehen. Naaman war ein mächtiger Mann, der bereit war, sich in einer Zeit der Verzweiflung und Schwäche an Gott zu wenden. Sollten Sie sich in einer hoffnungslosen Situation befinden, entschließen Sie sich, sich Gott zuzuwenden. Akzeptieren sie ihn, wie Naaman es getan hat. Gott wird Sie durch Ihre Schwierigkeiten hindurchführen.

*

Unser Sohn Josh hat einen angeborenen Geburtsfehler. Ihm fehlt eine Rippe im Rücken und eine Hälfte des verbindenden Wirbels. Dieser Zustand hat ihn als Kind keine Minute behindert – er war aktiv und überraschend agil. Er war ein sehr guter Schüler und ein begeisterter Fußballspieler. Als er 16 Jahre alt war, brach für Josh die Welt zusammen. In einem Jahr war er 12,7 Zentimeter gewachsen, und dadurch hatte sich sein Rückgrat verkrümmt. Auf den Rat des Orthopäden, sich einer radikalen Rückenoperation zu unterziehen, war Joshs erster Kommentar: „Hat das nicht Zeit bis zum Sommer?"

„Nein, Josh", antwortete der Arzt. „Dein Rückgrat hat sich so rasch verkrümmt, dass du als Erwachsener behindert sein wirst, wenn wir länger warten." Sein Rückgrat zeigte eine Verkrümmung von 55 Prozent.

Wir holten eine zweite ärztliche Meinung ein. Sie stimmte mit der unseres Spezialisten überein. In den nächsten zehn Tagen wurden in rasender Eile Vorbereitungen für die Operation getroffen. Viele

Untersuchungen waren notwendig, es musste im Voraus Blut für die Operation abgenommen werden. So fuhren wir ständig zum DeVos-Kinderkrankenhaus in Grand Rapids, wo Josh operiert werden sollte. Außerdem berieten wir uns mit seinen Lehrern, weil er lange Zeit die Schule versäumen würde.

Wir waren am Boden zerstört. Wir hassten die Situation, in der wir uns befanden. Wir fürchteten das Risiko einer Querschnittslähmung, auf das uns die Ärzte aufmerksam gemacht hatten. Wir machten uns Sorgen darüber, dass Josh so lange die Schule versäumen würde und wahrscheinlich niemals mehr Fußball würde spielen können. Dabei hatten wir gerade erst einigen anderen Stress hinter uns. Wir brauchten dringend Ruhe! Warum in aller Welt ließ Gott ausgerechnet jetzt so etwas zu?

Weil wir nicht wussten, an wen wir uns in unserer Not wenden konnten, warfen wir unsere Ängste auf den Herrn und vertrauten unser Leben ihm an. Nie hätten wir uns träumen lassen, dass diese schwierige Erfahrung zu einem solchen Segen für unsere Familie werden würde.

Wie Naaman vor seiner Lepradiagnose brauchen 16-jährige Jungs Gott scheinbar auch nur äußerst selten. Sie haben ihren Sport, ihren kräftigen Körper, ihren Verstand und vielleicht sogar eine Freundin. Und wenn sie wie Josh Jesus als kleines Kind angenommen haben, besitzen sie bereits ihre Fahrkarte in den Himmel. Was braucht man mehr?

Unser Sohn machte nun einen Crashkurs durch, den wir niemals für ihn ausgesucht hätten. Es war wie ein „Formel-1-Rennen für Jesus“, das sein Leben, sein Verhalten und sein Zeugnis tief beeinflusst hat. Er war ein anderer Mensch geworden, und wir hätten um keinen Preis den alten Josh zurückhaben wollen, selbst wenn wir uns damit das Trauma jenes Jahres hätten ersparen können. Und Josh wollte das auch nicht.

Einige Monate nach seiner Operation schickte er folgende E-Mail an seinen Cousin:

Mein Rückgrat wird jetzt von zwei Titanstangen gestützt und meine Verkrümmung ist auf 38 Grad reduziert worden. Ich kann nicht sagen, dass die Geschichte ganz ohne Schmerzen verlaufen ist. In letzter Zeit habe ich sehr viel nachgedacht und gebetet, und ich glaube, dass ich das Leben heute ein wenig anders sehe als früher. Ich stelle fest, dass einige meiner Freunde ihr Leben an Dinge ver-

schwenden, die es nicht wert sind, und dass sie Menschen in ihrem Umfeld verletzen, ohne sich darüber Gedanken zu machen. Das heißt nicht, dass ich die Welt jetzt in anderen Farben sehe oder so etwas, aber ich bin bestimmt eine umgänglichere Person geworden, als ich es vor dieser ganzen Sache war!

Ich bin dankbar für die Lektionen, die Gott mich durch all das gelehrt hat, und ich möchte meinen Freunden sagen, wie gut er zu mir gewesen ist.

Vielen Dank für deine Gebete. Bitte bete weiter!

Dein Cousin Josh D.

Interessiert es Sie, wie es weitergegangen ist? Josh hat seinen Abschluss an der *Fremont High School* gemacht. Er war der Zehntbeste in seinem Jahrgang. Auch Fußball spielt er wieder. An der Uni verdiente er sich akademische Ehren und wurde als „bester Nachwuchsspieler" ausgezeichnet. Wie bei Naaman arbeitete Gott durch eine körperliche Schwäche an einem jungen Mann, um ihn zu sich zu ziehen. Gott hat in Joshs Leben viel mehr getan, als wir erbeten oder uns erträumt haben, und er hat uns gelehrt, ihm in allen Lagen zu vertrauen.

Gebet

Lieber himmlischer Vater, so oft bin ich genau wie Naaman. Ich möchte, dass du in mein Leben eingreifst, um meine Probleme zu lösen, auch wenn ich persönlich nicht dazu bereit bin, mich zu demütigen oder deinen Anweisungen in meinem Leben zu folgen.

Bitte vergib mir ..., zeige mir ..., lehre mich ... und hilf mir, bereit zu werden, meinen eigenen Stolz zurückzustellen und all das zu lassen, was mich daran hindert, dir zu folgen. Herr, hilf mir, dir mit einem willigen und demütigen Herzen zu folgen, heute, morgen und in den kommenden Tagen, ganz gleich, wie sich meine Lebensumstände gestalten. Hilf mir, anderen so zu dienen, dass meine Worte und Taten auf dich hinweisen.

In Jesu Namen, amen.

Mein fester Vorsatz für morgen

Morgen will ich für einen Menschen oder eine Familie in meiner Gemeinde, Nachbarschaft oder am Arbeitsplatz beten, der/die mit einer emotionalen oder körperlichen Krankheit belastet ist/sind.

Ich will ganz besonders für ihn/sie beten.

Ich will ihn/sie ermutigen, indem ich ihn/sie besuche, oder anrufe oder Besorgungen für ihn/sie erledige. Ich will es in Jesu Namen tun, ohne auch nur an Dank oder Vergeltung zu denken.

Zum Nachdenken

Lepra brachte Naaman an den Punkt, dass er sich in seiner großen Not an Gott wandte. Was muss Gott tun, dass er meine Aufmerksamkeit gewinnt?

Bibellese: 2. Könige 5,1–19

1 Naaman, der Heerführer des Königs
von Syrien, war an Aussatz erkrankt. Er
war ein tapferer Soldat und der König
hielt große Stücke auf ihn, weil der Herr
durch ihn den Syrern zum Sieg verholfen
hatte. 2 In seinem Haus befand sich ein
junges Mädchen, das von syrischen
Kriegsleuten bei einem Streifzug aus Is-
rael geraubt worden war. Sie war Diene-
rin bei seiner Frau geworden. 3 Einmal
sagte sie zu ihrer Herrin: „Wenn mein
Herr doch zu dem Propheten gehen
könnte, der in Samaria lebt! Der würde
ihn von seiner Krankheit heilen." 4 Naa-
man ging zum König und berichtete ihm,
was das Mädchen gesagt hatte. 5 „Geh
doch hin", antwortete der König, „ich
werde dir einen Brief an den König von
Israel mitgeben." Naaman machte sich
auf den Weg. Er nahm 7 Zentner Silber,
eineinhalb Zentner Gold und zehn Fest-
gewänder mit. 6 Er überreichte dem
König von Israel den Brief, in dem es
hieß: „Ich bitte dich, meinen Diener Naa-
man freundlich aufzunehmen und von
seinem Aussatz zu heilen." 7 Als der
König den Brief gelesen hatte, zerriss er
sein Gewand und rief: „Ich bin doch
nicht Gott! Er allein hat Macht über Tod
und Leben! Der König von Syrien ver-
langt von mir, dass ich einen Menschen
von seinem Aussatz heile. Da sieht doch
jeder: Er sucht nur einen Vorwand, um
Krieg anzufangen!" 8 Als Elischa, der
Mann Gottes, davon hörte, ließ er dem
König sagen: „Warum hast du dein Ge-
wand zerrissen? Schick den Mann zu
mir! Dann wird er erfahren, dass es in Is-
rael einen Propheten gibt!" 9 Naaman
fuhr mit all seinen pferdebespannten
Wagen hin und hielt vor Elischas Haus.
10 Der Prophet schickte einen Boten
hinaus und ließ ihm sagen: „Fahre an den
Jordan und tauche siebenmal darin
unter! Dann bist du von deinem Aussatz
geheilt." 11 Naaman war empört und
sagte: „Ich hatte gedacht, er würde zu
mir herauskommen und sich vor mich
hinstellen, und dann würde er den Herrn,
seinen Gott, beim Namen rufen und

dabei seine Hand über der kranken Stelle hin- und herbewegen und mich so von meinem Aussatz heilen. 12 Ist das Wasser des Abana und des Parpar, der Flüsse von Damaskus, nicht besser als alle Gewässer Israels? Dann hätte ich ja auch in ihnen baden können, um geheilt zu werden!" Voll Zorn wollte er nach Hause zurückfahren. 13 Aber seine Diener redeten ihm zu und sagten: „Herr, bedenke doch: Wenn der Prophet etwas Schwieriges von dir verlangt hätte, hättest du es bestimmt getan. Aber nun hat er nur gesagt: Bade dich und du wirst gesund! Solltest du es da nicht erst recht tun?" 14 Naaman ließ sich umstimmen, fuhr zum Jordan hinab und tauchte siebenmal in seinem Wasser unter, wie der Mann Gottes es befohlen hatte. Da wurde er völlig gesund und seine Haut wurde wieder so rein wie die eines Kindes. 15 Mit seinem ganzen Gefolge kehrte er zu Elischa zurück, trat vor ihn und sagte: „Jetzt weiß ich, dass der Gott Israels der einzige Gott ist auf der ganzen Erde. Nimm darum von mir ein kleines Dankgeschenk an!" 16 Aber Elischa erwiderte: „So gewiss der Herr lebt, dem ich diene: Ich nehme nichts an." So sehr Naaman ihm auch zuredete, Elischa blieb bei seiner Ablehnung. 17 Schließlich sagte Naaman: „Wenn du schon mein Geschenk nicht annimmst, dann lass mich wenigstens so viel Erde von hier mitnehmen, wie zwei Maultiere tragen können. Denn ich will in Zukunft keinem anderen Gott mehr Brand- oder Mahlopfer darbringen, nur noch dem Herrn. 18 In einem Punkt jedoch möge der Herr Nachsicht mit mir haben: Wenn mein König zum Tempel seines Gottes Rimmon geht, um zu beten, muss ich ihn mit dem Arm stützen und mich zugleich mit ihm niederwerfen - der Herr möge es mir verzeihen!" 19 Elischa sagte: „Kehre heim in Frieden!"

Anmerkung: Die Geschichte von Naaman, dem Heerführer von Aram (Syrien), die in 2. Könige 5 berichtet wird, wurde wahrscheinlich im Jahr 586 v. Chr.[2] geschrieben. In 2. Könige wird von zwei nationalen Tragödien berichtet: vom Fall des Nordreiches Israels und vom Fall Judas. Außerdem wird von Elischa und seinem wichtigen Amt als Prophet erzählt. Die hier wiedergegebene Geschichte ereignete sich gegen Ende seines Lebens.

Liebe Abby!

Eine Geschichte über einen geheiligten Lebenswandel in einer schwierigen Beziehung

Heidi gehört zu den liebenswertesten Frauen, die ich kenne. Wir haben uns vor 15 Jahren im Rahmen einer Frauenfreizeit kennen gelernt, zu der sie mich als Referentin eingeladen hatte. Sie hat ein fröhliches Gesicht und ein ansteckendes Lachen. Sie besitzt natürliche Führungseigenschaften. Es war offensichtlich, dass ihre Gruppe sie mochte und respektierte. Vor dem Wochenende hatten wir uns nur ein paar Mal am Telefon unterhalten, und in dem Moment, wo wir uns gegenüberstanden, war eine herzliche Freundschaft geboren.

Im Laufe der Jahre wuchsen Heidi und ich wie Schwestern zusammen und teilten Freud und Leid miteinander. Bei ihrem fröhlichen Temperament hätte ich nie für möglich gehalten, was sie durchmachen musste. Vor vielen Jahren war sie in ihrem christlichen Elternhaus von einem älteren Bruder sexuell missbraucht worden. Als junge Frau verliebte sie sich dann in Kevin, einen gut aussehenden jungen Mann, der sie herzlich liebte, aber die Neigung hatte, sie zu bevormunden, und außerdem überaus sparsam war. Sie heirateten und bekamen zwei Kinder. Sie hatten ein schönes Zuhause und gute Jobs. Doch leider war Heidi alles andere als glücklich.

Als sie Ende 30 war, wurden in ihr die Erinnerungen an ihre böse Kindheit wieder wach. Das erschreckte sie. Zunächst zeigte sich Kevin sehr verständnisvoll, doch irgendwann fing er an, ihr die Entwicklung, die Heidi für die Heilung ihrer inneren Wunden durchmachen musste, übel zu nehmen, und er versuchte, sie noch mehr zu bevormunden. Ihre Ehe verschlechterte sich und lief schließlich zielgenau auf einen Abgrund zu. In ihrer Verzweiflung ergriff Heidi die Initiative. Sie bat einige enge Freundinnen (auch mich), für sie zu beten. Eine christliche Seelsorgerin half ihr, einen Schritt nach dem anderen zu tun, um sich ihrer Vergangenheit zu stellen. Sie half ihr auch, zu vergeben und aktiv auf Gott zu vertrauen, dass er ihre Ehe wiederherstellen konnte. Auf den Rat ihrer Seelsorgerin hin trennten sich Kevin und Heidi für sechs Monate. In dieser Zeit gingen beide separat zur Beratung. Sie verabredeten sich hin und wieder und gingen miteinander aus. Kevin lernte dabei, dass es tatsächlich Freude machte, mit Heidi essen zu gehen und dafür Geld auszugeben. Und Heidi lernte, nicht Rückschau auf die Vergangenheit zu halten, sondern sich auf die Zukunft zu freuen, die Gott für sie als einzelstehende Persönlichkeit, aber auch als Partnerin ihres Mannes vorgesehen hatte. Kevin und Heidi lernten, einander zu vergeben. Gott brachte nicht nur ihre Beziehung wieder in Ordnung, sondern weckte auch neue Leidenschaft füreinander.

*

Ich bin sehr dankbar dafür, dass ich Heidi und Kevin kenne. Es ist eine Bereicherung für mich mitzuerleben, wie Gott sie gebraucht, um anderen Mut zu machen, die mit ihrer Vergangenheit oder mit Eheproblemen zu kämpfen haben. In 1. Samuel 25 steht eine Geschichte über eine kluge und schöne Frau, die mit einem sehr schwierigen Mann verheiratet war. Ihr Name war Abigajil. Wie Heidi weigerte sie sich, als Opfer zu leben. Ihre Geschichte sollte uns allen Hoffnung geben.

Die Geschichte von Abigajil

Auf ihrem Weg vom Haus zu den Schafställen, wo die Tiere laut blökten, weil sie zur Schur eingepfercht waren, blieb Abigajil stehen und ließ ihren Blick über die ausgedehnten Weideflächen ihres Mannes schweifen. Es war ein sehr erfolgreiches Jahr für Nabal gewesen. Seine Herden waren auf 3.000 Schafe und 1.000 Ziegen angewachsen. Mit dem guten Gefühl, dass sich die harte Arbeit der Schafschur allmählich dem Ende zuneigte, waren die Knechte und Hilfskräfte zwar erschöpft, aber bei bester Laune, denn bald war es Zeit, die getane Arbeit zu feiern.

Abigajil blickte weiter zu den Bergen oberhalb ihres Besitzes am Karmel. Sie suchte den zerklüfteten Horizont ab, ob sie ihre Beschützer erkennen konnte. In den vergangenen Wochen hatte sie ab und zu mal einige von Davids Leuten sehen können. Der Oberhirte ihres Mannes hatte ihr berichtet, dass das Anwachsen ihrer Herden zum großen Teil den Schutzmaßnahmen gegen Diebe und Banditen zu verdanken war, die David und seine Leute angeboten hatten.

David, der auch vom Stamme Juda war, war ein Verwandter. Der alte Prophet Samuel hatte ihn zum zukünftigen König gesalbt. Augenblicklich lebte David allerdings noch in den Bergen am Karmel im Exil. Man erzählte sich, dass König Saul David nach dem Leben trachtete und David den Soldaten Sauls, die in dieser Gegend lagerten, schon mehrfach entgangen sei.

Abigajil wollte gerade ins Haus zurückgehen, als sie von einer Stimme aus ihren Träumereien gerissen wurde, die ihr nur allzu vertraut war.

In einiger Entfernung brüllte Nabal einen unglücklichen Knecht an, der das Weite suchte: „Geh mir aus den Augen, du fauler Taugenichts!“ Eine Salve von Schimpfwörtern folgte. Und schon brüllte er in ihre Richtung weiter: „Wo ist mein Weib? Wo ist mein Wein?“

Abigajil zuckte zusammen. Ihr schönes Gesicht wurde ernst, sie atmete dreimal tief durch und machte sich bereit, ihren Mann zu begrüßen.

*

In der folgenden Nacht war Abigajil hellwach, nachdem sie Nabals Wünsche nach Nahrung, Wein und sexueller Lust befriedigt hatte. Abigajil glitt aus dem Bett. Sie wandte ihren Blick von seinem fettleibigen nackten Körper ab, der seinen ausschweifenden Lebensstil deutlich zeigte, und blies die kleine Öllampe aus, die noch auf dem Nachttisch flackerte. Leise schlich sie ans Fenster und schaute auf die Silhouette der Berge im Mondlicht. Für einen Augenblick wollte sie Traurigkeit beschleichen, aber nur für einen Augenblick. Sie hatte gelernt, ihre Lebensumstände zu akzeptieren.

Dieser Mann war ihr bestimmt worden. Ihr Vater, der seine Tochter gut versorgt wissen wollte, hatte geglaubt, der reiche Nabal sei eine gute Partie für sie. Als damals die Neuigkeit von ihrer Verlobung im Dorf kursierte, hatten einige die schöne, tüchtige junge Frau beneidet. Andere, die für Nabal gearbeitet oder mit ihm Geschäfte gemacht hatten, bemitleideten sie dafür, dass sie ihn heiraten sollte. Abigajils eigene Meinung dazu spielte sowieso keine Rolle. Der Hochzeitsvertrag war geschlossen.

Nabal hatte ein großes Gesinde und schon bald fand die junge Braut in seinem Haushalt ihren Platz. Weil Nabal oft verantwortungslos handelte und eine Schwäche für guten Wein hatte, musste Abigajil manche wichtige Entscheidung für ihren Mann treffen. Nabals Knechte holten sich ihre Anweisungen ohnehin lieber bei der Herrin. Trotz aller Peinlichkeiten, die ihr Mann durch sein verachtenswertes Benehmen und seine Beschimpfungen verursachte, wuchs Abigajil an ihrer Verantwortung über sich hinaus. Als tüchtige Haushälterin war sie klug und geschickt. Um mit ihrem schwierigen Mann und dem großen Haushalt fertig zu werden, musste sie alle ihr zur Verfügung stehenden Möglichkeiten nutzen. Außerdem übte sie sich dabei im Vergeben. Um mit einem Mann, der grausam und dumm zugleich war, leben zu können, musste sie täglich Vergebung praktizieren, und sie bat Gott jeden Morgen um Kraft, Weisheit und Geduld, damit sie den neuen Tag mit ihm durchstehen konnte. Sie war eine vertrauensvolle Frau. Sie wusste, Gott hatte einen Plan für ihr Leben.

*

„Herrin! Ich muss mit Euch reden!"

Der erregte Tonfall in der Stimme von Nabals Knecht war Abigajil, die gerade dabei war, ihren anderen Dienern Anweisungen für das Festessen zu geben, nicht entgangen. Sie wandte sich schnell ab und eilte auf den Mann zu.

„David hat aus der Wüste Boten gesandt, um unserem Herrn Grüße zu schicken. Aber der hat sie nur beschimpft. Davids Leute waren sehr gut zu uns. Sie haben uns nie schlecht behandelt. Und wenn sie sich in der Nähe unserer Weiden aufhielten, fehlte es uns an nichts. In der ganzen Zeit, in der wir unsere Schafe gehütet haben, waren sie wie ein Schutzwall für uns. Als sie uns nun um etwas zu essen baten, weil wir ein Fest feiern, wollte Nabal ihnen nichts geben! Er war nicht nur unfreundlich ihnen gegenüber, nein, er hat sie und ihren Anführer David außerdem noch beleidigt! Verärgert haben sie uns verlassen. Ich fürchte um unser Leben! Nabal ist rasend vor Wut. Er bleibt stur. Wir können ihn nicht zur Besinnung bringen! Bitte denkt nach, was Ihr tun könnt, sonst sind wir alle verloren!"

Abigajil seufzte hörbar über die selbstsüchtige Dummheit ihres Mannes und führte sich vor Augen, was sie zur Folge haben könnte. Ihre Gedanken begannen wild zu kreisen. Jetzt galt es keine Zeit zu verlieren, indem sie über Nabals Irrsinn nachdachte. Stattdessen wollte sie tun, was in ihrer Macht stand. Sie betete um Weisheit, wie sie ihre Leute und die Haut ihres Mannes retten könnte.

Während sie Nabals Knecht fest in die Augen schaute, erteilte sie ihm einige Aufträge.

„Hör mir genau zu und dann beeile dich. Nimm fünf Schafe, die bereits für die Scherer geschlachtet worden sind, und lade das Fleisch auf die Esel. Ich brauche weitere Lasttiere, damit ich reichlich Lebensmittel transportieren kann, und ich brauche Männer, die die Tiere führen. Für mich selbst benötige ich einen Reitesel. Sorge dafür, dass er bereitgestellt wird. Nun los, aber schnell!"

Sie war froh, dass die Lebensmittel für die bevorstehende Festzeit in Mengen bereitstanden. „Wir müssen uns beeilen!", rief sie ihren Knechten zu. „Ladet 200 Brotfladen und zwei Schläuche voll Wein auf! Zählt 100 Portionen gepresste Rosinen und 200 Portionen Feigenmark ab! Wiegt einen Sack mit gerösteten Körnern aus und ladet alles auf die Esel! Ihr geht mir mit diesen Geschenken voran! Und habt keine Angst! Ich werde mich fertig machen und euch umgehend folgen. Ich werde selbst mit David reden. Der Herr segne uns und gehe uns allen voran! Nun beeilt euch!"

*

David war wütend.

„*Was* hat dieser Nabal zu euch gesagt? Das undankbare, selbstsüchtige Ungeheuer! Er weiß genau, dass wir wochenlang hart für ihn gearbeitet haben! Ich habe Tag und Nacht sein Eigentum bewacht, sodass ihm nichts abhanden gekommen ist. Umsonst! Aber was rege ich mich lange darüber auf? Männer! Legt eure Schwerter an! Ich brauche 400 Mann, die mit mir zu Nabals Anwesen reiten, und 200, die hier im Lager bleiben. Ich schwöre euch, dass bis zum Morgen kein männliches Wesen, das zu Nabal gehört, am Leben bleibt!"

David machte sich von seinem Lager in den Bergen mit 400 Männern auf den Weg. Er war verärgert aber auch tief enttäuscht. Es war keine leichte Aufgabe, im politischen Exil mit einer Armee von 600 Mann auf der Flucht zu sein und für alle immer genug zu essen zu haben. Hinzu kam, dass er sich ständig vor weiteren Mordanschlägen von König Saul schützen musste. Außerdem trauerte er sehr über den Tod des Propheten Samuel, der ihn zum König gesalbt hatte. Angesichts dieser Herausforderungen stand er ohne seinen weisen Berater Samuel viel leichter in der Gefahr, Gottes Ruf in Zweifel zu ziehen. „Wenigstens werden sich meine Leute durch die

Revanche an Nabal ausreichend satt essen können", murmelte er vor sich hin.

„Schaut, Herr! Da kommt uns jemand entgegen!"

*

Nachdem Abigajil Anweisung erteilt hatte, dass sich die mit Lebensmitteln beladene Karawane in Bewegung setzen sollte, hatte sie sich selbst in Windeseile fertig gemacht, um David zu treffen. „Gott, lege mir die richtigen Worte in den Mund und sorge dafür, dass David mich anhört!", betete sie. Sie bestieg ihren Esel und trieb ihr Tier an, bis sie alle überholt hatte, die sich vor ihr schwer beladen auf den Weg gemacht hatten. „Lasst euch nicht aufhalten!", drängte sie ihre Leute. „Ich werde euch vorauseilen, um mit David zu reden."

Als sie mit ihrem Esel in eine Gebirgsschlucht ritt, sah sie David und sein Heer von den Bergen her auf sich zumarschieren. Die Aufregung schnürte ihr die Kehle zu. Das Herz schlug ihr bis zum Hals, als sie von ihrem Esel abstieg, David entgegenging und sich vor ihm verneigte, bis ihr Gesicht vor seinen Füßen den Boden berührte. Ohne Umschweife und ohne aufzuschauen sprudelten ihr die Worte über die Lippen: „Es ist alles meine Schuld, Herr!", sagte sie. „Bitte hört mich an, lasst es Euch erklären! Meinen Mann Nabal dürft Ihr nicht ernst nehmen. Er ist genau das, was sein Name sagt: ein bösartiger Dummkopf. Unglücklicherweise war ich nicht da, als Eure Boten kamen."

Noch immer vor seinen Füßen kauernd, wagte sie, ihren Kopf zu heben und David anzuschauen. Er war ein auffallend gut aussehender Mann. Sein Haar wehte ihm um das sonnengebräunte Gesicht. Doch das Wichtigste war: Er hatte sein Schwert nicht gezogen und schaute sie an. Sie schluckte und redete danach so weiter, wie es ihr der Herr aufs Herz gelegt hatte.

*

Ganz auf Rache eingestimmt, gefiel es David absolut nicht, zu sehen, dass ihm diese Frau von Nabals Grundbesitz aus entgegenkam. Ihrer Kleidung und ihrer stolzen Haltung nach zu urteilen, war sie eine junge, wohlhabende Frau. Er war ganz überrascht, als sie sich vor seine Füße warf und ihn um Gehör bat. Und dann gab sie sich auch noch als Frau des idiotischen Geizkragens zu erkennen! Als sie ihr

Gesicht hob und ihn anschaute, war er von ihrer außerordentlichen Schönheit überwältigt. Zwei intelligente Augen schauten ihn an, und was sie sagte, drang ihm ins Herz.

Die Frau deutete auf eine beeindruckende Anzahl von bepackten Lasttieren, die hinter ihr in der Bergschlucht rasteten. „Bitte, Herr, nehmt dies als Geschenk für Eure Gefolgsleute an und verzeiht Eurem Diener sein beleidigendes Verhalten", entschuldigte sie sich. Als sie sich wieder David zuwandte, erstaunte sie ihn mit ihren eindrücklichen Worten der Weisheit und Prophetie: „Ich weiß, der Herr wird Euch zum König machen und Euer Königshaus wird für immer bestehen. Ihr seid ja der Mann, durch den der Herr seine Kriege führt; und Euer Leben lang wird Euch niemand ein Unrecht vorwerfen können. Wenn Euch jemand verfolgt und umbringen möchte, wird er Euch nichts anhaben können, weil der Herr Euer Leben bewahren wird, wie man einen kostbaren Stein im Beutel verwahrt; aber das Leben Eurer Feinde wird der Herr wegwerfen, wie man einen Stein mit der Schleuder fortschleudert. Wenn dann der Herr alle seine Zusagen eingelöst und Euch die Herrschaft über Israel gegeben hat, werdet Ihr froh sein, dass Euer Gewissen rein ist und Ihr Euch nicht selbst zu Eurem Recht verholfen und ohne Grund Blut vergossen habt."

Abigajil beendete ihre leidenschaftliche Rede und senkte ihren Blick einen Moment, bevor sie leise hinzufügte: „Und denkt dann auch an mich, Eure Dienerin, wenn der Herr Euch so weit gebracht hat." Sie spürte, wie ihre Wangen glühten, aber das machte ihr jetzt nichts aus. Falls David ihre Entschuldigung akzeptierte, waren Nabals Leben und das der Männer ihres Hauses wahrscheinlich gerettet. Sie presste ihre zitternden Hände gegeneinander und wartete auf seine Antwort.

*

Verwundert blickte David auf das geneigte Haupt der Frau, die vor ihm kniete. Er war blind gewesen vor Wut. Doch diese Frau hatte ihn an seinen noblen Ruf Gottes erinnert und hatte ihn erkennen lassen, dass er sich versündigt hätte wie nie zuvor. Plötzlich erkannte er, dass diese Frau ihm von Gott gesandt war, um ihn von seinem Rachefeldzug abzuhalten. Als er das begriffen hatte, durchströmte ihn eine unglaubliche Dankbarkeit. Er fuhr sich mit den Fingern durchs Haar und schloss die Augen vor dem Wunder, das ein Unheil verhindert worden war.

„Dem Herrn, dem Gott Israels, sei Dank, dass er dich in diesem Augenblick mir entgegengeschickt hat."

Abigajil blickte vor Verwunderung auf, ihre Augen weiteten sich und ihr Kinn fiel herunter.

„Und dir, Frau, sei Dank, dass du so umsichtig gehandelt hast. Du hast mich davor bewahrt, eigenmächtig an Nabal und seinen Leuten Rache zu nehmen. Das hätte dem Herrn ganz und gar nicht gefallen. Du hast mich rechtzeitig aufgehalten. Dafür bin ich dir von Herzen dankbar."

Wellen der Erleichterung durchfluteten Abigajil und sie wagte, erleichtert durchzuatmen. Ein strahlendes Lächeln erhellte ihr hübsches Gesicht. Nach einer Pause fragte sie eifrig: „Sind Eure Männer hungrig, Herr? Dort drüben gibt es frisches Brot, Früchte und Lammfleisch zum Braten."

Davids Anspannung ließ nach und mit einem Lachen antwortete er auf ihre Frage: „Hungrig? Sie sterben vor Hunger!"

Er wurde wieder ernst und er suchte ihren Blick. „Ich nehme dieses Geschenk von dir dankbar an. Geh in Frieden zurück in dein Haus."

Abigajil strahlte. Sie nickte, ging dann zu ihren Knechten und ordnete an, die Lebensmittel abzuladen. Noch einmal nickte sie David zu, bestieg ihren Esel und trat den Heimweg an.

David schaute Abigajil nach. Was für eine bemerkenswerte Frau! Gott sei Dank, dass sie gekommen war! Gott hatte ihn wahrlich zu Höherem berufen, als sich mit Dummköpfen wie Nabal herumzuschlagen.

*

Auf dem ganzen Weg talwärts überlegte sich Abigajil, wie sie Nabal von der ganzen Sache erzählen würde. Würde er begreifen, wie haarscharf er dem Tod entronnen war und wie er das Leben vieler Menschen aufs Spiel gesetzt hatte?

Als sie ihrem Anwesen näher kam, drangen Musik und lautes Gelächter an ihr Ohr. Im Haus fand sie einen betrunkenen Nabal, der seine Gäste wahrlich königlich bewirtete. Abigajil beobachtete seine Exzesse für einige Momente vom Eingang aus. Dann wandte sie sich ab und war froh, dass er sie nicht bemerkt hatte. Jetzt konnte man ohnehin nicht mit ihm reden. Der Morgen würde noch früh genug kommen und mit ihm wieder der Ernst des Lebens.

*

Als Abigajil am nächsten Morgen ihrem Mann begegnete, war der Vormittag schon weit fortgeschritten. Mit verquollenen Augen und schwerem Kopf von der durchzechten Nacht bot Nabal einen bedauernswerten Anblick.

„Nabal, ich möchte mit dir reden."

Er hob mühsam seine Augenbrauen. „Da bist du ja, meine hübsche, kleine Ausreißerin. Er griff nach ihrem Handgelenk und zog sie dicht an sich heran, sodass sie seinen unangenehmen Atem riechen musste. „Wie liebenswert von dir, dass du heute Morgen meine Gesellschaft suchst, da du mir gestern Nacht bei meinem Bankett deine Pflichten als meine Ehefrau schuldig geblieben bist."

Ohne sich ihm zu fügen oder ihren Ekel zu zeigen sprach Abigajil mit einer Würde und Achtung, die er nicht verdient hatte. „Ich hatte eine sehr wichtige Mission auszuführen, Nabal. Eine Mission, die dir das Leben gerettet hat."

„Hä?" Er schob sie von sich und langte nach dem dunklen Brotfladen auf dem Tisch neben ihm. Er biss hinein und schaute sie misstrauisch von der Seite an.

„Nabal, ich habe erfahren, dass du Davids Männer mit Schimpf und Schande vom Hof gejagt hast."

„Ach, das Gesindel!", regte sich Nabal auf. „Diese Bettlerbande wollte Lohn dafür, dass sie meine Herden bewacht hat. Habe ich sie etwa angeheuert? Nein! Also habe ich die Geier weggescheucht!"

„Nabal", fuhr Abigajil ganz ruhig fort, „bist du dir bewusst, dass, weil du sie weggescheucht hast, deine ausschweifende Feier letzte Nacht durch David und 400 seiner Leute um Haaresbreite zu einem Schlachtfest geworden wäre? Kein männliches Wesen unter deinen Dächern sollte verschont werden!"

Nabal blieb der Bissen im Halse stecken. Er hielt das Brot in die Luft. „400 Männer? Du musst dich irren."

Sie schaute ihm ernst in die Augen. „Nein, Nabal. Dein Knecht hat mich gewarnt, weil er um dein Leben und um das Leben der anderen bangte. Darum habe ich Lebensmittel zusammengepackt und bin David und seinem Heer in der Gebirgsschlucht entgegengegangen. Ich habe ihn um Vergebung angefleht. Gott hat mir die richtigen Worte in den Mund gelegt und es fertig gebracht, dass er mir zuhörte, trotz der Wut, die in ihm kochte. Er hatte vor, dich zu töten, Nabal. Gott hat dich aus Davids Hand errettet."

Die Gewalt ihrer Worte fielen wie ein gewaltiger Steinbrocken auf Nabals Herz, und er spürte plötzlich nicht mehr das Brot, sondern den Geschmack des Todes auf seiner Zunge. Kalter Schweiß brach ihm aus. Er stand auf, um sich auf Abigajil zu stützen. Doch er kippte vornüber. „Mein Herz! Mein Herz! Frau, es versagt!"

Abigajil schrie laut um Hilfe und beugte sich über ihn. Sie schob seine Kleider zur Seite und legte ihr Ohr auf seine Brust. Der schwache Herzschlag beruhigte sie irgendwie, ebenso wie sein flacher Atem. Doch er sprach kein Wort mehr. Er lag da wie ein Stein.

Zehn Tage später starb Nabal.

*

„Mein Gebieter! Euer Kundschafter kommt vom Karmel zurück!"

David schaute auf und warf einen Blick auf den Weg, der ins Lager führte. Dann winkte er seinem Späher zu. „Was hast du in Erfahrung gebracht, mein Freund? Irgendwelche Neuigkeiten aus Sauls Lager?"

„Nichts Neues von Saul, Herr. Aber ich habe eine Nachricht, die Euch interessieren wird. Nabal ist tot."

David richtete sich auf. „Wie kann das sein?" Als sein Diener alle Einzelheiten berichtet hatte, die er in Erfahrung hatte bringen können, schwieg David einige Augenblicke vor sich hin. Dann fragte er: „Wann, sagst du, ist er zusammengebrochen? War es wirklich genau einen Tag, nachdem ich ihm das Leben nehmen wollte?"

David stand auf und ging ein paar Schritte hin und her. Dann wandte er sich wieder an seinen Kundschafter. „Die Rache ist mein, spricht der Herr", sagte er und schüttelte verwundert den Kopf. „Wie dankbar bin ich Gott, dem Herrn, dass er diese Blutschuld von meinen Händen fern gehalten hat!"

Spät am Abend, als er keinen Schlaf finden konnte, merkte David, dass er an Abigajil dachte. Diese Frau hatte etwas Besonderes: Sie war aufrichtig, schön, mutig und eine erstaunliche Diplomatin. Er lächelte, als er an ihre hochroten Wangen dachte und daran, mit welcher Eindringlichkeit sie auf ihn eingeredet hatte! Und dann das gute Essen! Die Erinnerungen an die Lebensmittel, die sie ihnen geschenkt hatte, ließ ihm das Wasser im Mund zusammenlaufen.

Nabal hat wahrscheinlich nicht einmal gemerkt, welchen Juwel er in seinen Händen hielt, stellte er nachdenklich fest. Wie erfrischend eine lebhafte Unterhaltung mit einer so intelligenten Frau sein musste! Er seufzte resigniert. Plötzlich fühlte er sich sehr einsam.

David starrte in die Dunkelheit und grübelte weiter über Abigajil nach. Obwohl sie mit einem kompletten Idioten verheiratet gewesen war, war sie ihm treu gewesen und sie hatte ihn sogar geschützt. Sie hatte sich für ihn in die Schusslinie gestellt, für diesen nutzlosen Schuft! Sie wusste um die Bedeutung eines gottesfürchtigen Lebens. Sie hatte es in einer schwierigen Ehe erprobt.

Plötzlich durchzuckte ihn blitzartig der Gedanke: Abigajil war wieder frei und ledig!

Sein Herz hämmerte bei diesem Gedanken vor Begeisterung. Er konnte Abigajil heiraten! Aber dann kamen ihm Zweifel. „Was kann ich einer Frau schon bieten? Ich bin geächtet. Warum in aller Welt sollte eine reiche, schöne junge Witwe mich heiraten wollen?"

Doch jetzt fiel ihm ihr Verständnis von Gottes Plan für seine Zukunft wieder ein. Das gab ihm Hoffnung. Einer der letzten Sätze, den Abigajil zu ihm gesagt hatte, war: „Und denkt dann auch an mich, Eure Dienerin, wenn der Herr Euch so weit gebracht hat."

Er lächelte in die Dunkelheit hinein.

*

„Herrin? Hier ist ein Bote für Euch!"

Abigajil unterbrach ihre Arbeit und folgte ihrer Dienerin zur Tür. Seit Nabals Tod musste sie sich um so vieles kümmern. Vielleicht war es wieder eine Nachbarin, die ihr kondolieren wollte.

Auf der Schwelle stand ein junger Mann, der ihr eine Schriftrolle entgegenhielt. „Diese Botschaft lässt Euch David, mein Herr, schicken", sagte er und errötete leicht. „Er bedauert, dass er in dieser Angelegenheit nicht persönlich mit Euch reden kann, aber wie Ihr wisst, wäre es nicht gut für ihn, zu dieser Zeit zum Karmel zu kommen. Bitte überdenkt seinen Wunsch." Er verbeugte sich etwas linkisch und verschwand.

Amüsiert öffnete Abigajil die Botschaft. Ihre Hände zitterten. Ihr stockte der Atem! David bat sie, seine Frau zu werden.

*

Abigajils erster Mann war für sie ausgesucht worden, ohne dass man sie gefragt hätte. Dieses Mal sollte sie selbst die Entscheidung treffen. Abigajil wägte ab: Falls sie Davids Vorschlag ablehnte, würde sie als reiche, kinderlose Witwe mit einem guten Einkommen und viel Arbeit eine gesicherte Zukunft haben. Wenn sie sein Angebot annahm, würde das für sie bedeuten, ein Leben im Glauben an der Seite eines Geächteten zu führen, der allerdings ein Herz für Gott hatte und zum König bestimmt war.

Sie erinnerte sich an Davids Stolz und an sein gutes Aussehen. Beides hatte sie sehr beeindruckt. Doch weitaus attraktiver für sie war, dass er ihr zugehört und sie ernst genommen hatte. Am wichtigsten war ihr jedoch seine aufrichtige Gottesfurcht. Sie beschloss, eine mutige Wahl zu treffen, und bereitete sich auf ein abenteuerliches Leben vor.

Als Davids Leute kamen, um sie abzuholen, war sie bereit. Sie versammelte ihre fünf Dienerinnen um sich, die sie begleiten wollten und, ohne Zeit zu verlieren, stieg sie auf ihren Esel, der sie in sein Lager ins Gebirge trug. Dort wurde sie die Braut von König David.

Hintergrundinformationen

Die Geschichte von Abigajil in 1. Samuel 25 hat alle Elemente, die eine Geschichte braucht, um unterhaltend zu sein. Es gibt den Bösen, den gut aussehenden Helden, eine erfrischend intelligente Heldin (die zufälligerweise auch noch wunderschön ist), die Gefahr von Mord und Totschlag, ein Versteck in den Bergen und eine Romanze. Und der Bösewicht stirbt am Ende sogar noch. Diese Geschichte enthält allerdings auch einige wichtige Lektionen für uns Frauen von heute. Betrachten Sie mit mir einige Schlüsselelemente der Geschichte:

Abigajil führte eine unglückliche Ehe

Nabal und Abigajil waren verheiratet worden und passten absolut nicht zusammen. Sie waren, was Intelligenz, Großzügigkeit, Weisheit und Gottesfurcht angeht, in ein ungleiches Joch gespannt.

Nabals Name bedeutet „Narr", und Abigajils Mann machte seinem Namen mit dem, was er redete und tat, auch alle Ehre. Er war ein reicher Mann und vermutlich älter als seine Frau. Er hatte eine unflätige Redeweise und ein gehöriges Alkoholproblem. Sein Diener bezeichnete ihn als „boshaft" (Vers 17). Auf seinen Reichtum bildete Nabal sich eine Menge ein. Den Wert, den er in seiner Frau Abigajil hatte, erkannte und schätzte er hingegen überhaupt nicht. Fremde, die ihm geholfen hatten, behandelte er mit brutaler Verachtung. Nicht auszudenken, wie er mit seiner Frau hinter verschlossenen Türen umgegangen sein mag!

Abigajils Name bedeutet „Freude meines Vaters". Im Gegensatz zu ihrem Mann wurde sie von den Knechten und Hausangestellten geachtet. Sie brachte Freude und Ordnung in den Haushalt. Sie war eine Frau, die vergeben konnte. Im Zusammenleben mit Nabal wird sie jeden Tag Vergebung geübt haben! Die Bibel sagt, Abigajil war eine Frau mit Verstand. Sie nutzte ihn in Weisheit, um mit einer sehr schwierigen Persönlichkeit auszukommen, und das in einer Zeit, als Frauen von ihren Männern wie ein Gegenstand angesehen wurden, den sie sich erworben hatten.

Abigajil, die nicht nur tüchtig, sondern auch sehr schön war, verkroch sich nicht hinter Bitterkeit oder Selbstmitleid. Trotz des hässlichen Charakters ihres Mannes war sie sehr aktiv und rettete ihm sogar das Leben. Susan Hunt schreibt in ihrem Buch *Spiritual Mothering* (dt. Übers.: Geistliche Mutterschaft): „Abigajils Geist ließ sich nicht an ihr Dilemma binden. Sie ließ sich nicht einschüchtern. Sie nahm sich die Freiheit, mit anderen Kontakt zu pflegen und in einer Krise überlegt und schnell zu reagieren."[1]

Sie waren „die Schöne und das Biest". Es wird nicht erwähnt, dass die beiden gemeinsame Kinder hatten.

Nabals Undankbarkeit brachte das Fass zum Überlaufen

David verstand etwas von Schafzucht. Er hatte als Kind die Schafe seines Vaters gehütet. Mit seinen Leuten hatte er Nabals ausgedehnte Herden wochenlang beschützt und diesem damit wahrhaftig einen großen Dienst erwiesen. Nabal hätte Davids Männer mit Freuden empfangen und sie zur Zeit der Schur reich belohnen müssen, anstatt sie zornig von seinem Hof zu jagen.

Als gottesfürchtige Frau hatte Abigajil verstanden, dass David von Gott zum König ausersehen war. Nabal fehlte dieses Verständnis. Er sprach mit Verachtung über David und behandelte ihn wie einen Sklaven, der sich gegen seinen Herrn auflehnt.

Als David von Nabals Widerstand erfuhr, stand sein Plan fest, sich an ihm und allen Männern seines Hauses zu rächen. Als Abigajil von Nabals Verhalten erfuhr, geriet sie in ein Drama auf Leben und Tod.

Abigajil handelte unabhängig

Mit Nabals Trunksucht und schlechten Launen fertig zu werden, war schwierig genug. Als aber sein unflätiges Verhalten und seine Selbstsucht nicht nur sein eigenes Leben gefährdeten, sondern die Sicherheit des ganzen Hauses, trat Abigajil eigenmächtig in Aktion und übernahm die Vermittlerrolle.

Sie hätte in Panik geraten und sich im Haus verbarrikadieren können oder sie hätte die Knechte zum Kampf aufrufen können. Sie hätte Nabal Vorwürfe machen können. Sie hätte es zulassen können, dass Davids Rache sie von ihrem Mann und ihrer schwierigen Ehe befreite. Das alles tat sie nicht. Vielmehr nutzte sie den Verstand, den Gott ihr gegeben hatte, und damit änderte sich der Verlauf ihrer Geschichte. Sie wurde eine Friedensstifterin.

Ohne Nabals Erlaubnis handelte sie gezielt und schnell. Abigajil nahm fünf Schafe, die Nabal David vorenthalten hatte, stellte ein Festessen für eine ganze Armee bereit und brachte in Rekordzeit eine mit Lebensmitteln beladene Karawane auf den Weg in die Berge. Voller Gottvertrauen stellte sie sich einem gut aussehenden, vogelfreien Krieger in den Weg. (Sein gutes Aussehen wird in 1. Samuel 16,12 beschrieben.) Mit einer der längsten Reden einer Frau, die wir in der Bibel finden, ermutigte sie ihn, auf Gottes souveränen Plan für sein Leben zu schauen und hinderte ihn daran, eine Bluttat zu begehen, die er später bereuen würde. Damit machte sie einen unvergesslichen Eindruck auf den zukünftigen König.

Der Tod ihres ersten Mannes

Am nächsten Morgen, als Abigajil Nabal erzählte, wie nahe er am Abgrund des Todes gestanden hatte und was sie unternommen hatte, um den Überfall zu verhindern, wurde er todkrank. In Vers 37 lesen wir: „Als er das hörte, traf ihn der Schlag und er konnte sich nicht mehr rühren.“ Es liegt nahe, dass er einen Schlaganfall erlitten hat. Zehn Tage später starb er. Die Bibel lässt keinen Zweifel daran, was die Ursache von Nabals Tod gewesen war. Es heißt in Vers 38: „Zehn Tage später ließ der Herr ihn sterben.“

Für David bestätigte sich, dass Rache die Sache des Herrn ist. Als er vom Tod Nabals erfuhr, war David noch einmal sehr dankbar, dass Gott ihm Abigajil in den Weg gestellt und ihn dadurch bewahrt hatte, sich an Nabals Blut zu versündigen. Dabei spürte er, dass er sich Abigajil zur Frau wünschte, falls sie damit einverstanden war.

Davids Werbung durch einen Stellvertreter

Das war für eine Frau nicht sehr romantisch, aber ehrlich gemeint. In Vers 39 steht: „Dann schickte David zu Abigajil und bat sie, seine Frau zu werden." Es war normal, dass ein Stellvertreter des Bräutigams für ihn mit der Familie der Braut die Verhandlung über den Brautpreis führte, den der Bräutigam bezahlen musste. Bei David und Abigajil war das etwas anders, weil sowohl Abigajil als auch David schon verheiratet gewesen waren. (David war mit Michal, der Tochter von König Saul, verheiratet gewesen, die ihm Saul aber wieder weggenommen und mit einem anderen Mann verheiratet hatte.) Außerdem verfügte David kaum über finanzielle Mittel, während Abigajil reich war.

Wie man den Psalmen Davids entnehmen kann, muss er sehr wortgewandt gewesen sein, und es bleibt zu hoffen, dass er an Abigajil zusammen mit seiner Werbung wenigstens einen persönlichen Brief geschickt hat, doch das wird ein Geheimnis bleiben.

Ich vermute, dass einige Zeit zwischen den Versen 39 und 40 gelegen haben muss, bevor Davids Leute kamen und Abigajil zur Hochzeit abholten. Schließlich mussten außer Abigajil noch fünf weitere Frauen ihre Sachen packen!

Das Leben mit dem zweiten Mann

Abigajil gab ihre Sicherheit auf und lebte mit David im Exil in den Bergen. Was glauben Sie, brachte sie in ihre Ehe ein? Ich las hier und da, dass sie ihm durch ihren Reichtum ein neues soziales Ansehen verschafft habe. Die Bibel erwähnt ihren Reichtum aber nicht einmal. Sie betont nur ihre Weisheit. Abigajil brachte einen erstaunlichen Glauben mit in ihre Ehe, außerdem Schönheit, Weisheit und entschlossenes, schnelles Handeln. (Eine gute Mitgift für einen Mann auf der Flucht!) Sie glaubte an Gottes Ruf für David und machte ihm Mut, die richtigen Entscheidungen zu treffen.

Abigajils Leben war in den ersten Jahren an der Seite ihres kämpferischen Mannes in der Tat voller Abenteuer – dazu gehörte, dass sie von einem feindlichen Heer gekidnappt und später von ihrem Mann befreit wurde. Noch im Exil, in Hebron, gebar sie David einen Sohn. Sie gaben ihm den Namen Kilab (auch Daniel genannt). Der Junge wuchs zu einem gottesfürchtigen Mann heran. Abigajil lebte in einer Zeit der Polygamie und musste Davids Zuneigung mit anderen Frauen teilen. Doch sie wird in die Geschichte für immer als die kluge und schöne Frau eingehen, die mit Israels größtem König verheiratet war.

Was für eine Bedeutung hat diese Geschichte für mein Leben?

1. Suchen Sie sich Ihren Partner sorgfältig und unter Gebet aus! Abigajil hatte bei ihrem ersten Mann keine Wahl. Sie haben die Wahl!
2. Auch unter schwierigen Lebensumständen ist es möglich, würdig und weise zu handeln und sich nicht von den Umständen lahm legen und gefangen nehmen zu lassen.
3. Weise Worte und Taten können Menschen, für die wir Sorge tragen, schützen und ihnen Frieden schenken.
4. Durch praktizierte Vergebung können wir ohne Ärger agieren.
5. Gott ehrt die, die ihn ehren.
6. Abschließend ein Hinweis mit einem kleinen Augenzwinkern: Das nächste Mal, wenn Sie Ihrem Vater, Freund, Ehemann oder auch Ihrem Großvater etwas Wichtiges sagen wollen, nehmen Sie sich Abigajil zum Vorbild. Zu einer intelligenten Konversation gehört immer der Duft eines guten Essens. Liebe geht bei Männern bekanntlich durch den Magen! (Ich glaube, es gibt Dinge, die ändern sich nie!)

Es ist unmöglich, die Geschichte von Abigajils Leben mit diesem ausfallenden Mann Nabal zu lesen und dabei kalt zu bleiben. Einige von Ihnen werden sich vielleicht mit Abigajil identifizieren können, weil sie sich in einer ähnlichen Situation befinden.

Manche werden an dem Schmerz ihrer Vergangenheit leiden, der ihr jetziges Leben und ihre augenblickliche Beziehung belastet. Vielleicht sind Sie missbraucht worden, haben Ablehnung erfahren, eine Fehlgeburt erlitten, sind verbal geächtet worden, sind geschieden oder haben ein Kind verloren. Sie sind vielleicht durch Ihre Vergangenheit so verwundet oder gekränkt, dass Sie bis heute emotional und geistlich verletzt sind.

Denken Sie einmal über Abigajils Geschichte nach. Wollen Sie Gott vielleicht erlauben, dass er diese Geschichte gebraucht, um neue Hoffnung für Ihr Leben zu entzünden? Werden Sie aktiv! Gehen Sie zuerst zu Gott und bitten Sie ihn um Vergebung dafür, dass Sie sich von ihm abgewandt haben und dass Sie es zugelassen haben, dass das Problem so sehr an Ihnen gezehrt hat. Beten Sie anschließend um Weisheit! (Er verspricht in Jakobus 1,5, uns Weisheit zu geben, wenn wir ihn darum bitten.) Als Nächstes: Wägen sie Ihre Situation ab und verändern Sie etwas! Das kann bedeuten, großzügiger Vergebung zu üben und eine Friedensstifterin zu werden. Es kann bedeuten, dass Sie Ihr Verhalten ändern. Vielleicht ist es notwendig, dass Sie eine heilsame Grenze ziehen zwischen sich und einer anderen Person oder einem bestimmten Ort. Vielleicht sollten Sie aktiv werden und den Rat eines christlichen Seelsorgers suchen oder etwas unternehmen, wodurch Ihre Kinder geschützt werden. Aber unternehmen Sie etwas! Achten Sie immer darauf, dass Ihr Herz mit Gott im Reinen ist, wenn Sie etwas unternehmen. Fassen Sie Mut! Kopf hoch!

*

Es gab eine Zeit in meiner Ehe, in der ich mit Groll und Enttäuschung zu kämpfen hatte. (Ich will das nicht näher ausführen, denn ich möchte nicht, dass Sie daran messen, ob Ihr Schmerz größer ist als meiner es war. Aber ich will Ihnen versichern, dass mein Mann mir nicht untreu war und mich auch nicht körperlich misshandelt hat.) Es war ihm gar nicht aufgefallen, dass er mir wehgetan hatte. Für ihn war es nur eine Kleinigkeit gewesen, für mich hingegen war es ein riesiges Problem! Das brachte mich am meisten auf die Palme. Als ich darum kämpfte, die Sache emotional in den Griff zu bekommen, öffnete ich ein kleines Andachtsbuch und war von der Botschaft überrascht. Zusammengefasst war die Botschaft, dass es für uns unmöglich ist, anderen aus uns selbst heraus zu vergeben. Aber weil wir Gottes Kinder sind, haben wir Zugang zu seiner Vergebung. Und das ändert alles. In der Andacht hieß es weiter, dass, wenn wir unserem Gegner ernsthaft vergeben, uns Gott nicht eine „heilige Amnestie" erteilen wird, sondern uns stattdessen den Schmerz aus der Wunde nehmen will.[2] Ich erinnere mich, wie ich mein Gesicht auf das Andachtsbuch fallen ließ und Gott unter Tränen bat, mir die Fähigkeit zur Vergebung zu schenken und den Schmerz aus meiner Wunde zu nehmen.

Gott hat das Gebet erhört. Es geschah nicht sofort, aber der emotionale Sturm legte sich und ich habe seinen Frieden erfahren. Mit der Zeit änderte sich mein Verhältnis zu meinem Mann. Mein Mann war von meinem neuen Verhalten so berührt, dass er mich seinerseits mit einem Verhalten überraschte, das ihn viel gekostet haben muss und das ich nie vergessen werde. Gott hat mein Handeln und meinen Glauben gewürdigt und unsere Beziehung vollkommen geheilt.

Gebet

Lieber himmlischer Vater, danke, dass du mir mit Abigajils Geschichte Mut machst. Bitte vergib mir die Zeiten, in denen ich mit meinen Lebensumständen gehadert und meinen Blick nicht auf dich gerichtet habe und dir gefolgt bin. Bitte gib mir deine Weisheit und lass sie in meinem Reden und Handeln zum Ausdruck kommen. Hilf mir, dich mit meinem Leben zu ehren und für deine Führung offen zu sein. Vater, ich kämpfe mit alten Verletzungen. Bitte gib mir deine Fähigkeit zu vergeben, weil ich es aus meiner eigenen Kraft nicht schaffe. Und Vater, bitte nimm den Schmerz aus den alten Wunden und heile mich von Innen heraus. Hilf mir, die Zukunft in den Blick zu nehmen, die du für mich bereitest, anstatt meinen Blick auf die Vergangenheit zu fixieren. Danke, dass du mich lieb hast, und danke für den Plan, den du in meinem Leben verwirklichen möchtest.

In Jesu Namen, amen.

Mein fester Vorsatz für morgen

Morgen will ich zuallererst beten und Gott um Weisheit und Führung für den neuen Tag bitten.

Wenn ich verheiratet bin, will ich für uns beide ein schönes Essen vorbereiten, vielleicht ein Candlelight-Dinner oder ein Picknick. Außerdem will ich mir im Voraus warmherzige, kluge Worte einfallen lassen, die unser Gespräch bereichern sollen.

Wenn meine Beziehung oder Ehe hoffnungslos verfahren ist, will ich zum Telefon greifen und mir Hilfe suchen! Ich will mich von jemandem beraten lassen, der mir hilft, eine Lösung für mein Problem zu finden, die Gott ehrt. Eine christliche Beratung oder ein Pastor können eine gute Anlaufstelle sein.

Zum Nachdenken

Gott hat eine schreckliche Krise in Abigajils Leben dazu benutzt, sie mit ihrem zukünftigen Ehemann bekannt zu machen, obwohl sie damals keinerlei Gedanken in dieser Richtung hegte. Glaube ich tatsächlich, dass Gott *alle* Dinge in meinem Leben zu meinem Besten dienen lassen will?

Bibellese: 1. Samuel 25,1–42

1 Um diese Zeit starb Samuel. Ganz Israel
versammelte sich und hielt die Toten-
klage für ihn. Dann bestatteten sie ihn in
seinem Heimatort Rama. David zog sich
damals weit nach Süden in die Wüste Pa-
ran zurück. 2 In der Ortschaft Maon lebte
ein sehr reicher Mann, der im Nachbar-
dorf Karmel Viehzucht betrieb. Er hatte in
Karmel 3.000 Schafe und 1.000 Ziegen
und befand sich gerade dort, weil Schaf-
schur war. 3 Dieser Mann hieß Nabal und
war ein Nachkomme Kalebs. Seine Frau
hieß Abigajil, sie war schön und klug, er
selbst aber grob und gemein. 4 Als David
in der Wüste hörte, dass Nabal zur Schaf-
schur nach Karmel gekommen war, 5
schickte er zehn junge Männer los mit
dem Auftrag: „Geht hinauf nach Karmel,
bestellt Nabal einen Gruß von mir 6 und
richtet ihm Folgendes aus: Ich wünsche
dir alles Gute! Glück und Heil für dich
und deine Familie und für alles, was dir
gehört! 7 Ich habe gehört, dass du deine
Schafe scheren lässt. Darf ich dich daran
erinnern, dass deine Hirten die Schafe
ganz in unserer Nähe weiden ließen? Wir
haben ihnen nichts zuleide getan, und
während der ganzen Zeit ist ihnen in Kar-
mel kein einziges Schaf abhanden ge-
kommen. 8 Frage sie nur, sie werden es
dir bestätigen. Nimm also meine Boten
freundlich auf! Heute ist doch ein Festtag
für dich. Hab die Güte und gib ihnen mit,
was du für deinen ergebenen Diener Da-
vid erübrigen kannst." 9 Nachdem sie
Nabal das alles im Namen Davids ausge-
richtet hatten, blieben die Boten abwar-
tend stehen. 10 Nabal aber entgegnete
ihnen: „David? Wer ist das? Sohn von
Isai? Nie von ihm gehört! Heutzutage
gibt es genug Knechte, die ihren Herren
davongelaufen sind und ein Räuberleben
führen. 11 Mein Brot und mein Trinkwas-
ser und die geschlachteten Tiere hier sind
für meine Schafscherer. Soll ich es etwa
Leuten geben, von denen ich nicht ein-
mal weiß, woher sie kommen?" 12 Die
Männer kehrten zu David zurück und be-
richteten ihm alles. 13 „Schnallt die
Schwerter um!", befahl David. Auch er
nahm sein Schwert. Mit 400 Mann zog er
los; die restlichen 200 ließ er als Wache
am Lagerplatz zurück. 14 Einer von Na-
bals Knechten war zu Abigajil gelaufen.
„Soeben waren Boten von David da", be-
richtete er. „Er ließ unseren Herrn freund-
lich grüßen, aber der hat sie nur be-
schimpft. 15 Dabei waren die Männer
Davids immer sehr gut zu uns und haben
uns nie etwas getan. In der ganzen Zeit,
die wir draußen in ihrer Nähe umherzo-
gen, ist uns kein einziges Schaf gestohlen
worden. 16 Sie waren wie eine schüt-
zende Mauer bei Tag und bei Nacht, so-
lange die Herden in ihrer Nähe weideten.
17 Sieh zu, ob du noch etwas retten
kannst; sonst ist unser Herr verloren und
wir alle mit. Er selbst ist ja so boshaft und
eigensinnig, dass er nicht mit sich reden
lässt." 18 Schnell ließ Abigajil einige Esel
beladen. Sie nahm 200 Fladenbrote, zwei
Krüge voll Wein, fünf geschlachtete
Schafe, einen Sack geröstete Körner, 100
Portionen gepresste Rosinen und 200
Portionen Feigenmark. 19 Sie befahl ih-
ren Knechten: „Geht ihr mit den Eseln
voraus, ich komme gleich nach!" Ihrem
Mann sagte sie nichts davon. 20 Als Abi-
gajil auf ihrem Esel den Berg hinunter-
ritt, kamen ihr plötzlich an einer Biegung
des Weges David und seine Leute entge-
gen. 21 David schimpfte gerade: „Für
nichts und wieder nichts habe ich in der
Steppe alles beschützt, was diesem
Schuft gehört! Nicht ein einziges Stück
Vieh ist ihm weggekommen, nur Gutes
habe ich ihm getan – und das ist jetzt der
Dank dafür! 22 Gott soll mich strafen,
wenn er von allen seinen Leuten morgen
früh noch einen hat, der an die Wand
pinkelt!" 23 Als Abigajil sah, dass es Da-
vid war, stieg sie rasch von ihrem Esel,
warf sich vor David nieder, das Gesicht
zur Erde, 24 und blieb vor seinen Füßen
liegen. „Es ist alles meine Schuld, Herr!",
sagte sie. „Bitte hör mich an, lass es dir er-

klären! 25 Nabal, diesen nichtsnutzigen Menschen, darfst du nicht ernst nehmen. Er ist genau das, was sein Name sagt: ein bösartiger Dummkopf. Unglücklicherweise war ich nicht da, als deine Boten kamen. 26 So gewiss der Herr lebt und du selbst lebst: Es ist gut, dass ich dir noch rechtzeitig begegnet bin! Der Herr hat dich so daran gehindert, dich zu rächen und dabei schwere Schuld auf dich zu laden. Nabal wird seiner Strafe nicht entgehen. Allen deinen Feinden, die dir schaden wollen, soll es so ergehen wie ihm! 27 Bitte, Herr, nimm dieses Geschenk an, das ich dir mitgebracht habe, und verteile es unter deine Gefolgsleute. 28 Ich bin dir treu ergeben; verzeih mir, dass ich so vermessen war, dir in den Weg zu treten. Ich weiß, der Herr wird dich zum König machen und dein Königshaus wird für immer bestehen. Du bist ja der Mann, durch den der Herr seine Kriege führt; und dein Leben lang wird dir niemand ein Unrecht vorwerfen können. 29 Wenn dich jemand verfolgt und dich umbringen möchte, wird er dir nichts anhaben können, weil der Herr dein Leben bewahren wird, wie man einen kostbaren Stein im Beutel verwahrt; aber das Leben deiner Feinde wird der Herr wegwerfen, wie man einen Stein mit der Schleuder fortschleudert. 30 Wenn dann der Herr alle seine Zusagen eingelöst und dir die Herrschaft über Israel gegeben hat, 31 wirst du froh sein, dass dein Gewissen rein ist und du dir nicht selbst zu deinem Recht verholfen und ohne Grund Blut vergossen hast. Und denk dann auch an mich, deine Dienerin, wenn der Herr dich so weit gebracht hat." 32 „Gepriesen sei der Herr, der Gott Israels", rief David, „dass er dich in diesem Augenblick mir entgegengeschickt hat. 33 Und gepriesen sei deine Klugheit! Gesegnet sollst du sein, weil du mich davor bewahrt hast, eigenmächtig Rache zu nehmen und Blutschuld auf mich zu laden. 34 Ich schwöre dir beim Herrn, dem Gott Israels, der mich davor bewahrt hat, dir etwas zuleide zu tun: Wenn du mir nicht so schnell entgegengekommen wärst, hätte Nabal morgen früh, wenn es hell wird, von seinen Männern keinen mehr am Leben gefunden – keinen von allen, die an die Wand pinkeln!" 35 David nahm die Gaben an, die Abigajil ihm gebracht hatte, und sagte zu ihr: „Geh unbesorgt nach Hause. Was du von mir erbeten hast, ist dir gewährt." 36 Als Abigajil nach Hause kam, saß Nabal mit seinen Leuten beim Festmahl; er feierte wie ein König. Er war in Hochstimmung und völlig betrunken, deshalb sagte sie ihm nichts. 37 Erst am anderen Morgen, als er wieder nüchtern war, erzählte sie ihm, was vorgefallen war. Als er das hörte, traf ihn der Schlag und er konnte sich nicht mehr rühren. 38 Zehn Tage später ließ der Herr ihn sterben. 39 Als David davon hörte, sagte er: „Gepriesen sei der Herr! Er hat mir Recht verschafft und Nabal für seine Unverschämtheit bestraft. Er hat mich, seinen Diener, davor bewahrt, unbedacht Schuld auf mich zu laden. Er hat Nabals böse Tat auf ihn selbst zurückfallen lassen." Dann schickte David zu Abigajil und bat sie, seine Frau zu werden. 40 Seine Boten kamen zu ihr nach Karmel und sagten: „David schickt uns, er will dich zur Frau nehmen!" 41 Da stand sie auf, warf sich nieder mit dem Gesicht zur Erde und sagte: „Ich bin seine Sklavin und bereit, den Dienern meines Herrn die Füße zu waschen." 42 Schnell machte sie sich reisefertig und setzte sich auf ihren Esel; ihre fünf Mägde begleiteten sie. Sie folgte den Boten Davids und wurde seine Frau.

Anmerkung: Die Geschichte von Abigajil ist im zehnten Jahrhundert v. Chr. geschrieben worden. Das war kurz nach dem Tod des Propheten Samuel. Damit war die Richterzeit abgeschlossen. Israel wurde zur Monarchie mit Saul als erstem und David als zweitem König.

Gottes Angesicht in der Hektik des Lebens suchen

Die Geschichte eines Suchenden

Während ich eines Tages meine E-Mails abrief, blieben meine Augen an einer weitergeleiteten E-Mail mit einer ungewöhnlichen Geschichte hängen. Da meine Tochter damals im ersten Jahr an der High School war, prägte sich mir diese Mail besonders ein. Es ging darin um Folgendes: Offensichtlich hatte eine junge Collegestudentin einige Probleme, die ihre Eltern wohl nur schwerlich akzeptieren würden. Nach einigen Überlegungen, wie sie den Eltern ihre Probleme beibringen sollte, entschloss sich die junge Studentin dazu, ihnen folgenden Brief zu schreiben:

Liebe Mama, lieber Papa,

ich möchte euch ein wenig erzählen, was bei mir gerade so läuft. Ich bin verliebt! Ich habe Rudy in einem kleinen Pub in der Nähe des Campus kennen gelernt, in dem sich viele Studenten treffen. Er arbeitet dort als Kellner. Rudy hat nach der elften Klasse die High School geschmissen und geheiratet. Er und seine Frau haben sich aber vor einem Jahr direkt nach der Geburt ihres ersten Kindes getrennt, und Rudy versucht gerade, sein Leben neu zu ordnen.

Seit zwei Monaten sind wir nun befreundet und hoffen, dass wir in diesem Sommer noch heiraten können. Ihr solltet wissen, dass ich die Schule geschmissen habe und bei Rudy wohne. (Übrigens: Ich glaube, ich bin schwanger.) Ich weiß, dass ihr euch mein Leben anders vorgestellt habt, aber ich hoffe, dass ihr mich irgendwie verstehen könnt.

Auf der Umseite schrieb sie weiter:

Natürlich liebe ich euch, Mama und Papa – und von der ganzen Geschichte, die ich euch auf der ersten Seite geschrieben habe, ist kein Wörtchen wahr! Leider ist allerdings wahr, dass ich eine 4+ in Deutsch habe und in Statistik durchgefallen bin. Ich war ganz, ganz fleißig und habe wie wild gearbeitet, aber leider ist meine zweite schlechte Nachricht, dass ich kein Geld mehr habe und fürs zweite Semester mehr Geld benötige.[1]

Ganz schön raffiniert! Sie ließ schlechte Nachrichten wie gute Nachrichten klingen, damit ihre Eltern sie leichter schluckten. Diese Geschichte habe ich meiner Tochter bewusst *nicht* weitergeleitet. Ich habe mich allerdings gefragt, warum die Studentin sich so falsch dargestellt hat. Hatte sie Angst, die Wahrheit könne bei den Eltern Ablehnung hervorrufen oder zu ärgerlichen Vorwürfen führen? Was auch immer ihre Gründe gewesen sein mögen, sie wollte in jedem Fall die Perspektive ihrer Eltern verändern.

*

Ich glaube, die meisten von uns waren schon einmal versucht, sich im ewigen Wettkampf des Lebens falsch darzustellen. Wir wollen in unserer Arbeit, in unseren Beziehungen, in unserer Gesellschaft und in unserer Gemeinde erfolgreich sein und verstecken deshalb unsere Verletzungen, unsere Angewohnheiten und unsere Handicaps, indem wir uns nach außen hin gut darstellen und das Gesicht wahren, sodass selbst die, die uns am nächsten stehen, nicht ahnen, womit wir in Wirklichkeit innerlich kämpfen.

John Powell schrieb ein kleines Buch mit dem Titel: *Why Am I Afraid to Tell You Who I Am?* (dt. Über.: Warum habe ich Angst, dir zu sagen, wer ich bin?) Die Antwort auf diese Frage gibt er in seinem Buch: „Weil du mich vielleicht nicht magst, so wie ich bin, aber mehr habe ich nicht zu bieten."[2]

Da ist was dran, finden Sie nicht?

Es gibt in der Bibel eine faszinierende Geschichte von einem Mann, der in diesem irren Wettkampf seines Lebens gefangen war. Viele hielten ihn für einen raffinierten Hund! Er war ein Jude, der für die römische Besatzungsmacht arbeitete. Er stellte sich oft falsch dar – aus persönlicher Profitgier. Seine Geschichte steht in Lukas 19,1-10. Sein Name war Zachäus.

Die Geschichte von Zachäus

Zachäus zählte die letzten Münzen, die der gut gekleidete Jude ihm verächtlich auf den Tisch geworfen hatte. Der stolze Mann war wütend, hatte aber bezahlen müssen, und Zachäus konnte sein hämisches Grinsen kaum verbergen. Es machte ihm sichtbar Freude, den Pharisäern Steuern abzuluchsen. Die waren so was von selbstgerecht! Einen Augenblick lang war Zachäus versucht, ihm einen Silberdenar zurückzuschieben, nur um zu sehen, wie der fromme Typ zurückschrecken würde bei dem bloßen Gedanken, diese Münze berühren zu müssen, nachdem er als Zöllner sie in der Hand gehabt hatte! *Ach nein,* dachte Zachäus dann und rümpfte leicht die Nase. *Schließlich will ich den armen Kerl nicht in Verlegenheit bringen. Da behalte ich doch lieber sein Geld!*

Der verstimmte Mann kehrte ihm den Rücken und ging erhobenen Hauptes davon. Zachäus ließ das Geld in seine Tasche gleiten. Er stand auf, strich über die Falten seines kostbaren Gewandes und bewunderte die schwere Goldmünze, die ihm an einer Kette um den Hals hing. *Seitdem ich reich bin, lässt es sich gut leben,* sagte er sich und schritt zum Ausgang. Aber stimmte das wirklich? Niemand in der Stadt lud ihn zum Essen ein. Niemand kam zu ihm zu Besuch.

Auf einmal merkte er, dass Mengen von Menschen an seinem Haus vorübereilten. Er schaute ihnen hinterher und sah weiter die Straße hinunter eine große Menschenansammlung. Die Leute strömten aus allen Himmelsrichtungen herbei und stellten sich dazu. Plötzlich stieß er mit einem Jungen zusammen, der an ihm vorbeiflitzen wollte.

„Hoppla!“ Zachäus war geistesgegenwärtig genug, sich den Jungen zu schnappen, bevor er an ihm vorbei war.

„Halt, Bürschchen“, sagte er. „Was ist da hinten eigentlich los?“

Der Junge, der dem kleinen Mann fast Auge in Auge gegenüberstand, hielt eine Sekunde an und erklärte atemlos: „Jesus ist da! Er kommt durch Jericho!“ Damit riss er sich auch schon von Zachäus los und war auf und davon.

Jesus. Zachäus blieb einen Augenblick stehen, um diese Nachricht sacken zu lassen. Ein merkwürdiges Verlangen stieg in ihm auf, das ihm fast körperlich wehtat. Über Jesus hatte er schon einiges gehört. Jesus hatte Kranke geheilt und Hungrige satt gemacht. Er hatte sich gegen die Pharisäer und religiösen Führer gestellt. Er hatte sich mit Sündern angefreundet und mit Zolleinnehmern gegessen. Zachäus hielt noch einen zweiten Augenblick inne. Dann aber wendete er sich impulsiv der wachsenden Menschenmenge zu. Er musste Jesus selbst sehen!

*

Jericho war eine hektische, reiche Stadt. Mit Wasserleitungen, die aus Brunnen gespeist wurden, war sie eine erfrischend grüne Insel, die sich verlockend von der sie umgebenden staubigen Wüste abhob. In diesem Zentrum für Handel und Kommerz war Zachäus ein mächtiger Mann. Er liebte es, wenn reiche Menschen ihm auf dem Marktplatz zunickten und zur Seite traten, um ihm Platz zu machen. Er bildete sich nicht ein, dass sie ihm gegenüber freundlich gesinnt waren. Er wusste, dass sie ihn verachteten und fürchteten. Aber solange sie ihm mit Respekt begegneten und seine Taschen mit Gold füllten, war er damit durchaus zufrieden.

Nicht immer hatten die Menschen Zachäus gefürchtet. Seine Kindheit war ein einziger Kampf gewesen. Zu seinem größten Kummer war er, als er älter wurde, körperlich klein geblieben. Weil er so viel kleiner war als seine Altersgenossen, war er von ihnen immer gehänselt und bei Mannschaftsspielen immer als Letzter gewählt worden. Der Schmerz solcher Kindheitserinnerungen saß tief und konnte auch in den folgenden Jahren nie geheilt werden.

Doch wenn Zachäus auch klein war, so war er doch gewieft. Als er und seine Schulkameraden älter wurden, wählte er sich einen Beruf, der ihm zwar keine Popularität oder Freundschaften einbrachte, durch den er aber die Snobs und bornierten Typen von seinem Wohlwollen abhängig machen konnte und der ihn nebenbei zu einem sehr wohlhabenden Mann machte.

Jericho stand unter römischer Besatzungsmacht und wurde dadurch mit hohen Steuern belastet. Die Juden in Jericho wehrten sich gegen diese unverschämten Steuerabgaben, weil sie damit eine Regierung unterstützten, die Götzen verehrte. Doch trotz allen Widerstands waren die Juden gezwungen zu zahlen. Was sie aber besonders ärgerte, war, dass die Römer jüdische Männer einstellten, die diese Steuern einnehmen sollten. Die jüdischen Steuereinnehmer waren in den Augen ihrer Volksgenossen Verräter. Das hinderte die Zöllner aber nicht daran, neben den von Rom geforderten Zöllen zusätzliche Steuern einzunehmen, mit denen sie sich selbst bereicherten.

Das war der ideale Job für Zachäus. Was ihm an Körpergröße fehlte, machte er mit List und Tücke wett. Er machte seine Sache so gut, dass er schon bald Oberzöllner wurde. Es gab große, starke Männer, die vor ihm zitterten. Zachäus hatte sich ein angenehmes Leben eingerichtet. Er war reich und mächtig. Aber er war gleichzeitig ein einsamer Mensch mit einer großen inneren Leere.

*

„Weg da! Entschuldigung! Tretet bitte zur Seite! He, du, merkst du nicht, dass du auf meinem Mantel stehst?"

Verzweifelt drängte sich Zachäus durch das Menschengewühl, das sich inzwischen am Ende der Straße knäulte. In dem Gemenge trat niemand für Zachäus zur Seite, stattdessen wurde er gestoßen und herumgeschubst. Frustriert und zerzaust maulte er vor sich hin: „Ich hätte mir doch etwas mehr Achtung erwartet!"

Das einsame, sündige Herz des Zachäus schlug schnell, während er sich durch die Menschenmengen kämpfte. Es hatte keinen Zweck. Er konnte nicht über die Massen hinwegschauen und konnte sich auch nicht durch sie hindurch nach vorn drängeln. Von der Stelle aus, wo er jetzt stand, konnte er nicht einmal einen Blick auf Jesus werfen.

Aber Zachäus gab nicht auf. Er hielt einen Moment inne, um zu überlegen, welchen Weg Jesus durch die Stadt nehmen würde. Dann entfernte er sich von der Menschenmenge. Das war nicht so einfach – es bedeutete, gegen einen starken Strom zu schwimmen. Aber er hatte sich überlegt, dass er sich am Straßenrand einen guten Aussichtsplatz würde erobern können, wenn er die Menge erst einmal hinter sich ließe.

Endlich stand er auf offener Straße. Er sah sich um, suchte sich eine geeignete Stelle und schon hatte er eine brillante Idee! Dicht an der Straße wuchs ein Maulbeerbaum. Wenn er auf diesen Baum klettern würde, hätte er den besten Aussichtsplatz der ganzen Stadt!

Zachäus hob seine feinen Gewänder an, griff nach einem Ast und suchte Halt für seinen Fuß. Stöhnend schaffte er es auf den ersten Ast und schon griff er nach dem nächsten. Seine Sandalen boten ihm keinen guten Schutz und die Riemen schnürten seine Zehen ab, aber in seinem Eifer, Jesus unbedingt sehen zu wollen, realisierte er diese Unbequemlichkeiten kaum. Ihm war klar, dass es für einen Zolleinnehmer wenig schicklich war, auf einen Baum zu klettern, doch wer konnte ihn hier oben überhaupt sehen? Alle konzentrierten sich auf Jesus.

Die Menge wurde dichter. Zachäus legte eine Hand über die Augen, um sie vor der Mittagssonne zu schützen, und ließ seinen Blick über die Menschenmassen gleiten, um Jesus ausfindig zu machen. Dann sah er ihn, als die Menschen für ihn eine Gasse bildeten. Zachäus war seltsam berührt, wie freundlich Jesus mitten im Gewühl mit den Menschen umging, die ihn berühren wollten. Plötzlich blieb Jesus stehen.

Er schaute hoch und sah Zachäus direkt in die Augen. Zachäus war nicht in der Lage, seinem Blick auszuweichen. Er hatte Jesus noch nie gesehen, aber es war, als ob Jesus ihn kannte und alles vor ihm offen lag – von seiner schmerzlichen Kindheit bis hin zu seinem bösen, listigen Herzen als erwachsener Mann. Die Menge beobachtete, wie Jesus an den Maulbeerbaum herantrat.

Er rief Zachäus beim Namen. Bei seinem *Namen!* Zachäus erstarrte.

„Zachäus!", rief Jesus. „Steig schnell vom Baum. Ich will dich heute besuchen."

Mit rasendem Puls strampelte sich Zachäus von Ast zu Ast herab, sprang vom Baum und führte Jesus in sein Haus.

Als die Menschen das sahen, fingen sie an zu murren und steckten die Köpfe zusammen: „Er ist in das Haus eines Sünders gegangen! Warum hat sich Jesus Zachäus ausgesucht? Warum geht er ausgerechnet zu diesem Fuchs?" In kleinen Gruppen blieben sie vor dem Haus des Zachäus stehen und warteten ungeduldig darauf, dass Jesus endlich wieder heraustrat.

*

Hinter der geschlossenen Tür öffnete ein Mann sein Herz für den Sohn Gottes. Die Tatsache, dass Jesus sein Freund sein wollte – trotz seiner Sünde und seines schlechten Rufs –, brach in Zachäus alle Dämme. In der heiligen Gegenwart von Jesus Christus wurde Zachäus mit seinem eigenen Leben konfrontiert, und er bereute zutiefst, was er getan hatte. Die Errettung und Vergebung, die er an diesem Tag empfing, berührte ihn so sehr, dass er von sich aus anbot, den Leuten draußen seine Gesinnungsänderung zu beweisen.

„DA SIND SIE!"

Als die Tür sich öffnete und Jesus mit Zachäus heraustrat, schienen alle in Gespräche vertieft zu sein. Zachäus schaute zuerst auf Jesus, den Retter seiner Seele, den Urheber seines veränderten Lebens, und dann schaute er in die Gesichter der Menschen, die da vor seinem Haus standen. Wie sollten diese Leute überhaupt verstehen können, was der Sohn Gottes in seinem Herzen fertig gebracht hatte? Er griff in die Falten seiner Tunika und fühlte nach seinem Geldbeutel, der an einem Ledergürtel hing. Nun wandte er sich wieder Jesus zu und hielt ihm sein Geld hin.

„Sieh, Herr! Hier und heute gebe ich die Hälfte meines Besitzes an die Armen, und wenn ich irgendjemanden betrogen habe, will ich ihm den Betrag vierfach erstatten."

„Was hat er gesagt?" Das Gemurmel der Leute wurde lauter. „Soll man das etwa glauben? Die Wunder nehmen kein Ende!"

Jesus lächelte über die Ernsthaftigkeit seines geliebten, neuen Nachfolgers. „Heute ist diesem Haus Heil widerfahren. Der Menschensohn ist gekommen, um die Verlorenen zu suchen und zu retten."

Zachäus war an jenem Tag wild entschlossen gewesen, Jesus kennen zu lernen, dabei war ihm überhaupt nicht bewusst gewesen, dass der Sohn Gottes *ihn* suchte.

Hintergrundinformationen

Ich habe mich über die ernsten Worte, die damals im Haus des Zachäus gesprochen wurden, sehr gewundert. Ist es nicht großartig, dass Jesus nicht vor den vielen Menschen mit ihm gesprochen hat, sondern in seinem eigenen Haus – ganz privat? Zachäus hat dabei sein Leben gesehen, wie es wirklich war. Er war überwältigt von der Vergebung und dem neuen Leben, das Jesus ihm anbot. Wir wissen nicht, was die beiden genau miteinander gesprochen haben. Auf jeden Fall hat der Besuch Jesu das Leben des Zöllners radikal verändert.

Wie schlimm war Zachäus eigentlich?

Wahrscheinlich ziemlich schlimm. Ich habe ein wenig nachgeforscht, wie hoch zu seiner Zeit die Steuerabgaben waren. Das Nachschlagewerk *The New Manners and Customs of Bible Times* (dt. Übers.: Sitten und Kultur zu biblischen Zeiten) berichtet, dass „römische Beamte das Recht, Steuern einzutreiben, dem Meistbietenden eines Zollbezirks übertrugen. Der Oberzöllner musste eine gewisse

Steuersumme abliefern. Er stellte eigene Leute als Zöllner ein. Der Oberzöllner und seine Steuereinnehmer verlangten so hohe Steuern, dass sie selbst gut davon leben konnten und nur exakt die Summe weiterreichten, die die Regierung von ihnen einforderte. Zachäus als Steuerkommissar ließ Betrug zu, indem er Waren vierfach versteuern ließ."[3] Zachäus war ein Schlitzohr, das raffiniert mit seiner Macht spielte. Aus einer anderen Quelle erfuhr ich, dass „die Juden zur Zeit Jesu wahrscheinlich zwischen 30 und 40 Prozent ihres Einkommens an Steuern und Abgaben für religiöse Zwecke zahlen mussten. Von daher ist es nicht verwunderlich, dass Zöllner bei ihren Mitbürgern verhasst waren, die in ihnen geldgierige Steuereintreiber sahen, die sich mit der römischen Besatzungsmacht verbündeten."[4]

Wie schlimm war Zachäus also? Sehr schlimm! Aber: Jesus liebte ihn. Egal, wie gut oder schlecht, groß oder klein, angeberisch oder bescheiden, schön oder hässlich wir sind, Jesus liebt uns. Er starb, um den Preis für unsere Sünde zu zahlen, und er möchte uns neues Leben in ihm geben.

Was sahen die Menschen auf dem Baum?
Einen kleinen Mann in schönen Kleidern, der auf einen Ast geklettert war. Sie erkannten ihn als ihren verhassten Oberzöllner.

Und was sah Jesus?
Zachäus. Einen verlorenen Menschen, der einen Retter brauchte. Während die Menschen Zachäus als kleinen Mann mit teurem Schmuck in seltsamer Pose sahen, erkannte Jesus seine geistliche Not und ging eine lebensverändernde Freundschaft mit ihm ein.

Wenn Gott Sie und mich sieht, sieht er nicht nur unsere äußere Erscheinung und unser Lächeln, das wir für unsere Nachbarn aufgesetzt haben. Er sieht unser Herz. Haben Sie ihm Ihr Herz und Ihr Leben schon geöffnet?

Was für eine Bedeutung hat diese Geschichte für mein Leben?

Zachäus tat an jenem Tag drei Dinge, die sein Leben komplett verändern sollten. Diese drei Handlungen können auch Ihr Leben von Grund auf verändern.

Er schlug einen anderen Weg ein, um Jesus zu sehen

Als ihm sein Plan durch die vielen Menschen vereitelt wurde, gab Zachäus nicht auf. Er wurde kreativ und ließ sich etwas einfallen.

Wie oft sind Sie schon durch das Telefon, durch die Türklingel, durch Ihre Kinder oder durch die Hektik des Alltags in Ihrer Stillen Zeit mit Gott unterbrochen worden?

Werden Sie kreativ! Lassen Sie sich etwas einfallen, wie Sie Ihre Stille Zeit trotzdem einhalten können.

Stellen Sie zum Beispiel Ihr Autoradio auf einen christlichen Sender ein. Oder legen Sie ein paar Kassetten in Ihr Auto, nach denen Sie bei Gelegenheit greifen können. Nehmen Sie sich unterwegs Zeit, Predigten oder geistliche Musik anzuhören.

Suchen Sie sich eine Bibelgruppe oder einen Hauskreis, wo Sie sich wöchentlich zum Bibelgespräch treffen und sich gegenseitig ermutigen können.

Und wenn es an der Zeit ist, mit Gott allein zu sein, seien Sie bereit, Ihren alltäglichen Weg zu verlassen und Gott zu begegnen. Das kann ganz einfach sein, indem Sie Ihr Fernsehgerät ausschalten oder sich in Ihr Schlafzimmer zurückziehen, um Zeit im Gebet oder mit Bibellesen zu verbringen. Oder setzen Sie sich in der Mittagspause mit Ihrer Bibel in den Stadtpark und hören Sie, was Gott Ihnen sagen möchte. Während ich dieses Kapitel auf meinem Laptop schreibe, sitze ich allein in Michigan in einem Park, um Zeit mit Gott zu verbringen – weit entfernt von meiner Familie, von E-Mails und dem Telefon. Ich habe seine Gegenwart hier auf eine sehr wertvolle, unmissverständliche Weise erfahren. Doch es war Planung nötig und die Bereitschaft, Zeit mit anderen Menschen und Dingen zu opfern, um hier sein zu können.

Eine Freundin sagte mir einmal, dass sie sich mit Gott am besten in der Badewanne unterhalten könne. Sie meinte: „Hier kann ich nicht vorgeben, jemand zu sein, der ich nicht bin. Es gibt nichts zu verstecken!“ (Ich glaube, so „entblößt“ muss Zachäus sich an jenem Tag in Jesu Gegenwart auch gefühlt haben!)

Wenn Sie merken, dass es dran ist, Zeit mit Gott allein zu verbringen, dann werden Sie kreativ!

Er antwortete sofort, als Jesus seinen Namen rief

Zachäus vergaß die Menschenmenge, kletterte vom Baum herunter und hieß Jesus herzlich in seinem Haus willkommen. Jesus brauchte ihn nur ein einziges Mal zu rufen.

Sie kennen das doch bestimmt auch: Sie müssen Ihr Kind mehrfach rufen, dass es doch endlich mal runterkommen soll, und seine Antwort lautet lediglich: „Ja, gleich!" Oder Sie erhalten gar keine Antwort und müssen laut schreien, um überhaupt Gehör zu finden.

An einem Mittwochabend war mein Sohn Josh besonders nervig und unempfänglich. Bereits dreimal hatte ich ihn gebeten, den Abfalleimer zu leeren.

Seufzend meinte ich: „Hoffentlich überlebe ich deine Pubertät!"

Zutiefst beleidigt antwortete er: „Am Samstag werde ich 15. Dann ist die Pubertät sowieso vorbei."

„Schön wär's!", sagte ich ungläubig.

„Bestimmt!", beteuerte er. „Am Samstag ist damit Schluss. Dann gibt es einen großen Knall und die Pubertät gehört der Vergangenheit an. Dann bin ich erwachsen und rücksichtsvoll. Du wirst sehen."

Nach einer kleinen nachdenklichen Pause meinte er grinsend: „Kann natürlich sein, dass Donnerstag und Freitag noch harte Tage für dich werden, Mama!"

Können Sie sich vorstellen, wie Gott sich an manchen Tagen fühlt, wenn er versucht, unsere Aufmerksamkeit zu bekommen? Ich fürchte, ich habe *ihm* manche harten Tage beschert.

Er ließ es zu, dass seine Beziehung zu Jesus sich auf seine Beziehung zu anderen Menschen auswirkte

„Herr, ich verspreche dir, ich werde die Hälfte meines Besitzes den Armen geben. Und wenn ich jemand zu viel abgenommen habe, will ich es ihm vierfach zurückgeben" (Lukas 19,8).

Ich habe ein wenig nachgeforscht und herausgefunden, dass Zachäus *mehr* zurückgab als nötig. Das jüdische Gesetz schrieb vor, dass gewöhnlicher Diebstahl durch doppelten Wert ersetzt werden musste (2. Mose 22,3). Wenn der Dieb sich allerdings selbst stellte, musste er den entwendeten Betrag und zusätzlich ein Fünftel des Betrages zurückerstatten! (4. Mose 5,7).

Das Versprechen, das er Jesus machte, wird Zachäus also wahrscheinlich finanziell ruiniert haben. Doch da, wo er normalerweise seinen Selbstwert aus Macht und Geld bezogen hatte, fand er nun seinen eigentlichen Wert in Christus.

Lässt Ihre Beziehung zu Jesus andere erkennen, dass Sie Christ und damit Teil der göttlichen Familie sind? Suchen Sie Gottes Angesicht, seine Freundschaft und seine Gegenwart in der Hektik Ihres Lebens?

*

Erfüllung und Erfolg, der in die Ewigkeit hineinreicht, haben nichts damit zu tun, wie groß oder klein, wie arm oder reich, wie einfach oder großspurig, schlecht oder gut, schlicht oder gewieft wir sind. Beides hängt davon ab, ob wir Christus als unseren Retter annehmen, seine Vergebung erfahren und ihm mit einem reinen Herzen dienen.

Kennen Sie ihn als Ihren Retter?

Er ruft Sie bei Ihrem Namen und er will mit Ihnen in Ihr Haus gehen und ein Teil Ihres Lebens sein. Genauso wie er stehen blieb und Zachäus auf seinem Baum gezielt ansprach, will er mit Ihnen Kontakt aufnehmen. Er weiß, wer Sie sind, und er möchte das Werk vervollständigen, das er in Ihnen begonnen hat. Er ruft Sie bei Ihrem Namen.

*

Als ich zum ersten Mal in das Nagelstudio in unserer Stadt ging, um mir die Fingernägel pflegen zu lassen, wurde mir eine Maniküre namens Sandy empfohlen. Meine erster Eindruck von ihr war: „Die ist ja ganz schön kess!" Mein zweiter Eindruck war, dass Sandy eine sehr warmherzige junge Frau war. Sandy wusste nicht, dass sie Gott suchte. Aber genau das war der Fall.

Sich die Hände maniküren zu lassen ist eine intime Prozedur. Man sitzt mit ausgestreckten Händen der Maniküre an einem kleinen Tisch gegenüber. Diese Nähe führt unwillkürlich zu einer gewissen Vertrautheit. Bei meinen regelmäßigen Terminen ergab es sich, dass Sandy mir aus ihrem Leben erzählte. Es war eine traurige und komplizierte Geschichte. Sie lebte unehelich mit einem jungen Mann zusammen, der erst vor kurzem aus dem Gefängnis entlassen worden war. Er besaß keinen Führerschein mehr, weshalb er von Sandy abhängig war. Sie fuhr ihn also täglich zu seinem Job als Geschirrwäscher oder wohin immer er auch sonst wollte und holte ihn wieder ab. Es war für ihn ganz normal, abends und an den Wochenenden entweder high oder betrunken zu sein. Obwohl Sandy treu für ihn sorgte, merkte sie, dass es mit ihrer Beziehung so nicht weitergehen konnte. Es war für mich offensichtlich, dass sie dringend Christus brauchte.

Im Laufe der Wochen und Monate betete ich für Sandy und sie

wurde mir eine echte Freundin. Häufig machte ich einen Termin bei ihr, bevor ich als Referentin auf Reisen ging. Sie fragte mich regelmäßig: „Nun, Jennie, wo fahren Sie an diesem Wochenende hin?" Wenn ich ihr dann den Ort nannte, fragte sie: „Und was wollen Sie den Frauen erzählen?"

Dort, in dem betriebsamen Nagelstudio am Manikürtisch, ergab sich die Gelegenheit, ihr nach und nach mitzuteilen, wie ich Jesus Christus kennen gelernt hatte und wie mein Leben dadurch verändert worden war. Sandys Augen füllten sich mit Tränen und sie sagte Sätze wie: „Ich wünschte, ich würde wie Sie Gott kennen lernen. Aber der wüsste bestimmt nicht, was er mit mir anfangen sollte! Ich bin eine zu große Sünderin."

„O Sandy, wir alle sind Sünder."

„Sie verstehen mich nicht, Jennie. „Ich bin schon so oft sitzen gelassen worden. Einmal musste ich sogar befürchten, dass ich mich mit Aids infiziert habe. Ich habe in meinem Leben einige verheerende Entscheidungen getroffen. Ich bin nicht aus dem Material geschnitzt, das Gott braucht."

„Das sehen Sie völlig falsch, Sandy!" Genau für Sie wurde Jesus in unsere Welt geschickt und er liebt Sie, gerade so wie Sie sind. Ich bete für Sie, Sandy."

Sie umarmte mich und sagte: „Das ist gut. Ihre Gebete kann ich bestimmt gut gebrauchen."

Nach einiger Zeit trennte Sandy sich von ihrem Freund. Kurz darauf lernte sie einen anderen Mann kennen und nach wenigen Monaten zogen sie zusammen. Ray sah gut aus und arbeitete hart. Er war geschieden und Vater von zwei kleinen Mädchen. Sandy vertraute mir an, dass sie sich jedes Mal riesig freute, wenn die Mädchen zu Besuch kamen. „Ich glaube nicht, dass ich je ein eigenes Kind haben kann, Jenny. Ich war schon jahrelang nicht mehr beim Frauenarzt. Meine ganze Mutterliebe werde ich diesen beiden kleinen Mädchen schenken."

Ein paar Monate später betrat ich wieder das Nagelstudio. Ich war erschrocken, wie schlecht Sandy aussah. Als wir uns gegenübersaßen, griff Sandy nach meinen Händen, beugte sich vor und flüsterte weinend: „Jennie. Ich bin schwanger! Das weiß noch niemand. Nicht einmal Ray oder meine Mutter. Ich darf dieses Baby nicht haben, Jennie. Ich habe solche Angst, dass Ray mir böse ist und mich verlässt. Ich muss das Kind abtreiben. Ich habe keine andere Wahl."

Ich umschloss ihre Hände. „Bitte tu das nicht, Sandy! Du hast mir einmal erzählt, dass du befürchtest, keine Kinder bekommen zu können. Ich weiß, dass du dieses Kind nicht eigenmächtig geplant hast, aber Gott hat dir damit ein sehr wertvolles Geschenk anvertraut! Diese Chance könnte nie wieder kommen, Sandy."

Gott hatte den sonst so betriebsamen Salon für uns geleert. Zum ersten Mal waren wir ganz unter uns und wir konnten ganz in Ruhe miteinander reden. Bevor ich den Salon wieder verließ, legte ich meinen Arm um Sandy und betete, dass Gott ihr helfen möge, das Richtige zu tun.

Sie ging zur Abtreibungsklinik, entschied sich aber schließlich gegen eine Abtreibung. Sie wollte ihr Kind behalten, egal, ob Ray bei ihr blieb oder nicht. Er blieb.

Die Schwangerschaft schritt voran, ihre Familie schenkte ihr eine Babydusche und ich schenkte ihr außer einer Kleinigkeit für das Kind noch eine Bibel.

Ein paar Wochen vor der Geburt fragte mich Sandy, ob ich in Zukunft für meine Maniküre nicht zu ihr nach Hause kommen könne. „Ich möchte den Kontakt zu dir nicht verlieren, Jennie", sagte sie. Und das wollte ich auch nicht.

Der Sommer nahte und mit ihm eine zehntägige Reise nach Kanada, wo ich auf einer Konferenz referieren sollte. Ich lief auf Hochtouren, weil ich für so lange Zeit von zu Hause fort sein würde. Auf meiner Liste ganz unten stand: „Maniküre bei Sandy." Ihr Geburtstermin fiel in die Zeit meiner Abwesenheit.

An meinem Abreisetag fuhr ich zu ihr. Sandy war in Tränen aufgelöst. „Ray liebt mich nicht mehr, Jennie. Seitdem ich schwanger bin, ist er nur noch unterwegs. Ich weiß, er wird uns verlassen, sobald das Kind geboren ist. Wir werden nie eine richtige Familie werden." Sie schlug sich die Hände vors Gesicht und weinte herzzerreißend.

Ich war selten jemandem begegnet, der Christus dringender brauchte als Sandy. Und doch, ich schäme mich, es zu sagen, war ich so in Hektik wegen meiner Reise und so aufgeregt wegen meiner Referate, dass ich die Gelegenheit versäumte, die Gott mir auf einem Silbertablett darbot. Ich erinnere mich, dass ich ein paar Bibelstellen zitiert habe, Sandy in den Arm genommen und für sie gebetet habe, bevor ich sie allein ließ. Aber ich habe sie nie direkt gefragt, ob sie Jesus ihr Herz öffnen wolle, dem Einzigen, der ihr zerbrochenes Herz wirklich heilen konnte.

Ich fuhr in meine Einfahrt und spürte mein schlechtes Gewissen.

Ich musste die Koffer packen und durfte mein Flugzeug nicht verpassen! Aber ich neigte meinen Kopf und betete: „Vater, bitte gib mir eine zweite Chance. Ich verspreche dir, dass ich sie nicht wieder versäumen werde."

Elf Tage später, ich war gerade wieder zu Hause eingetroffen, rief ich Sandy an, um zu erfahren, ob sie einen Jungen oder ein Mädchen geboren habe. „Weder noch!", lachte sie ins Telefon. „Dieses Kind fühlt sich in meinem Bauch pudelwohl!"

Ich fragte, ob ich sie besuchen könne.

„Ja, gern", antwortete sie. „Du kannst sofort kommen."

Sandy empfing mich herzlich und in guter Stimmung. Sie hatte ihren Manikürtisch zwischen uns gestellt, und während sie arbeitete, sprachen wir über meine Reise. Schließlich konnte ich den eigentlichen Grund meines Besuchs nicht länger verbergen.

„Sandy, das letzte Mal, als ich hier war, habe ich etwas versäumt, und das bereue ich zutiefst."

„Ich habe keine Ahnung, was das gewesen sein könnte", antwortete sie erstaunt.

Ich seufzte. „Du warst so niedergeschlagen und so traurig, als ich das letzte Mal bei dir war, Sandy."

Sie ließ ihre Hände ruhen und schaute mich an. Ihre Augen füllten sich mit Tränen. „Ich weiß, Jennie. Ich bin es immer noch."

„Du brauchst Jesus, Sandy. Er ist der Einzige, der die Leere deines Herzens füllen kann."

Sie nickte.

„Würdest du die Bibel holen, die ich dir geschenkt habe?" Sie stand auf und kam mit der Bibel in der Hand zurück. „Ich habe angefangen, darin zu lesen, aber ich hoffe, dass du jetzt kein Quiz oder so was mit mir machen willst."

„Nein, Sandy. Ich will dir nur die Geschichte von Jesus erzählen und dir ein paar Stellen aus dem Johannesevangelium zeigen. Das ist der Liebesbrief Gottes an dich. Schau hier. In Kapitel 3 Vers 16 steht, dass Gott die Welt so sehr geliebt hat, dass er seinen einzigen Sohn sandte, damit er den Preis für unsere Schuld trug, um uns ewiges Leben zu ermöglichen. Die einzige Bedingung ist, dass wir nach unserem eigenen freien Willen an ihn glauben. Der nächste Vers sagt, dass er nicht gekommen ist, um die Welt zu richten, sondern dass wir durch ihn und durch sein Opfer für immer gerettet sind. Willst du eine persönliche Beziehung zu Gott haben, Sandy?"

„Sie nickte. In ihrem Gesicht leuchtete ein Hoffnungsschimmer auf. „Ich muss ihn kennen lernen, Jennie. Wenn er mich haben will, will ich ihn kennen lernen."

Wir beteten miteinander und Sandy öffnete ihr Herz für Gott. Sie glaubte, dass Jesus gestorben war, um ihre Schuld zu bezahlen, und dass er auferstanden war, um in ihrem Herzen zu wohnen und an ihrem Leben Anteil zu nehmen. Sie bekannte ihre Sünde. Sie betete so innig, dass ich mit ihr vor Gott weinte.

Ich umarmte sie zum Abschied und fuhr erleichtert nach Hause. An jenem Abend machte Gott Sandy ein großartiges Geschenk. Etwas später rief sie mich ganz aufgeregt an.

„Jennie! Ich muss dir zwei Dinge erzählen. Nachdem wir gebetet haben und du gefahren bist, spürte ich einen tiefen Frieden und eine stille Freude in mir. Und dann kam Ray nach Hause. Er brachte mir eine Rose mit und sagte mir, dass er mich liebt. Das hat er noch nie gemacht, Jennie! Mir mit dem dicken Bauch sagt er, dass er mich liebt!"

„Ich glaube, Gott hat ihm ins Ohr geflüstert, dass du das genau in dem Augenblick wissen musstest, Sandy."

Am nächsten Tag wurde ihre wunderschöne kleine Tochter geboren. Sandy rief mich vom Krankenhaus aus an und fragte, ob ich kommen könne. Graydon und ich fuhren zusammen zum Krankenhaus. Dem Baby ging es ausgezeichnet. Sandy sah erschöpft und glücklich aus. Auch Ray sah erschöpft aus, aber er hatte einen wachsamen Blick auf seine Tochter. Bevor wir wieder fuhren, fragte Graydon, ob er für ihre Familie beten dürfe. Sandy nickte mit strahlenden Augen und wir versammelten uns um ihr Bett.

„Lieber Vater, wir danken dir für diese junge Familie und die Geburt dieses herrlichen Babys. Ich bitte dich, dass das Kind dich schon früh als seinen Herrn und Retter kennen lernt. Bitte halte diese Familie zusammen und ziehe sie zu dir. In Jesu Namen, amen."

*

Leider würde es den Rahmen sprengen, alles zu berichten, was sich von da an in Sandys Leben ereignet hat. Darum gebe ich nur eine Kurzfassung der Geschichte: Im September heirateten Ray und Sandy in unserem Garten. Es war eine wunderschöne Hochzeit. Ich hielt das Baby und Graydon traute das Paar. Später organisierte Sandy mit mir zusammen eine Bibelgruppe, die sich in unserem Haus traf, und Sandy lud ihre Freunde dazu ein. Zwei der Frauen, die regelmäßig zu uns kamen, waren ohne kirchliche Bindung. Sie sogen jedes Wort in sich auf.

Sandy hat noch ein Kind bekommen, einen Jungen. Das Leben ist auch für sie nicht immer problemlos, aber sie wächst im Glauben und ist immer noch begierig zu lernen, was die Bibel ihr persönlich zu sagen hat. Ich besuche sie zweimal im Monat. Oft erzähle ich ihr bei dieser Gelegenheit biblische Geschichten oder bringe eine Kopie von dem Kapitel dieses Buches mit, an dem ich zu dem jeweiligen Zeitpunkt gerade schreibe. Wir schätzen diese gemeinsame Zeit beide sehr. Ich habe sie in mein Herz geschlossen. Aber Jesus liebt sie noch viel mehr als ich.

Gebet

Lieber himmlischer Vater, ich möchte mich nicht ab und zu mit einem Blick auf dich zufrieden geben. Ich brauche unbedingt eine innige Beziehung zu dir. Ich gestehe, dass ich eine Sünderin bin, und bitte dich um Vergebung. Bitte komm in mein Leben und erneuere mich. Ich lade dich in mein Haus ein, in meine Lebensumstände und in mein Herz. Danke, dass du mich so liebst, wie ich bin. Danke für dein Geschenk der Errettung! Hilf mir, dass ich dich immer besser kennen lerne.

In Jesu Namen, amen.

Mein fester Vorsatz für morgen

Zachäus gab seine Entscheidung für Jesus öffentlich bekannt. Ich will wenigstens einem anderen Menschen von meiner Entscheidung, ihm zu folgen, erzählen.

Ich will in meinem Autoradio einen christlichen Sender einstellen oder mir Kassetten mit Predigten oder christlicher Musik zurechtlegen, damit ich, selbst wenn ich in Eile bin, etwas Gutes hören kann.

Zum Nachdenken

Merken mir andere Menschen auf Grund meiner Beziehung zu Jesus an, dass ich zur Familie Gottes gehöre?

Bibellese: Lukas 19,1–10

1 Jesus ging nach Jericho hinein und zog durch die Stadt. 2 In Jericho lebte ein Mann namens Zachäus. Er war der oberste Zolleinnehmer in der Stadt und war sehr reich. 3 Er wollte unbedingt sehen, wer dieser Jesus sei. Aber er war klein und die Menschenmenge versperrte ihm die Sicht. 4 So lief er voraus und kletterte auf einen Maulbeerfeigenbaum, um Jesus sehen zu können; denn dort musste er vorbeikommen. 5 Als Jesus an die Stelle kam, schaute er hinauf und redete ihn an: „Zachäus, komm schnell herunter, ich muss heute dein Gast sein!" 6 Zachäus stieg schnell vom Baum und nahm Jesus voller Freude bei sich auf. 7 Alle sahen es und murrten; sie sagten: „Bei einem ausgemachten Sünder ist er eingekehrt!" 8 Aber Zachäus wandte sich an den Herrn und sagte zu ihm: „Herr, ich verspreche dir, ich werde die Hälfte meines Besitzes den Armen geben. Und wenn ich jemand zu viel abgenommen habe, will ich es ihm vierfach zurückgeben." 9 Darauf sagte Jesus zu ihm: „Heute ist dir und deiner ganzen Hausgemeinschaft die Rettung zuteil geworden! Auch du bist ja ein Sohn Abrahams. 10 Der Menschensohn ist gekommen, um die Verlorenen zu suchen und zu retten."

Anmerkung: Jesus begegnete Zachäus am Ende seines Weges von Galiläa nach Jerusalem, wo er gekreuzigt werden sollte. Die Geschichte wurde etwa 60 n. Chr. von Lukas, einem Arzt und Nachfolger von Jesus Christus, berichtet.

Glaube und Freundschaft finden einen Weg

Eine Geschichte über feste Freundschaft

Als unsere Tochter Amber in den Kindergarten ging, wohnten wir in einem alten geschichtsträchtigen Haus mit großem Garten. Jeden Frühling grub mein Mann mit großer Freude einen Teil des Gartens um und pflanzte mit Begeisterung Blumen und Gemüse an. An einem Wochenende um den *Memorial Day* muss es einen Ausverkauf an Tomatenpflanzen gegeben haben. Auf jeden Fall kam mein Mann mit sage und schreibe 36 Tomatenpflanzen nach Hause! Und weil er keine Pflanze wegwerfen wollte, setzte er jede einzelne ein.

Es war ein sehr anstrengender Sommer für uns. Mein Mann kandidierte für das Richteramt für ein Gebiet, das zwei Bezirke abdeckte. Wir hatten ein Krabbelkind und unsere fünfjährige Tochter. Fast jedes Wochenende waren wir unterwegs und nahmen an Wahlveranstaltungen teil. Wir waren so ausgepowert, dass wir glaubten, nicht mehr zu können. Der August zog ins Land und mit ihm die Erntezeit in unserem kleinen Gemüsegarten. Haben Sie eine Vorstellung, wie viele Tomaten an 36 Pflanzen wachsen können? Wir hatten Berge von Tomaten.

An einem schwülen Sommertag fuhr Familie Bivins bei uns vor. Jenny Bivins war Ambers allerbeste Freundin und die beiden Mädchen verschwanden sofort nach oben ins Spielzimmer. Char Bivins und ich saßen mit unseren Krabbelkindern auf der Terrasse und unterhielten uns.

„Wenn ich doch nur noch einige Leute kennen würde, die Tomaten brauchen können“, seufzte ich. „Ich habe schon alle bedacht, die mir eingefallen sind. In diesem Jahr habe ich einfach keine Zeit, sie einzumachen oder einzufrieren. Im Garten hinter unserem Haus hängen die Tomaten in Trauben!“

„Ich kann sie für dich einwecken“, sagte Char.

„Du hast mit deinen Kindern doch genug zu tun“, antwortete ich. Char erwartete in Kürze ihr drittes Kind und außerdem war es zu der Zeit schrecklich heiß und schwül.

„Ich meine es ernst“, sagte sie. „Das ist keine große Sache für mich.“

„Moment mal, Char. Wenn du die Tomaten für euch haben willst, kannst du sie liebend gern alle haben. Ich werde sie sogar für dich pflücken, sie in dein Auto laden und dir meine Einmachgläser für ein ganzes Kalenderjahr ausleihen. Ich sehe für mich keine Möglichkeit, sie in diesem Jahr zu verwenden.“

Also pflückte ich einige Kisten Tomaten und lud sie in Chars Auto. Dann holte ich vier Kartons mit Einmachgläsern aus dem Keller und packte sie dazu.

Es vergingen ein paar Wochen. Ich kam von einem Vortrag zurück und bog in unsere Einfahrt ein. Vor unserer Haustür auf der breiten Treppe stand ein alter, vertraut aussehender Karton. *Das sieht so aus, als habe Char nicht alle Gläser gebraucht,* dachte ich bei mir. Und dann, mit einem Anflug von Schuldgefühl, überlegte ich weiter: *Oder ob sie schließlich doch einige Tomaten für mich eingekocht hat?*

Ich trug den schweren Karton ins Haus. Und was war darin? Nicht nur Gläser mit Tomaten, sondern eine ganze Ansammlung von herrlich eingemachten Früchten. Pfirsiche, Birnen, grüne Bohnen, Mixed Pickles und sogar ein Glas mit Pfefferschoten! Das Besondere daran war: Char hatte alle Gläser beschriftet! Auf den Einmachgläsern klebten unterschiedlich große Zettel, auf die sie eigenhändig Bibelverse, Gedichtzeilen oder kleine Ermutigungen geschrieben hatte.

Ich rief sie an.

„Danke, Char! Du hast daraus so wertvolle Geschenke für mich gemacht! Das passt zu dir und darum mag ich dich so!“

Einige Wochen später erfuhren wir, dass die Bivins in eine andere Stadt umziehen mussten. Ich werde den Abend nicht vergessen, als ich Amber zu Bett brachte, nachdem wir die Neuigkeit erfahren hatten. Sie faltete ihre kleinen Hände ganz fest zusammen und betete: „Lieber Jesus, bitte sei bei meiner Freundin Jenny, wenn sie in ihren neuen Kindergarten geht und ich nicht bei ihr bin. Bitte hilf ihr, dass sie sich nicht fürchtet und einsam fühlt. Und bitte, Jesus, sei bei mir, wenn ich in meinen Kindergarten gehe und Jenny nicht mehr da ist. Ich weiß genau, dass ich dann weine und weine ... Ich glaube ... ich fang jetzt schon ... an zu weieieinen!“

Wir saßen beide auf ihrem Bett und weinten, weil unsere Freunde, die Bivins, von uns wegzogen.

Char wusste nicht, an welchen Tagen sie mir eine besondere Seelsorgerin war – an Tagen, wenn ich nach einem Glas aus ihrem Einmachgut griff, um das Essen oder auch „Brandopfer“, das ich meiner Familie vorsetzte, damit aufzuwerten. An hektischen Tagen. An frustrierenden Tagen. An ganz gewöhnlichen Tagen, an denen ihre einfachen Mut machenden Worte mein Herz berührten und meine Stimmung hoben.

*

Freundschaft – man könnte sie definieren als Intimität zwischen Personen, die auf gegenseitiger Achtung, Freundlichkeit oder Hilfe beruht. Christliche Freundschaft hat eine zusätzliche Dimension, die ihr noch eine tiefere Bedeutung gibt. Ihre Intimität beruht auf gegenseitiger Achtung, Freundlichkeit und Hilfe, *inspiriert durch Jesu Beispiel, beflügelt durch seine Gegenwart und bereichert durch sein Wesen.*

Eine bemerkenswerte Geschichte über Freundschaft finden wir in der Bibel. Sie wird in Markus 2,1–12 anschaulich berichtet. Wollen Sie mit mir in dieses Kapitel eintauchen?

Die Geschichte von dem Gelähmten

Der Mann lag auf dem Rücken und starrte an die Zimmerdecke. Er kannte jede Maserung und Unregelmäßigkeit der Balken über ihm, denn darunter befand sich seine Matte, seine Lagerstätte in diesem Haus. Oh, wie hasste er diesen Platz!

Eine Fliege kreiste um seinen Kopf und ließ sich für Sekunden an dem Balken über ihm nieder, krabbelte einige Zentimeter weiter und flog dann wieder davon, um sich im nächsten Augenblick auf die Augenbraue des Mannes zu setzen. Er holte tief Luft, spitzte seine Lippen und versuchte ärgerlich, die Luft nach oben auszublasen, um den Quälgeist loszuwerden. Das aufdringliche Insekt krabbelte auf das Auge des Mannes zu. Er schloß seine Augenlider und blies noch einmal mit aller Kraft, um so das Weiterkrabbeln der Fliege zu verhindern. Sie hob ab und summte ihm erneut um den Kopf herum, als wolle sie ihn verhöhnen.

Er spürte, wie der Zorn in ihm aufstieg und lachte bitter. Lächerlich, dass er auf eine Fliege wütend war. *Nein,* dachte er, *auf die Fliege bin ich nicht wütend. Ich bin wütend über mein Leben.* Es war der Frust über seine scheinbar wertlose Existenz, über seine Unfähigkeit, auch nur die einfachste Bewegung auszuführen. Wo war eigentlich seine Pflegerin geblieben? Die Frau half ihm immer beim Mittagessen – sie richtete ihn auf, fütterte ihn wie ein Baby, redete ihm zu, doch ein bisschen mehr zu essen, und anschließend machte sie ihn sauber. So sehr er auf diese Hilfe angewiesen war, so sehr hasste er seine Hilflosigkeit.

Ich bin gelähmt. Als was kann man mich denn brauchen? Als Türstopper? Als Bettler? Nun gut, dann lasst mich betteln, dachte er sarkastisch. Seine bitteren Gedanken wurden von Geräuschen an der Tür unterbrochen und innerhalb von Sekunden stürzten vier Männer in seinen Raum. Es waren seine besten Freunde, und in Sekundenschnelle hellte sich seine düstere Stimmung, die gerade noch auf dem Tiefpunkt war, spürbar auf. Sein Willkommensgruß enthielt nur noch einen Hauch Sarkasmus.

„Hallo, Jungs! Was denn, ihr kommt mich alle vier auf einmal besuchen? Was seid ihr denn so außer Atem? Wo brennt's denn?"

Der Mann, der am nächsten bei ihm stand, griff nach zwei Stangen, die in der Ecke an die Wand gelehnt standen, und erklärte hastig: „Jesus ist da! Er lehrt in einem Haus hier in Kafarnaum!" Er reichte eine der beiden Stangen einem Kameraden. Mit der anderen Stange in der Hand kniete er sich neben die Matte seines Freundes und stieß die Stange durch Schlaufen, die sich an der Seite der Matte befanden.

„Er hat schon Blinde sehend gemacht und Lahme konnten wieder gehen!", rief der Mann, der die andere Stange hielt, und gleichzeitig versuchte, seine Stange an der gegenüberliegenden Seite der Lagerstätte durch die Schlaufen zu schieben. Jetzt sprach wieder der erste Freund:

„Achtung, Freunde! Jeder an eine Ecke! Eins, zwei, drei – hoch! Wir bringen dich zu Jesus. Wir glauben nämlich, dass Jesus dich gesund machen kann. Er wirkt Wunder. Er verändert Leben. Er kann auch dein Leben verändern." Er machte eine Pause, und alle blieben stehen und warteten gespannt auf die Reaktion des Freundes auf der Matte, der zwischen ihnen hing. „Bist du so weit, Kamerad?"

Der Gelähmte schaute von einem freudig erregten Gesicht zum anderen, und ein Gefühl, das er jahrelang nicht empfunden hatte, flatterte wie ein Schmetterling in seinem Bauch. Hoffnung! Die Intensität ihres Glaubens daran, dass Jesus ihn heilen könne, war mitreißend. Sein Gesicht erhellte sich zu einem zaghaften Lächeln.

„Ich bin so weit, wenn ihr so weit seid."

Als die Freunde ihn durch die Tür manövriert hatten, liefen sie, so schnell es ihre Last zuließ, los. Das Herz des Gelähmten klopfte wild in seinem gebrechlichen Körper, während er unbewusst die Unteransicht der belaubten Zweige, unter denen sie herliefen, in sich einsog. Er blinzelte gegen die Sonnenflecken, die zwischen den Blättern durch auf sein Gesicht fielen. Seine Gedanken rasten schneller als die Füße seiner Träger. Von Jesus hatte er schon gehört – und davon, dass er Leben verändern konnte. Wie sollte es möglich sein, dass Jesus von ihm Notiz nahm?

„Wir sind fast da, Kumpel. Nur noch um die nächste Ecke. Du wirst wieder richtig gut gehen."

An der nächsten Ecke kam die kleine Truppe abrupt zum Stehen.

„Unglaublich! Wo kommen denn die Menschen alle her?", fragte einer der Freunde.

„Die Leute stehen ja bis zur Haustür und hängen in den Fenstern!", wunderte sich ein anderer.

Sie blieben einen Augenblick lang bewegungslos stehen, die Matte zwischen sich. Resigniert meinte der Gelähmte: „Das war's dann wohl, Leute. Trotz eurer Anstrengungen sind wir einfach zu spät dran. Es tut mir Leid, dass ihr durch mich so langsam wart."

„Wartet!", sagte der Anführer. „Bestimmt lassen die Leute uns mit dir durch. Kommt, wir versuchen es!"

Sie trugen den Freund an die Tür heran. „Entschuldigt bitte. Lehrt Jesus hier in diesem Haus? Entschuldigt bitte!" Nur ein Mann nickte unwillig, um seine Aufmerksamkeit anschließend sofort wieder nach drinnen zu richten. Die anderen Menschen im Hausflur schenkten ihnen kaum Beachtung, und keiner von ihnen rückte auch nur einen Zentimeter zur Seite, um sie durchzulassen. Doch anstatt den Rückweg anzutreten, den sie gekommen waren, setzten die vier ihren Freund nur einen Augenblick ab, um zu verschnaufen und zu überlegen, was sie als Nächstes tun könnten.

„Wir können nicht einfach aufgeben", sagte einer von ihnen.

„Lässt sich herausfinden, wo genau Jesus in diesem Haus steht?", fragte ein anderer.

Der Größte von ihnen sprang auf. „Lasst mich versuchen, das herauszufinden!" Er lief zu einem offenen Fenster, an dem sich die Menschen von außen über die Fensterbank hineinlehnten. Er stellte sich hinter sie, ging auf die Zehenspitzen und versuchte, mit zusammengekniffenen Augen an den Köpfen vorbei in das dämmrige

Innere zu schauen. Als er geortet hatte, wo Jesus genau stand, lief er zu seinen Freunden zurück.

„Ich weiß, wo er steht!"

„Gut", sagte der Anführer mit einem Lächeln. Seine Augen blitzten. „Seht ihr dort drüben die Außentreppe? Glaubt ihr, Freunde, dass wir unseren Kameraden über diese Stufen hier aufs Dach bringen können?"

Alle vier schauten hinüber auf die schmalen Treppenstufen am Haus, die auf das flache Dach des Hauses führten. Sie schätzten die Entfernung und die Kraftanstrengung ab. Schließlich nickten alle vier und grinsten.

„Okay! Wer vorne ist, muss die Matte mit den Händen nach hinten halten, und zwar so tief wie möglich. Der Längste sollte hinten gehen und sie hochheben und dabei versuchen, den Körper in der Waage zu halten. Fertig? Eins, zwei, drei – hopp!"

Wenn der Gelähmte geglaubt hatte, die Reise sei für ihn bis hierher bereits ein Abenteuer gewesen, dann hatte er sich getäuscht. Er hielt die Luft an, als sein Körper auf der Matte nach unten rutschte, weil seine Freunde die Trage immer steiler halten mussten. Ja, es war gefährlich, aber er konnte sich beim Anblick seiner kräftigen, impulsiven Freunde, die ihn über diese schmalen Stufen aufs Dach jonglierten, ein Grinsen nicht verkneifen.

Als sie endlich oben angekommen waren, legten sie ihn auf dem flachen Dach ein Stück weit von sich entfernt neben ein paar irdenen Krüge ab.

„Das wäre auf jeden Fall geschafft. Was glaubst du, wo ungefähr steht Jesus?"

Der Lange ließ seinen Blick über das Dach gleiten und schritt zu einer Stelle, die nicht weit von den anderen entfernt war. „Etwa hier, würde ich sagen."

„In Ordnung. Der Abstand der Balken ist breit genug. Wir werden die Ziegel zwischen diesen beiden ersten Balken abdecken und dann durch die Verkleidung darunter stoßen, bis die Öffnung groß genug ist.

„Alle Mann ran!"

*

Als Jesus nach Kafarnaum zurückgekommen war, hatte sich die Nachricht, dass er in der Stadt sei, wie ein Lauffeuer ausgebreitet.

Menschen kamen von nah und fern und drängten in das Haus, in dem er sprach. Er hatte hochinteressierte Zuhörer. Darunter befanden sich Pharisäer und Gesetzeslehrer, die aus den Dörfern Galiläas, aus Judäa und aus Jerusalem herbeigeströmt waren.

Es war heiß und stickig in dem Raum mit den vielen Zuhörern. Es fehlte an frischer Luft, da Türen und Fenster durch Menschen verstopft waren. Doch trotz der dicken Luft hörten die Leute aufmerksam zu, was Jesus sagte. Als draußen Unruhe entstand, wurden einige zwar etwas ärgerlich, doch merkwürdigerweise ging niemand nachgucken, wo die Ruhestörung herkam, selbst dann nicht, als direkt über ihren Köpfen Bewegung entstand! Nicht einmal der Besitzer des Hauses reagierte! Und Jesus? Er lehrte einfach weiter.

Zunächst schepperten ein paar Dachziegel. Dann folgte ein Kratzen und Scharren. Es dauerte nicht lange und es entstand ein kleines Loch in der Zimmerdecke. Etwas Schmutz und Staub rieselte auf die Gäste, als die Deckenverkleidung weiter aufgerissen wurde. Einige Gäste fingen durch den herabfallenden Staub, den sie einatmeten, an zu husten. Andere schützten ihre Augen mit der Hand vor dem sandigen Segen von oben, während sie angestrengt beobachteten, was sich da über ihnen abspielte.

Jesus hörte auf zu reden und schaute die Menschen an. Die meisten Augen waren auf das bizarre Schauspiel über ihren Köpfen gerichtet. Einige blickten auf Jesus und warteten gespannt, wie er mit der rüden Unterbrechung umgehen würde.

Jetzt war die Öffnung im Dach schon recht groß. Das Sonnenlicht erhellte den dämmrigen, stickigen Raum und ließ mit seinen Strahlen die umherschwirrenden Staubpartikelchen tanzen. Plötzlich wurde die Helligkeit von einem Bündel überschattet, das an Stricken durch die Öffnung hinabgelassen wurde. Männerhände wurden sichtbar, die die Matte vorsichtig und gleichmäßig an vier Stricken hinabließen. Dieselben Menschen, die noch vor wenigen Minuten keinen Zentimeter zur Seite treten wollten, wichen auseinander und machten für den hilflosen Mann auf der Trage Platz, der vor Jesu Füße herabgelassen wurde.

*

Während die vielen Menschen mit offenen Mündern den Gelähmten auf dem Fußboden anstarrten, schaute Jesus zu den vier Freunden des Gelähmten nach oben, die sich mit schmutzigen Fingern und zerkratzten Knöcheln an die rohe Öffnung klammerten. Ihre Köpfe waren vom Schein des Sonnenlichts eingerahmt. Das Haar fiel ihnen in die Stirn und ihre Gesichter glänzten vom Schweiß. Jesus sah viel mehr als die äußeren Zeichen ihrer Entschlossenheit und Erschöpfung. Acht Augen waren gespannt auf ihn gerichtet. Die verschmutzten Gesichter strahlten eine ungeheure Erwartungshaltung aus und einen tiefen Glauben.

Vor Jesu Füßen lag ein Mann. Ungeachtet der Zuschauer im Raum, die teils mit makaberer Neugier, teils mitleidig auf die verkümmerten Muskeln und die körperliche Hilflosigkeit des Gelähmten glotzten, blickte der Gelähmte nur auf Jesus.

Als Jesus ihn anschaute, sah er so viel mehr als seine körperliche Unfähigkeit. Er sah die bittere, gehasste Bedürftigkeit des Herzens dieses Mannes. Und Jesus liebte ihn genau *so*, wie er vor ihm lag.

„Mein Kind", sagte Jesus mitfühlend wie zu einem Angehörigen, „deine Schuld ist vergeben."

*

Bei all den unerwarteten Aufregungen des Tages waren doch einige Dinge geschehen, die dem Gelähmten ganz schön Angst gemacht hatten. Es war ein Abenteuer für ihn gewesen, als seine vier impulsiven Freunde mit ihm durch die Straßen gerannt waren. Und es war sogar lustig, wenn auch etwas gefährlich für alle fünf gewesen, die Treppen zum Dach hinaufzusteigen. Er hatte es fast nicht glauben können, als sie anfingen, das Dach abzudecken! Als sie ihn dann schließlich durch die Öffnung hinabgelassen hatten, war ihm fast das Herz stehen geblieben! Er konnte die geschockte Reaktion der Leute in dem Zimmer hören und war für einen Moment versucht, die alten Verteidigungsstrategien anzuwenden, die er immer benutzte, wenn er wusste, dass er angestarrt wurde oder man über ihn flüsterte. Aber dann sah er Jesus. Und die anderen Leute waren ihm auf einmal ganz egal.

Als Jesus ihn anschaute, spürte der Mann, dass Jesus bis in sein Herz sehen konnte. Er schämte sich zutiefst über sein Selbstmitleid und er sah sein sündiges Herz in aller Deutlichkeit. Aber gleichzeitig war in demselben Herzen eine solche Hoffnung und ein solches Verlangen, diesen Mann Jesus kennen zu lernen, der ihn sogar bereits zu kennen schien.

Jesus schaute ihm in die Augen und sagte: „Mein Kind, deine Schuld ist vergeben."

Vergeben! Der Mann spürte eine Freude in sich aufsteigen, die ihn mit Frieden und Glück erfüllte, wie er es nie zuvor erfahren hatte. Ganzheit. Er fühlte sich heil. Das hatte nichts mit seinem körperlichen Zustand zu tun. Er war so überwältigt von dem, was mit ihm geschehen war, dass es einen Moment dauerte, bis er die seltsame Stille wahrnahm, die plötzlich im Raum herrschte.

*

Jesus schaute von dem Mann auf, der an ihn glaubte und der gerade geistlich geheilt worden war. Die Pharisäer und Gesetzeslehrer waren zwar still, aber in ihren Köpfen protestierte die Kritik. *Das ist Gotteslästerung! Wer kann Sünden vergeben außer Gott allein?*

Jesus, der genau wusste, was in ihren Köpfen vor sich ging, schockierte sie, indem er sie auf ihre Gedanken ansprach und sie dann fragte: „Was ist leichter? Diesem Mann zu sagen, dass seine Sünden vergeben sind oder zu sagen: ‚Steh auf und geh? Um euch zu beweisen, dass ich, der Menschensohn, tatsächlich die Autorität habe, auf Erden Sünden zu vergeben, sage ich ..." – und damit wandte sich Jesus dem Gelähmten zu – „... steh auf, nimm deine Matte und geh."

*

Der Schock fuhr dem Mann in alle Glieder, aber er zögerte nicht. Er stellte sich sofort auf seine Füße. Niemand half ihm dabei. Kein Therapeut war nötig, um seine verkümmerten Muskeln zu rehabilitieren. Er fühlte sich nicht nur wohl, sondern stark. Er stand nicht nur herum, er konnte sich richtig bewegen. Vor der sprachlosen Menge, die ihn wieder erstaunt anstarrte, bückte er sich, rollte seine Matte auf, legte sie sich über die Schulter, warf Jesus ein strahlendes Lächeln zu, lief zur Tür hinaus und rief: „Preist Gott! Lobt Gott den Herrn! Er hat mich geheilt!"

Die anwesenden Gesetzeslehrer und Pharisäer waren wie vom Schlag gerührt. Auch sie begannen Gott zu loben und riefen: „So etwas haben wir noch nie erlebt!"

Und draußen? Die vier Freunde auf dem Dach jubelten laut und umarmten einander, während ihnen Freudentränen über die verschmutzten Wangen rannen. Dann sprangen sie über die Stufen hinunter, um ihren Freund von allen Seiten zu umarmen.

Hintergrundinformationen

Als ich mich näher mit dieser faszinierenden Geschichte beschäftigt habe, habe ich festgestellt, dass sie einige wichtige Elemente enthält:

Glaube und Entschlossenheit machen sich bezahlt

Die Freunde des Gelähmten glaubten fest daran, dass Jesus ihn heilen konnte, und sie waren entschlossen, ihn zu Jesus zu bringen. Allein die Behinderung des Mannes hätte sie davon abhalten können, aber sie taten sich zusammen, und mit vereinten Kräften schafften sie es, ihn trotz allem zu Jesus zu bringen.

Ich habe mich gefragt, ob es wohl junge Männer waren, und ich vermute stark, dass sie wirklich jung waren. Sie waren so vital! Als sie zu dem Haus kamen und niemand bereit war, ihnen Platz zu schaffen, hätten sie da nicht warten sollen, bis die Versammlung zu Ende war? Schließlich hätten sie Jesus am Ausgang abfangen können! Doch anstatt geduldig abzuwarten, hielten sie ein kurzes Brainstorming ab und kamen auf die Idee, ihren Freund auf das Dach zu hieven. In dem Buch über Sitten und Kultur zu biblischen Zeiten, das ich gelesen habe, heißt es, dass die Häuser damals häufig Flachdächer hatten, von denen außen am Haus angebrachte Stufen herabführten. Die Stufen waren meist sehr schmal und die Treppe steil.

Nun, wenn es schon mehr als mutig war, den Kranken auf das Dach zu schaffen, dann stellen Sie sich einmal vor, wie gewagt ihre nächste Aktion gewesen sein muss. Sie fingen an, das Privateigentum eines anderen zu demolieren! In dem Bericht von Lukas heißt es, dass sie Dachziegel abheben mussten, bevor sie damit anfangen konnten, die Deckenverkleidung darunter aufzureißen (Lukas 5,19). Ist es nicht merkwürdig, dass niemand sie davon abhielt? Warum ist der Hauseigentümer nicht nach draußen gerannt, als der Schmutz auf die Leute herniederzurieseln begann, und hat gebrüllt: „Hört sofort auf oder ich rufe die Polizei“? Zumindest hätte er rufen können: „Hört sofort auf, die Decke aufzureißen. Wir lassen euch auch hier unten rein!“ Warum wurde dieser Vandalismus zugelassen?

Jesus hatte die ganze Situation unter Kontrolle

Sowohl im Markus- als auch im Lukasevangelium wird berichtet, dass Jesus die Gedanken der Skeptiker unter seinen Zuhörern kannte. Lukas berichtet von Gesetzeslehrern und Pharisäern, die aus allen Ortschaften Galiläas und Judäas und sogar aus Jerusalem gekommen waren.

Warum hat niemand den Vandalismus auf dem Dach gestoppt? Weil Jesus genau wusste, was dort passierte. Er fesselte die Zuhörer, sodass sie blieben, wo sie waren, während genau über ihren Köpfen eine große Öffnung in der Zimmerdecke entstand (was immerhin einige Zeit in Anspruch genommen haben muss). Jesus hatte jedem seiner Zuhörer etwas Besonderes zu sagen, dem Gelähmten, seinen Freunden und auch den Zweiflern.

Die Abfolge der Dinge, die Jesus tut, ist unerwartet, macht aber deutlich, was für ihn von größter Wichtigkeit ist

Er heilte den Gelähmten nicht sofort. Die Menge muss die Luft angehalten haben. Jeder war sichtlich gespannt, was passieren würde, als der Mann zu Jesu Füßen heruntergelassen wurde. Wir kennen natürlich nicht das Ausmaß seiner Lähmung. Die Bibel schreibt darüber nichts. Doch weil er bis zum Ende der Geschichte flach auf dem Rücken lag und weil die Menschen so überaus erstaunt waren, als Jesus ihn schließlich heilte, stelle ich mir vor, dass er sehr stark behindert gewesen sein musste. Jesus hat auch andere Wunder vollbracht. Aber nicht von allen Wundern wird berichtet, dass die Menschen ganz außer sich waren und sagten: „So etwas haben wir noch nie erlebt!"

Was für eine Bedeutung hat diese Geschichte für mein Leben?

Geben Sie Ihre Freunde nie auf

Der Gelähmte hatte einen ganz besonderen Reichtum in seinem Leben: Er hatte vier Freunde, die treu für ihn sorgten und, was noch wichtiger war, die an Gott glaubten. Die Bibel sagt, dass Jesus sah, wie groß ihr Vertrauen zu ihm war (Markus 2,5). Was für ein großartiges Vorbild für diejenigen von uns, die wir manchmal meinen, dass wir mit unseren Bemühungen, eine Freundin oder Verwandte zu Jesus zu führen, gegen eine Wand laufen. Wir müssen darauf *vertrauen*, dass Gott ihr Leben ändern will, und wir müssen bereit sein, unseren eingefahrenen Weg zu verlassen, wenn wir sie zu Jesus führen wollen.

Jesus erkennt unsere Not

Jesus heilte den Gelähmten innerlich. Jesus sah den Mann zu seinen Füßen liegen. Er sah nicht nur die äußere Hilflosigkeit, die den Menschen ins Auge fiel. Er sah vor allem die geistliche Verkümmerung, die noch viel größer war als die körperliche Not. Jesus konnte die Gedanken der Skeptiker lesen. Darum bin ich davon überzeugt, dass er auch den Seelenschrei des Gelähmten wahrnehmen konnte (ebenso wie er unsere innere Not kennt).

In 1. Samuel 16,7 steht: „Ein Mensch sieht, was in die Augen fällt; ich aber sehe ins Herz."

Jesus zeigt seine Macht in unserem Leben

Jesus beendete seine Lektion in anschaulicher Weise: Er heilte den Mann auch körperlich. Kein Hokuspokus. Keine Tricks. In der Bibel wird nicht einmal berichtet, dass Jesus den Mann berührt hat. Er gab ihm nur die Anweisung, seine Matte aufzunehmen und nach Hause zu gehen. Und der Mann, der auf wunderbare Weise geistlich und körperlich heil geworden war, stand auf, pries Gott und verließ die schockierten Zuhörer, die Augenzeugen der Macht Jesu, des Sohnes Gottes, geworden waren. Jesus kann seine Macht auch in unserem Leben zum Ausdruck bringen, genau wie im Leben unserer Freundinnen.

*

Der Glaube und die Entschlossenheit von vier Freunden machten es möglich, den Gelähmten zu Jesus zu bringen. Haben Sie in letzter Zeit jemanden mit Jesus bekannt gemacht? Sind Sie bereit, Hindernisse zu überwinden, um Ihre Freundin zu Jesus zu führen?

*

Ich mochte meine Nachbarin Sarah sehr. Eine bessere Nachbarin hätte ich mir nicht denken können. Sie brachte Kekse zu uns rüber, als wir in das Haus ihr gegenüber einzogen. Sie bot sich als Babysitterin für unsere kleine Tochter an, und sie half mir, bei einem Straßenfest für unsere Nachbarn Suppe zu kochen. Sarah war eine liebenswerte Person und hatte eine nette Familie. Jeden Sonntag ging sie zur Kirche. Als ich sie kennen lernte, war ich mir allerdings nicht sicher, ob sie Jesus persönlich kannte.

Darum fing ich an, jeden Tag für Sarah zu beten. Schließlich lud ich sie zu einem Frauenfrühstück ein. Ich wusste, dass ihr das gemeinsame Frühstück und die Referentin gefallen würden, und hoffte, sie würde bei der Gelegenheit verstehen, dass es möglich ist, eine persönliche Beziehung zu Gott zu haben. Sie lehnte meine Einladung freundlich ab. Ich lud sie wieder ein und sie lehnte wieder ab. 13 Monate lang sagte sie jedes Mal freundlich: „Nein, danke."

Eines Tages rief mich meine Freundin Debbie an und fragte: „Jennie, ich hatte da eine Idee. Ich finde, wir sollten einen Bibelgesprächskreis für junge Mütter gründen. Der Kreis könnte bei euch stattfinden, unter deiner Leitung natürlich. Ich würde auch die Leute dafür einladen!"

Ich lachte. „Debbie, das klingt nach sehr viel mehr Arbeit für mich als für dich. Aber ich mache dir einen Vorschlag. Seit über einem Jahr bete ich für meine Nachbarin. Ich werde sie zu diesem Bibelgespräch für junge Mütter einladen, und wenn sie Ja sagt, bin ich einverstanden."

Ich sprach Sarah an, machte mir aber nicht die geringste Hoffnung. Immerhin hatte sie einige Übung darin entwickelt, meine Einladungen auszuschlagen. „Sarah, du bist sicherlich nicht an einem Bibelgesprächskreis für junge Mütter bei mir zu Hause interessiert, oder?"

Zu meiner Verwunderung sagte sie: „Doch, sehr sogar!"

Wir kamen mit einem kirchlichen Kindergarten am Ende unserer Straße überein, dass die Kinder dort von einer Betreuerin von uns beaufsichtigt werden konnten, während die jungen Mütter zu uns nach Hause in den Bibelgesprächskreis kamen. Die Zeit, in der wir uns mit Gottes Wort beschäftigten, war für uns alle wunderschön. Auch Sarah gefiel es sehr gut in der Gesprächsrunde. Nur wenn die eine oder andere junge Frau berichtete, wie sie Jesus als ihren Erlöser angenommen hat, wurde Sarah schweigsam und nachdenklich.

Eines Nachmittags, als es im Haus ganz still war, kniete ich mich in unserem Wohnzimmer vor das Sofa, die Ellbogen auf die Sitzfläche gestützt, und betete für Sarah. Da wurde mir klar, dass es jetzt an der Zeit war, mit ihr über Jesus Christus zu sprechen.

Aber ich hatte Angst. Wir hatten ein so nettes, ungetrübtes Verhältnis zueinander. Vielleicht fühlte sie sich vor den Kopf gestoßen. Und was dann? Ich betete um Mut und um Weisheit, denn ich wusste nicht, was ich ihr sagen sollte. Endlich stand ich auf und ging über die Straße.

Sie bat mich herein. Ich war so nervös, dass ich 20 Minuten lang über alles und nichts quasselte. Schließlich konnte ich nicht mehr und es brach aus mir heraus:

„Sarah, ich schätze dich so sehr als meine Nachbarin."

Sie lächelte und antwortete: „Ja, ich schätze dich auch sehr, Jennie."

Ich seufzte und fragte: „Sarah, darf ich dir einmal eine sehr persönliche Frage stellen?"

Sie hob ergeben beide Hände und lachte: „Frage mich, was du willst, Jennie!"

Okay, dachte ich, *jetzt oder nie!*

„Sarah, du bist nun seit sechs Wochen in unserem Bibelkreis, und offensichtlich gefällt es dir auch, oder?"

Sie nickte zustimmend.

„Weißt du, fast jede von uns hat erzählt, wie sie Christin geworden ist, aber du hast nie etwas dazu gesagt. Sarah, kennst du Jesus persönlich? Lebst du mit ihm?"

Ich hatte damit gerechnet, dass Sarah darauf mit Ja antworten würde. Sie war ein so liebevoller Mensch und eine treue Kirchgängerin. Aber Sarah schüttelte nur langsam den Kopf und fing an zu weinen.

„Ich bin eigentlich immer zur Kirche gegangen, Jennie. Ich weiß gar nicht, warum. Als meine Kinder geboren waren, habe ich mir gedacht, dass tut den Kindern auch gut, also habe ich sie mitgenommen. Aber ich habe Gott nie in mein Leben eingeladen."

Mir wurde ganz warm ums Herz. Ich war so von ihrem Geständnis und von ihrer offensichtlichen Not überwältigt, dass die Worte nur so aus mir herauspurzelten. „O Sarah, er liebt dich so sehr. Gott hat seinen Sohn, Jesus Christus, in unsere Welt gesandt. Er bereitet für uns im Himmel Wohnungen vor. Da dürfen wir mit ihm die Ewigkeit verbringen. Aber er will noch viel mehr für uns tun."

Ich holte tief Luft und fuhr fort: „Es ist ganz einfach, Sarah. Wenn wir ihn im Glauben in unser Leben einladen, gibt er uns seinen Geist, damit er in uns wohnt. Wir werden nicht nur in der Ewigkeit bei ihm sein, sondern wir haben schon hier jeden Tag Zugang zu seinem Frieden, seiner Freude, seiner Weisheit und seiner Geborgenheit. Wir können eine persönliche Beziehung zu Gott haben, weil er unser himmlischer Vater ist. Es ist ein großartiges und wertvolles Geschenk, Sarah. Willst du ihn in dein Leben einladen und ihn kennen lernen?"

Sarahs nasse Augen suchten für einen Augenblick meine. Dann nickte sie.

Fast wäre ich vor Freude geplatzt! „Sarah, du kannst einfach jetzt mit Gott reden und ihm sagen, dass du ihn brauchst. Du musst einfach nur bekennen, dass du eine Sünderin bist und von Herzen glaubst, dass Jesus für dich gestorben ist, um für deine Schuld zu bezahlen. Und dann lade ihn in dein Leben ein. Wenn du willst, kann ich zuerst beten, Sarah. Soll ich das tun?"

Wieder nickte sie und wischte sich mit dem Handrücken eine Träne aus dem Gesicht.

Und so neigten wir beide unsere Köpfe und öffneten unsere Herzen für Gott. Ich sprach ihr ein einfaches Gebet vor, und Sarah wiederholte jeden Satz.

„Lieber Gott, ich brauche dich. Ich gestehe, dass ich eine Sünderin bin. Ich habe vieles falsch gemacht. Aber ich glaube fest, dass du mich liebst und dass du deinen Sohn, Jesus, in die Welt gesandt hast, damit er für meine Schuld sühnt. Bitte vergib mir meine Schuld und mach mich innerlich ganz neu. Danke für das Wunder, dass du in meinem Leben beginnst. Hilf mir, dich jeden Tag besser kennen zu lernen."

Als ich das Gebet beendet und Sarah den letzten Satz wiederholt hatte, dachte ich: *Damit ist alles gesagt.* Aber nein, Sarah fügte noch einen Satz an unser Gebet an und wiederholte ihn gleich noch mal: „O Gott, ich habe dich schon so lange gebraucht. Ich habe dich schon so lange gebraucht."

Gebet

Lieber himmlischer Vater, danke, dass du dich mehr um mein inneres als um mein äußeres Wohlergehen sorgst. Danke für den Frieden und die Freude, die ich durch den Glauben an deinen Sohn Jesus Christus erleben darf.

Danke für die Menschen, die mich zu Jesus geführt haben – für ihre Hartnäckigkeit und für ihr treues Zeugnis, durch das ich erkennen konnte, was eine Beziehung zu dir bedeutet. Sie gaben nicht auf, als ich Entschuldigungen vorbrachte oder Desinteresse vorgab. Danke, dass du sie dazu gebraucht hast, mich zu dir zu ziehen.

Bitte hilf mir, die geistlichen Bedürfnisse meiner Freundinnen zu erkennen. Ich möchte sie ebenfalls zu dir führen, Herr. Bitte gib mir den Mut und die Ausdauer, die nötig sind, um sie in eine lebensverändernde Beziehung zu dir zu führen.

In Jesu Namen, amen.

Mein fester Vorsatz für morgen

Morgen früh will ich mir überlegen, welche Person in meinem Umfeld innere Heilung durch eine Beziehung zu Jesus Christus braucht.

Ich will jeden Tag für sie beten und fest daran glauben, dass Gott ihr Leben verändern wird.

Ich will sie zu einer Veranstaltung einladen (zum Beispiel zu einem Konzert, einer Bibelgruppe oder einer Freizeit), wo sie Jesus kennen lernen kann.

Zum Nachdenken

Wenn meine Freundin nicht mitkommen will, wem kann ich außer ihr die Botschaft von Gottes Liebe nahe bringen?

Bibellese: Markus 2,1–12

1 Einige Tage später kam Jesus nach Ka-
farnaum zurück, und bald wusste jeder,
dass er wieder zu Hause war. 2 Die Men-
schen strömten so zahlreich zusammen,
dass kein Platz mehr blieb, nicht einmal
draußen vor der Tür. Jesus verkündete
ihnen die Botschaft Gottes. 3 Da brach-
ten vier Männer einen Gelähmten her-
bei, 4 aber sie kamen wegen der Men-
schenmenge nicht bis zu Jesus durch.
Darum stiegen sie auf das flache Dach,
gruben die Lehmdecke auf und beseitig-
ten das Holzgeflecht, genau über der
Stelle, wo Jesus war. Dann ließen sie den
Gelähmten auf seiner Matte durch das
Loch hinunter. 5 Als Jesus sah, wie groß
ihr Vertrauen war, sagte er zu dem Ge-
lähmten: „Mein Kind, deine Schuld ist
vergeben!" 6 Da saßen aber einige Ge-
setzeslehrer, die dachten bei sich: 7 „Was
nimmt der sich heraus! Das ist eine Got-
teslästerung! Nur Gott kann den Men-
schen ihre Schuld vergeben, sonst nie-
mand!" 8 Jesus erkannte sofort, dass sie
das dachten, und fragte sie: „Was macht
ihr euch da für Gedanken? 9 Was ist
leichter – diesem Gelähmten zu sagen:
Deine Schuld ist dir vergeben, oder: Steh
auf, nimm deine Matte und geh umher?
10 Aber ihr sollt sehen, dass der Men-
schensohn die Vollmacht hat, hier auf
der Erde Schuld zu vergeben!" Und er
sagte zu dem Gelähmten: 11 „Ich be-
fehle dir: Steh auf, nimm deine Matte
und geh nach Hause!" 12 Der Mann
stand auf, nahm seine Matte und ging
vor aller Augen weg. Da waren sie alle
außer sich; sie priesen Gott und sagten:
„So etwas haben wir noch nie erlebt!"

Anmerkung: Die Geschichte von dem Gelähmten wurde von Markus etwa zwischen 57 und 63 n. Chr. berichtet. Auch Matthäus und Lukas berichten von der Begebenheit (Matthäus 9,1–8; Lukas 5,17–26). Lesen Sie am besten alle drei Berichte, dann gewinnen Sie eine bessere Einsicht in manche Einzelheiten. Diese wunderbare Heilung ereignete sich zu Beginn des öffentlichen Auftretens von Jesus, kurz bevor er seine zwölf Jünger auswählte.

Seht mal, wer zum Essen kommt!

Eine Geschichte über Entscheidungen

Es war ein herrlicher Sommertag. Der neue Pastor einer kleinen Gemeinde wollte Hausbesuche machen und rief seine älteren Gemeindemitglieder an. Viele der älteren Menschen waren verwitwet. Sie freuten sich sehr über den Anruf des neuen Pastors und luden ihn herzlich zu einem Besuch ein. Nach einigen Anrufen schaute der junge Pastor in sein Gemeinde-Adressbuch, warf dann einen Blick auf seine Stadtkarte und stellte fest, dass es eine Dame gab, die ganz in seiner Nähe wohnte und die er jetzt gleich besuchen konnte. Er hatte sich mit allen anderen älteren Gemeindemitgliedern telefonisch verabredet, aber er dachte, bei dieser Dame könne er direkt vorbeigehen.

Er schritt auf das Haus zu und sah, dass sich der Vorhang an einem Fenster ein wenig bewegte. *Aha,* dachte er, *da wird mich die Hausherrin schon beobachtet haben.* Er klingelte. Niemand machte auf. Er klopfte an die Tür und klingelte noch einmal. Keine Reaktion. Nun zog er eine seiner neuen Visitenkarten aus der Brieftasche hervor, drehte sie um und schrieb auf die Rückseite:

Ich stehe vor der Tür und klopfe an! Wenn jemand meine Stimme hört und die Tür öffnet, werde ich bei ihm einkehren. Ich werde mit ihm das Mahl halten und er mit mir.
Offenbarung 3,20

Am darauf folgenden Sonntag stand der Pastor an der Kirchentür und begrüßte die Gottesdienstbesucher. Viele der älteren Menschen, die er in der Woche zuvor angerufen und besucht hatten, blieben bei ihm stehen und bedankten sich herzlich für seinen Besuch. Eine alte Dame mit schneeweißem Haar wankte, auf einen Stock gestützt, mit einem schelmischen Lächeln in dem faltigen Gesicht auf ihn zu. Der Pastor erinnerte sich nicht, sie bereits gesehen zu haben.

„Hallo, Pastor. Ich bin Myrtle Samuelson aus der Watkins Road."

Während sie sich mit der linken Hand auf den Stock stützte, reichte sie ihm mit der rechten blau geäderten Hand eine kleine Karte. „Danke, dass Sie bei mir vorbeigekommen sind", sagte sie mit einem leichten Grinsen, wandte sich zur Seite und humpelte an ihm vorüber.

Die Aufmerksamkeit des Pastors wurde sofort von der nächsten Person in Anspruch genommen, und darum ließ er das Kärtchen in seine Tasche gleiten. Auf dem Heimweg zog er es wieder hervor. Es stand nur die Angabe einer Bibelstelle darauf: 1. Mose 3,10. Zu Hause angekommen, suchte er rasch die Stelle heraus und las laut lachend:

Ich hörte dich kommen und bekam Angst, weil ich nackt [war]. Da habe ich mich versteckt.[1]

*

Haben Sie sich schon einmal gewünscht, auf unvorhergesehene Besucher besser vorbereitet zu sein? Mir ging das schon oft so. Ich habe eine großartige Geschichte über eine Frau gefunden, der es ganz ähnlich ergangen sein muss.

Diese Frau hieß Marta, und die Bibel erzählt, dass sie ihr Haus für Jesus öffnete. Unter dem Dach ihres Hauses in Betanien fanden häufiger Versammlungen von Christen statt. Sie lebte dort mit ihrer Schwester Maria und ihrem Bruder Lazarus. Jesus, der mit Anfang 30 durch das Land zog und in jener Gegend lehrte, war ein enger Freund der drei Geschwister.

In Lukas 10,38–42 wird berichtet, wie Jesus einmal überraschend zu Besuch kam. Was wir hier lesen, ist wie eine Momentaufname eines sehr emotionalen Augenblicks im Leben von Marta, der Gastgeberin und guten Freundin von Jesus.

Martas Geschichte

Der Tag hatte begonnen wie jeder andere. Marta, die bereits wie üblich im Morgengrauen aufgestanden war, hatte für sich, ihren Bruder und ihre Schwester ein einfaches Frühstück aus Brot und Quark zubereitet. Nachdem sie den Tisch abgeräumt hatte, hob Marta einen hohen Tonkrug auf ihre Schulter. Maria tat das Gleiche, und beide Schwestern gingen gemeinsam ins Dorf, um am Brunnen Wasser zu schöpfen. Von den meisten Frauen am Brunnen wurden sie herzlich begrüßt, doch während Maria sich noch hier und da freundlich mit der einen oder anderen Frau unterhielt, winkte Marta den anderen schon wieder ein eiliges Lebewohl zu und trat den Heimweg an.

Das Dorf Betanien lag etwa zwei Meilen östlich von Jerusalem, am Fuße des Ölbergs. Martas Haus gehörte zu den schönsten des Dorfes.[2] Als sie sich ihrem Zuhause näherte, blickte sie auf das gepflegte Gebäude, dankbar dafür, dass sie, auch wenn ihr Leben nicht immer einfach gewesen war, mit einem eigenen Heim und genug finanziellen Mitteln gesegnet war, um gut leben zu können.

Als sie drinnen war, holte sie erst einmal das Weizenmehl, das am Tag zuvor gemahlen worden war, und gab einem Diener Anweisung, Zweige und Gras zu sammeln und den Ofen anzuheizen, damit sie – wie jeden Tag – Brot backen konnte. Sie vermengte das Mehl mit Wasser, nahm ein Stück Teig vom Vortag und verknetete alles miteinander. Beim Kneten machte sie gelegentlich eine Pause und rieb sich den Teig von den Händen. Dabei wanderten ihre Gedanken zu Jesus.

Sie hatte gehört, dass neulich erst wieder ein Anschlag auf ihn verübt worden war. Marta seufzte besorgt und knetete den Teig heftiger. Es war ihr unbegreiflich, wieso ihn die religiösen Führer derart hassten! Er gab Hungrigen zu essen und heilte Kranke. Wo auch immer er hinging, viele Menschen folgten ihm nach! Er hatte nur Gutes getan, fühlte mit jedem mit und lehrte sogar, dass die Menschen ihre Feinde lieben sollten. Und was sie am meisten ansprach, war die Tatsache, dass er nicht nur zu den Männern sprach, sondern auch zu Frauen. Er behandelte Frauen mit Achtung und brach damit die Tradition. Jüdische Männer durften in der Öffentlichkeit nicht einmal mit ihrer eigenen Frau reden. Aber Jesus redete nicht nur mit Frauen, er heilte sie auch und verhielt sich ihnen gegenüber wie ein guter Freund. Er veränderte ihr Leben.

Marta deckte den Teig mit einem Tuch ab und stellte ihn zum Gehen an eine warme Stelle. Sie wusch sich die Hände, wobei sie mit ihren Gedanken immer noch bei Jesus war. Seitdem er Simon, den Aussätzigen, in Betanien geheilt hatte, hatte sich seine Beliebtheit unter den Bewohnern ihres Dorfes noch vergrößert. Sie war ein wenig stolz darauf, dass es in ihrem Ort bekannt war, dass Jesus und seine Jünger sich gern in ihrem Haus ausruhten und erholten, wenn sie in der Gegend waren. Sie genoss seine Freundschaft und fühlte sich geehrt, auf diese praktische Weise seinen Auftrag ein wenig zu unterstützen. Marta lachte kurz in sich hinein, *ein wenig* konnte man es eigentlich nicht nennen. Immerhin war es ja keine Kleinigkeit, Jesus und sein Gefolge zu Besuch zu haben. Es waren insgesamt 13 hungrige Männer und 26 Füße, die zusätzlich gewaschen werden mussten. Aber sie wusste, dass Jesus ihre Mühe zu schätzen wusste, und sie wurde ihrer Aufgabe als Gastgeberin mehr als gerecht.

Martas Tag war mit produktiver Arbeit ausgefüllt. Während Maria am Webstuhl ein feines Tuch webte, formte Marta den Brotteig zu großen, flachen Fladen und schob diese zum Backen in den Ofen. Einen Teil des Sauerteigs hob sie jedoch für den nächsten Tag auf. Sie gab ihrem Diener Anweisung, die Wege und den Hof zu fegen, Getreide für das Brot für morgen zu mahlen und die Fladen im Ofen im Auge zu behalten, während sie ins Dorf zum Einkaufen auf den Markt ging.

Marta kaufte an einem Stand eine kleine Öllampe, an einem anderen Honig und Feigen. Hatte sie an alles gedacht? Oh, da stand ein Korb mit reifen Granatäpfeln. Sie suchte sich drei schöne Früchte aus. Plötzlich bemerkte sie eine kleine Gruppe von Pharisäern, die an der Straße stand. Die Männer waren ins Gespräch vertieft. Bildete sie sich das ein oder zeigte einer von ihnen gerade zu ihr herüber? Ihr wurde ganz mulmig. Doch selbstbewusst hob sie ihr Kinn und wandte sich erhobenen Hauptes ab. Es war schließlich kein Vergehen, mit Jesus befreundet zu sein. Den Gefallen tat sie ihnen nicht, dass sie Angst zeigte. Allerdings merkte sie, dass sie auf dem Heimweg ihre Schritte beschleunigte.

Später am Tag, nachdem sie ihre Aufgaben erledigt hatte, half Marta ihrer Schwester Maria beim Flicken alter Stoffe. Maria, die Ruhigere von beiden, hörte zu, was Marta über den Vorfall auf dem Marktplatz erzählte.

„Ich wünschte so sehr, dass Jesus nicht leiden müsste", antwortete Maria leise. „Aber", und dabei blickte sie zu ihrer Schwester auf, „es ist unvermeidlich, weißt du."

Marta, die nicht begriffen hatte, was ihre Schwester gesagt hatte, fuhr erregt fort: „Diese Männer haben mich richtig unsicher gemacht! Ich weiß gar nicht, was aus dieser Welt noch einmal werden soll!"

*

Sie waren ein richtig gutes Team, die Jünger, die Jesus folgten. Da gab es die beiden Brüderpaare: Petrus und Andreas, die Fischer aus

Galiläa, und Jakobus und Johannes, die Söhne des Zebedäus, die aus Kafarnaum stammten. Dann waren da noch Thomas und Jakobus, der Sohn des Alphäus, Philippus aus Betsaida und Bartholomäus aus Kana in Galiläa. Außerdem Matthäus, der Zolleinnehmer in Kafarnaum gewesen war, bevor er sich der Gruppe angeschlossen hatte, und Simon, der Kanaaniter, der sich als jüdischer Revolutionär gegen Rom stark gemacht hatte. Dann gab es noch Judas Ischariot, den Schatzmeister der Gruppe, und schließlich Thaddäus, den warmherzigen jungen Mann. Sie alle hatte unerwartet ein Ruf ereilt, dem sie leidenschaftlich gefolgt waren. Nun zogen sie mit Jesus von Ort zu Ort, während ihr Meister lehrte und Kranke heilte. Dafür hatten sie ihre Arbeit, ihr Zuhause und ihre Familien verlassen.

Nun, da die religiösen Führer so harte Maßnahmen ergriffen, wurde es für sie immer gefährlicher. König Herodes hatte Johannes den Täufer töten lassen. Das hatte alle erschüttert. Und doch verbreiteten sich die ruhmvollen Geschichten über Jesus wie ein Lauffeuer. Erst neulich hatte er seine Jünger und Tausende von hungrigen Menschen, die seine Lehre hören wollten, in Erstaunen versetzt. 5.000 Männer, dazu Frauen und Kinder, hatten sich versammelt und Jesus hatte sie alle mit dem Proviant eines kleinen Jungen gesättigt. Das war unglaublich! Außerdem hatte Jesus seine Jünger bevollmächtigt, Kranke zu heilen und Dämonen aus Besessenen auszutreiben! Wer hätte je gedacht, dass Gott eine solche Kraft durch einfache Menschen ausüben würde? Nein, es war nicht leicht, Jesus nachzufolgen, aber die Jünger hielten sich treu an Jesus.

Nun waren die Jünger mit Jesus unterwegs und hofften, noch vor Einbruch der Dunkelheit das Dorf Betanien zu erreichen. Sie hatten sich den ganzen Tag lang um Menschen gekümmert, Jesus geholfen und die Menschenmengen unter Kontrolle gehalten. Der Gedanke, dass sie freudig erwartet wurden, machte ihre Herzen leicht und ließ ihre Mägen knurren.

Andreas hielt seine Nase in die Luft und schnüffelte. „Ich glaube, ich kann Martas Pitabrot schon von hier aus riechen!"

„Und ihre Hühnersuppe!", fügte Petrus hinzu.

Die Männer lachten und Matthäus meinte: „Hauptsache keinen Fisch! Alles, was wir von euch beiden immer bekommen, ist Fisch!"

*

Jesus lächelte über das Geplänkel seiner Jünger. Aber sein Herz war schwer. Was mussten seine Freunde noch alles lernen, bevor man ihn kreuzigen würde! Es gab Dinge, die sie einfach nicht begreifen wollten. Und die Zeit drängte!

Der Gedanke an das Wiedersehen mit Marta, Maria und Lazarus und an deren behagliches Heim stimmte auch ihn froh. Vor zwei Jahren hatte er angefangen, in der Öffentlichkeit zu predigen. Seitdem war er ständig unterwegs und damit heimatlos geworden. Die Herzlichkeit, mit der er und seine Nachfolger von den lieben Freunden dort erwartet wurden, war auch für ihn sehr wohltuend.

*

Die Unruhe vor dem Haus kündete ihr Kommen an. Als Marta die Tür aufriss, strahlte ihr Gesicht vor Überraschung und Wiedersehensfreude.

„Jesus! Freunde! Kommt herein. Tretet ein!“ Sie drehte sich kurz um und rief ins Haus: „Maria! Lazarus! Wir haben Besuch!“

In null Komma nichts lagen vor der Türe 13 Sandalenpaare, die die Männer beim Reingehen ausgezogen hatten. Nach einer herzlichen Begrüßung folgten sie Lazarus in den großen Raum hinein. Maria füllte eine Schüssel mit Wasser und holte frische Handtücher, um mit dem Ritual der Fußwaschung zu beginnen.

Marta verschwand in der Küche. Ihr schwirrte der Kopf. *Es wäre besser gewesen, Jesus hätte einen Boten vorausgeschickt, um mir einen kleinen Vorsprung zu geben!,* dachte sie und stellte ein Tablett mit Bechern zurecht, in die sie ein Gemisch aus Wein und Honig goss. Sie blickte durch die offene Küchentür hinaus in die Dämmerung und seufzte: *Wenn doch nur die Händler noch auf dem Markt wären!*

Sie hoffte, dass die Ankunft ihrer Besucher bei den Leuten im Ort nicht zu viel Aufmerksamkeit erweckt hatte. Eigentlich war sie ja stolz, dass Jesus sich bei ihr ausruhte, doch sie wusste, dass es bei den derzeitigen politischen Unruhen einige Leute gab, die ihm an den Kragen wollten. Hoffentlich würde es heute keine Verhaftungen hier bei ihr im Haus geben!

Sie trug das schwere Tablett ins große Zimmer, wo die Männer es sich bequem gemacht hatten und Maria ihnen noch die Füße wusch. Jeder Fuß wurde mit Wasser übergossen, anschließend mit ihren Händen massiert und schließlich mit einem Handtuch abgetrocknet. Die Männer, die an dieses Ritual gewöhnt waren, hatten sich um Jesus herum gelagert. Und Jesus sprach zu ihnen. Gelegentlich stellte einer eine Frage. Daraus ergab sich eine Diskussion, wobei Jesus das, was er sagte, durch Geschichten oder Parabeln illustrierte. Marta ging eilig in die Küche zurück, denn sie wollte Zeit gewinnen, damit auch sie sich bald dazusetzen und selbst zuhören konnte.

Sie überlegte rasch, was sie für das Abendessen alles im Haus hatte, und ärgerte sich, dass sie morgens nicht mehr Fladenbrote gebacken hatte. Sie hatte Eier im Haus und Rauchfleisch im Keller und dann noch die frischen Granatäpfel, die sie am Morgen auf dem Markt gekauft hatte. Normalerweise umfasste ein Gastmahl allerdings drei Gänge, die auf Tabletts angerichtet wurden und zu dessen Abschluss es Früchte und ein süßes Dessert gab. Sie setzte einen großen Wasserkessel auf das Feuer und fing an, das Lammfleisch für die Suppe zu schneiden. Vielleicht hatte der Nachbar noch etwas Brot und Käse übrig.

Maria hatte sich noch gar nicht in der Küche sehen lassen, darum lief Marta schnell selbst zum Nachbarhaus hinüber. Es war ganz normal, dass man, wenn man Gäste hatte, sich auf die Nachbarn verlassen konnte, die etwas aus ihren Vorräten abgaben, auch wenn es Marta nicht leicht fiel, bitten zu müssen. Ihr Botengang brachte ihr zwei Brotlaibe und ein großes Stück scharfen Käse ein, das in ein dünnes Leintuch gewickelt war.

Inzwischen war es in der Küche warm geworden und Martas Wangen glühten, während sie das Essen zubereitete. Beim Pellen von Zwiebeln und Knoblauch für den Eintopf liefen ihr die Tränen nur so übers Gesicht. Ärger flammte in ihr auf. Wo war Maria? Sie hatte ihr gefälligst in der Küche zu helfen. Marta wischte sich die Hände an einem Handtuch ab und eilte in das große Zimmer. Wo steckte ihre Schwester eigentlich? Natürlich! Sie saß auf dem Boden zu Jesu Füßen und tat nichts außer zuzuhören! Was stellte die sich eigentlich vor? Es gehörte sich überhaupt nicht für eine Frau, bei einer Mahlzeit zwischen den Männern zu sitzen! Marta explodierte innerlich.

*

Jesus beobachtete seine Zuhörer, während er lehrte. Er konnte hinter ihre so verschiedenen äußerlichen Hüllen blicken und ihre Erwartungen, ihr Vertrauen und ihre Hoffnung sehen. Aber er konnte auch feststellen, dass seine Jünger noch immer nicht verstanden hatten, dass er nicht gekommen war, um zu ihren Lebzeiten ein Königreich auf dieser Erde zu errichten. Er war gekommen, um sein Leben für die Sünden dieser Welt zu opfern, um damit ein neues Leben für alle zu ermöglichen, die an ihn glaubten, und um ein ewiges Königreich im Himmel zu erschaffen, wo sie eines Tages mit ihm regieren sollten.

Sein Blick fiel auf die stille junge Frau zu seinen Füßen. Maria war die einzige Ausnahme in diesem Zimmer. Die Einzige, die verstanden hatte, warum er gekommen war und dass er noch viel leiden musste. Ihre Blicke trafen sich. Marias Augen füllten sich mit Liebe und Traurigkeit, seine mit Zustimmung.

Auf einmal erfasste eine überraschende Unruhe in Gestalt von Marta in den Raum. Die sonst so freundliche junge Frau war völlig aufgelöst. Ohne Jesus auch nur den angefangenen Satz aussprechen zu lassen, unterbrach sie ihren geschätzten Gast und machte ihm Vorwürfe: „Herr, siehst du eigentlich nicht, dass meine Schwester mich mit aller Arbeit für dich und deine Leute allein lässt? Sag ihr endlich, dass sie mir helfen soll!"

Eine betretene Stille trat ein. Maria blieb der Mund offen stehen, als sie ihre wütende Schwester ansah, und wurde schamrot. Auch die Männer starrten Marta einen Augenblick lang irritiert an und schauten dann zur Seite.

Jesus, der Sohn Gottes, blickte seine verzweifelte Freundin Marta an. Er sah in ihrem Gesicht mehr als die glühenden Wangen, die feuchte Nase und die nassen Augen. Zitternd vor Empörung stand sie vor ihm und fragte, ob es ihn überhaupt interessiere, was sie tat, um ihm zu dienen. Dabei wusste sie so gut wie er, dass es ihn sehr wohl interessierte.

Jesus streckte seinen Arm aus, um sie freundlich bei der Hand zu nehmen, und nannte ruhig ihren Namen. „Marta." Als sie darauf nicht sofort reagierte, nahm er ihre Hand in seine beiden Hände und wiederholte noch einmal ihren Namen. „Marta."

*

Als Marta Jesus endlich anschaute, vergaß sie ihre Schwester, sie vergaß die Leute um sich herum, und sie erlebte einen Augenblick der Erkenntnis wie nie zuvor in ihrem Leben.

„Du machst dir Sorgen und regst dich über vieles auf", sagte der Herr.

Jesus konnte ihr bis ins Herz sehen. Alle anderen sahen nur ihr äußeres Verhalten. Er verstand, dass der Grund ihrer Frustration, ihrer nervösen Spannung, ihres Mangels an Selbstbeherrschung und Gelassenheit nicht nur das Abendbrot war. Marta wusste, dass sie für Jesus wie ein offenes Buch war. Er sah alles – ihren Stolz, ihren Perfektionismus, ihre Angst, ihre leeren Hände, aber auch ihre echte Liebe zu Jesus.

„Es geht nicht nur ums Essen, Marta", sagte er freundlich. „Schau, für die Leute in diesem Haus gibt es nur eine Sache, die sie wirklich brauchen. Sie müssen dringend verstehen, warum ich in diese Welt gekommen bin. Ich habe nicht mehr viel Zeit, Marta. Maria hat das verstanden und sie hat das einzig Richtige getan. Darum werde ich sie nicht bitten hinauszugehen."

*

Wie ist es bloß möglich, dass ich mich gleichzeitig so geliebt und doch abgewiesen fühle?, fragte sich Marta. Zum ersten Mal hatte sie erkannt, dass Jesus für Maria an diesem Abend alles bedeutete. Sie, Marta, dagegen war entschlossen gewesen, an diesem Abend den Blick aller auf sich und ihre Leistung zu lenken. Sie hätte Maria leise zu sich in die Küche rufen können, ohne das ganze Gespräch zu unterbrechen. Aber das hatte sie nicht getan, weil sie, so stellte sie beschämt fest, Jesus und alle anderen wissen lassen wollte, wie hart sie arbeitete. Niemand hätte sich darüber beklagt, wenn sie nur Brot und Käse gereicht hätte. Dann hätte auch sie sich dazusetzen und Jesus zuhören können. Doch sie musste allen beweisen, dass niemand so viel leistete wie sie. Und um sich noch ein Treppchen höher zu stellen, hatte sie versucht, Maria schlecht zu machen und ihre Schwester vor allen anderen als faul darzustellen. Sie hatte alle Männer mächtig beeindruckt. Ja, das stimmt. Ihre spitze Zunge würde keiner mehr vergessen.

Aber so unangenehm dieses Ereignis mit Jesus auch gewesen war, die Lektion, die Marta gelernt hatte, veränderte ihr Leben.

Hintergrundinformationen

Während ich mich mit dieser Frau aus einer anderen Zeit und Kultur beschäftigt habe, war ich mehr und mehr fasziniert von den interessanten Informationen, die ich in den Büchern einiger Gelehrter gefunden habe. Informationen über Ernährung, soziale und religiöse Bräuche der damaligen Zeit, über das politische Klima zur Zeit Jesu und seine ständigen Wegbegleiter haben dieser einmaligen Geschichte ihre Farbe und Stimmung verliehen.

Am Beispiel von Marta habe ich versucht, Ihnen den typischen Tagesablauf einer jüdischen Frau zu vorzustellen, wie er zu jener Zeit in etwa gewesen sein könnte. Ich wollte Ihnen außerdem einen Überblick für die herrschende politische und religiöse Diskriminierung in der damaligen Zeit geben, damit Sie die Spannung besser nachvollziehen können, in der die Jünger und alle, die Jesus nahe standen, ihren Alltag leben mussten.

Bevor wir uns die wichtigen Lektionen näher anschauen, die wir aus Martas Geschichte für uns persönlich ziehen können, möchte ich Sie teilhaben lassen an den Ergebnissen meiner Recherchen in Bezug auf einige Fragen, die sich mir gestellt hatten.

Warum waren Marta und Maria nicht verheiratet?

Einige Historiker vermuten, dass Marta vielleicht Witwe war. Andere Gelehrte vermuten, dass diese Frauen etwa so alt gewesen sein mussten wie Jesus. Sie weisen darauf hin, dass König Herodes alle männlichen Säuglinge in der Gegend, wo Jesus geboren worden war, hatte umbringen lassen, sodass „es dort viele unverheiratete Frauen gegeben haben muss."[3] Aus diesem Grund habe ich mir einen Bibelatlas zur Hand genommen und nachgeschaut, wie weit Betanien von Betlehem, dem Geburtsort Jesu, entfernt liegt. Das sind tatsächlich nur zehn oder elf Kilometer. Interessant! Was auch immer der Grund dafür gewesen sein mag, dass Marta und Maria nicht verheiratet waren – ist es nicht schön, dass Jesus, der seinen Dienst als unverheirateter Mann auf der Straße ausübte, gerne Zeit im Hause seiner drei unverheirateten Freunde verbrachte?

Was wurde normalerweise erwartet, wenn überraschend Besuch ins Haus kam?

Gastfreundschaft zu üben war zur Zeit von Marta viel komplizierter als heute. Diener zogen den Gästen die Sandalen aus, und sobald sie sich niedergelassen hatten, begann das Ritual der Fußwaschung. Dieses Ritual war sehr praktisch, denn die Leute früher gingen normalerweise lange Strecken zu Fuß, sodass ihre Füße von den staubigen Wegen ziemlich dreckig waren. In vielen Häusern lagen handgewebte Teppiche auf dem Boden. Die Fußwaschung schonte die Teppiche.

Das Mittagessen bestand oft aus einem Stück Fladenbrot mit Käse oder Oliven. Ein Abendessen war schon eine größere Sache. „Zu einem formellen Mahl gehörte ein Becher Wein mit Honig. Das Mahl bestand aus drei Gängen, die auf Tabletts oft sehr dekorativ angerichtet wurden. Die Gäste aßen mit den Fingern. Suppe, die oft Eier, Fleisch oder Fisch enthielt, wurde mit Löffeln gegessen. Den Abschluss bildete das Dessert aus Teigwaren und Früchten."[4]

Sehr oft benötigten die Besucher, die häufig von weither kamen, Übernachtungsmöglichkeiten. Da kann man verstehen, dass Marta, die ihren Gästen das Beste bieten wollte, enorm unter Stress geriet.

Warum liebten, folgten und unterstützten Frauen Jesus in seinem Dienst?

Marta und Maria waren nicht die einzigen Frauen, die Jesus liebten. Matthäus, Markus und Lukas berichten alle, dass viele Frauen Jesus nachgefolgt sind (Matthäus 27,55; Markus 15,41; Lukas 8,3). Einige Frauen werden mit Namen genannt, andere nicht. Lukas erwähnt, dass Frauen Jesus und seine Jünger aus ihren eigenen Mitteln unterstützten. Warum? In einer Anmerkung der Bibelausgabe *The Word in Life Study Bible* habe ich folgende Antwort gefunden:

Die jüdische Tradition ließ nicht zu, dass Frauen von Rabbis unterrichtet wurden. Einige Rabbiner betrachteten es tatsächlich als Sünde, Frauen im Gesetz zu unterweisen. Frauen waren in den Synagogen zugelassen, aber der Brauch schrieb vor, dass sie abseits von den Männern sitzen sollten. Die Menstruation machte sie nach jüdischem Gesetz (3. Mose 15,19) unrein. Frauen wurden oft als Ursache sexueller Sünden der Männer angesehen. Um jede Versuchung zu vermeiden, durften Juden nicht mit einer Frau in der Öffentlichkeit reden – nicht einmal mit ihrer eigenen Frau. Und natürlich durften sie niemals eine Frau in der Öffentlichkeit berühren.

Jesus redete nicht nur mit Frauen in der Öffentlichkeit (Johannes 4,27), er wagte es auch, sie bei der Hand zu nehmen (Markus 5,41). Und als er versuchte, den Menschen das Reich Gottes verständlich zu machen, benutzte er dazu Bilder, in denen sich Frauen ebenso wie Männer wieder finden konnten.[5]

Auch wenn viele Juden die Tatsache, dass Jesus Frauen achtete und akzeptierte, als Affront empfunden haben mussten, ist es kein Wunder, dass Frauen Jesus nachgefolgt sind. Er war der Sohn Gottes, der Kranke heilte, Hungrige speiste und allen, die an ihn glaubten, ein ganzheitliches und ewiges Leben anbot. Außerdem liebte und achtete er Frauen und Kinder.

Was für eine Bedeutung hat diese Geschichte für mein Leben?

Ehren Sie Gott mit Ihren Gaben, so gut Sie können

Zweifellos hatte Marta ein Händchen dafür, Gäste in ihrem Haus zu verwöhnen, und sie nutzte diese Gabe bei vielen Gelegenheiten, um Gott zu ehren.

Haben Sie schon herausgefunden, wo Ihre Gaben liegen? Nutzen Sie sie regelmäßig? Nutzen Sie sie zur Ehre Gottes?

Haben Sie schon einmal darüber nachgedacht, Jesus zuliebe Ihr Haus für andere zu öffnen? Das kann bedeuten, dass Sie einen einsamen Menschen zum Mittagessen einladen oder Ihre Gastfreundschaft auf Ihre Nachbarn ausdehnen und ihnen damit Ihren Glauben sichtbar machen. Es kann bedeuten, dass Sie Ihrem Pastor und seiner Familie Ihr Haus oder Ihre Ferienwohnung zur Erholung überlassen oder einen Bibelkreis bei sich zu Hause durchführen. Haben Sie schon einmal die Jugendgruppe in Ihren Garten eingeladen? Und, was besonders wichtig ist, haben Sie schon einmal mit einem Gast über Christus gesprochen?

Ich erinnere mich gut daran, wie ich als emsige junge Mutter jedes Mal, wenn ich vor die Hintertür unseres Hauses trat, den Hof und Garten voller Kinder vorfand. Warum musste ausgerechnet ich immer Heftpflaster kaufen und Kühlkissen bereithalten? Ich war schließlich berufstätig und hatte viel zu tun, aber ständig zog eine Kinderschar zum Pipimachen durch mein Haus. Überall waren Kinder: auf den Bäumen, auf den Schaukeln und im Plantschbecken. Mädchen zogen ihre Puppen an und aus und Jungen jagten sich mit Spielzeugpistolen durch den Garten. Ich war es leid!

Eines Tages läutete das Telefon. Es war Michael Spikes, eine Stimme aus der Vergangenheit. Michael war in unserer Jugendgruppe in der *Main Post Chapel* gewesen, der Gemeinde auf dem Stützpunkt, wo Graydon zehn Jahre zuvor seinen Militärdienst geleistet hatte. Wir hatten Michael zu Jesus geführt und wir mochten ihn beide gern. Allerdings hing er damals so viel bei uns zu Hause herum, dass wir uns, ehrlich gesagt, so manches Mal gewünscht hätten, er wäre etwas häufiger zu Hause geblieben. Sein Anruf weckte in mir große Freude. Er war inzwischen erwachsen und als junger Militäroffizier in Washington D.C. stationiert. Sein Anliegen war schlicht und ergreifend:

„Ich wollte mich schon lange bei dir und Graydon dafür bedanken, dass ihr damals, als wir alle noch in *Ft. Polk* wohnten, jederzeit eine offene Tür für mich hattet und mich an eurem Leben habt teilhaben lassen. Ich habe euch nie erzählt, dass sich meine Eltern damals getrennt haben, als ihr gerade hier stationiert wart. Mein Zuhause war die Hölle auf Erden. Aber ich brauchte nur mein Fahrrad zu nehmen und zu euch zu radeln und alles war gut. Ihr könnt euch nicht vorstellen, wie sehr ich damals eure Liebe gebraucht habe und wie wichtig es für mich war, dass ihr mich stets daran erinnert habt, dass Gott mich liebt."

Als ich den Telefonhörer auflegte, liefen mir die Tränen übers Gesicht. Als ich nun durch die Hintertür meines Hauses in den Garten schaute, sah ich alles mit ganz anderen Augen und stellte fest, dass Gott mir ein Missionsfeld gegeben hatte – meinen eigenen Garten. Das beste Geschenk, das ich Gott machen konnte, war, mein Herz für die Kleinen zu öffnen, die zu uns kamen, und sie mit Jesus bekannt zu machen.

Versäumen Sie nicht die Zeit zu Jesu Füßen

Jesus hat Marta keine Vorwürfe gemacht, dass sie zu viel arbeiten würde, aber er hat betont, dass Maria die bessere Entscheidung getroffen hatte. Er sagte: „Marta, Marta! Du bist besorgt und beunruhigt um viele Dinge ..." (Lukas 10,41; Elberfelder).

Ich bin froh, dass Jesus nicht gesagt hat: „Du sorgst und mühst dich so sehr um das *Abendessen*!" Meine Nachforschungen haben ergeben, dass Marta vielleicht frustriert war, weil sie nicht auch Jesus zuhören konnte, weil sie spürte, dass sie dabei sein sollte. Randy Alcorn kommentiert in einem Artikel mit der Überschrift „Siehst du denn nicht, dass ich beschäftigt bin?" die beiden möglichen Entscheidungen jenes Abends: „Jesus stellte sich hinter Marias Entscheidung. Aber auch Marta hatte ihre Entscheidung getroffen, obwohl sie wahrscheinlich das Gefühl hatte, ihr wären die Hände gebunden. ‚Einer muss doch schließlich die Arbeit tun!', erkennt sie messerscharf. ‚Arbeit ist keine Sache der Lust, sondern der Notwendigkeit!' Wie oft benutzen wir dieselbe Entschuldigung und versäumen so unsere Zeit mit Gott?"[6]

Das Wort „sorgen" entstammt einem griechischen Wort für „Teil" und „Verstand". Marta hatte einen geteilten Verstand. Sie war hin- und hergerissen.

Ich kann Ihnen gar nicht sagen, wie oft mich greifbare Versuchungen oder dringende Bedürfnisse schon so sehr in Beschlag genommen haben, dass ich versäumt habe, das einzig Wahre zu tun! Wie oft habe ich meine Bibel schon zur Seite gelegt, um ans Telefon zu laufen oder mich mit einer Freundin zu treffen, und habe den Liebesbrief Gottes an mich liegen gelassen und nicht weitergelesen. Ich habe mich sehr leicht davon ablenken lassen, die Zeit zu seinen Füßen zu verbringen.

Ich habe mich auch gefragt, ob Marta zunächst gar nicht gemerkt hat, dass sie den Sohn Gottes zurechtwies! Jesus behandelte sie mit so einer liebevollen Vertrautheit, und die Männer, mit denen er sich umgab, waren so normal, dass sie vielleicht den Blick für die Tatsache verloren hatte, dass er der Christus war.

Lernen Sie aus Ihren Fehlern

Ist es nicht interessant, dass Marta sich so sehr aufregte, dass Jesus ihren Namen gleich zweimal rufen musste, bevor sie ihm wirklich ihre Aufmerksamkeit schenkte? Die Bibel berichtet nur an einer anderen Stelle davon, dass Jesus während seines Wirkens auf dieser Erde jemanden zweimal bei seinem Namen rief (nämlich Simon in Lukas 22,31).

Als Marta Jesus ihre Aufmerksamkeit endlich schenkte, erkannte sie, was ihr Vorwurf in Wirklichkeit ausdrückte – nämlich das Verlangen nach Anerkennung. „Herr, ich fühle mich gerade nicht wichtig genug. Bitte sag etwas, damit jeder in diesem Zimmer weiß, wie wichtig ich bin."

Ihre Gastfreundschaft sollte an jenem Abend nicht ihn, sondern sie selbst ehren. Einige Bibelhistoriker, deren Kommentare ich gelesen habe, waren der Meinung, dass Marta und ihre Geschwister wohlhabend waren und ihr Haus ihren Wohlstand widerspiegelte. Es war groß genug, um viele Gäste zu beherbergen und es war in ihrem Dorf wohl angesehen. Das kostbare Geschenk, das ihre Schwester Maria Jesus in Johannes 11 machte, ist ein zusätzlicher Beweis für ihren Reichtum. Wenn das der Fall war, hatte Marta bestimmt einen oder mehrere Diener, die ihr in der Küche helfen konnten, und ihr Vorwurf war belangloser, als es zunächst aussieht.

Wie auch immer, Jesus sah in ihr Herz. Er sagte: „Marta, Marta! Du bist besorgt und beunruhigt um *viele* Dinge."

Der Historiker Matthew Henry hält Marta für eine tapfere und loyale Frau, weil sie Jesus zu sich einlud, obwohl „es in jener Zeit gefährlich geworden war, Jesus zu unterstützen, besonders in der Gegend um Jerusalem."[7] Ich glaube, dass Marta allerlei zu bedenken hatte und dass die Mahlzeit nur das Fass zum Überlaufen gebracht hat.

Jesus hat oft in Metaphern und Bildern gesprochen. Seine Worte: „... aber nur eins ist nötig" (Vers 42), deuten einige so, dass Jesus gemeint haben könnte, dass nur ein Nahrungsmittel notwendig gewesen wäre. Vielleicht stimmt das sogar, aber ich glaube, dass dieses „Eins ist nötig" sich darauf bezog, dass die Anwesenden verstehen sollten, warum er in diese Welt gekommen ist. Maria, die ihn einige Zeit später mit kostbarem Öl salbte, das normalerweise zur Einbalsamierung eines Leichnams gebraucht wurde, hatte ihn verstanden. Jesus hätte sie keinesfalls weggeschickt.

Die gute Nachricht besteht darin, dass die freundliche Zurechtweisung von Jesus Marta eine wichtige Lektion über Prioritäten lehrte und sie erkannte, wer Jesus wirklich war. In Johannes 11,17–27 führte Marta ein wertvolles Einzelgespräch mit Jesus, das mit dem leidenschaftlichen Glaubensbekenntnis schließt: „Ja, Herr, ich glaube, dass du der versprochene Retter bist, der Sohn Gottes, der in die Welt kommen soll." Es ist ein herzerfrischendes Glaubensbekenntnis, eines der schönsten Bekenntnisse, von denen die Bibel berichtet.

Anfangs hatte sie sich Sorgen gemacht, wie sie den besten Eindruck hinterlassen konnte. Nun erkannte sie den Wert einer Beziehung zu Gott, die Jesus ihr und allen anderen in ihrem Haus bot.

*

Haben Sie schon daran gedacht, Ihr Haus auf eine Weise zu öffnen, die Gott ehrt und es Ihnen ermöglicht, anderen Menschen Jesus vorzustellen? Es ist nicht so wichtig, wie groß Ihre Wohnung ist oder wie gut das Essen schmeckt, das Sie anbieten. Beeindrucken Sie Ihre Gäste lieber mit echter Freundschaft, Ihrem Interesse an deren Wohlbefinden und durch Ihre Haltung, die Ihre Beziehung zu Gott widerspiegelt. Wer weiß, eines Tages haben Sie möglicherweise die Gelegenheit, Menschen zu Jesus zu führen.

Wenn ich es recht bedenke, hatte ich viel mit Marta gemeinsam, und auch ich musste einige wichtige Lektionen über den Stolz lernen und darüber, dass es wichtiger ist, meinen Retter zu repräsentieren als andere damit zu beeindrucken, wer ich bin und wie ich wohne.

*

Wir waren über eine ziemliche Distanz hinweg auf Wohnungssuche. Nach fast vier Jahren Militärdienst waren mein Mann und ich liebend gern bereit, wieder „nach Hause" nach Michigan zu ziehen und uns einer Gemeinde anzuschließen, und Graydon wollte wieder als Rechtsanwalt arbeiten.

Meine Schwester Carol freute sich riesig, dass wir erwogen, nach Fremont zu ziehen, wo sie und ihr Mann wohnten. Da sie wusste, dass wir alte Häuser lieben, schickte sie uns das Foto eines alten viktorianischen Hauses in der *Maple Street*, das zufällig zum Verkauf angeboten wurde. Ich verliebte mich in das Haus auf dem Foto und träumte bereits davon, dass es *mein* Haus wäre. Und ich fing an zu verhandeln ... mit Gott.

„Lieber Herr", betete ich, „wenn du mir dieses Haus in der *Maple Street* gibst, werde ich das Haus für dich öffnen. Ich will Missionare und den Pastor und seine Familie bei uns wohnen lassen. Die Jugendgruppe der Gemeinde kann kommen und der Frauenmissionsgebetsbund kann sich auch dort treffen." Um Gott noch mehr in die Ecke zu drängen, legte ich außerdem eine Bibelstelle ziemlich schräg aus: „Herr, in Psalm 37 hast du mir gesagt: ‚Suche dein Glück beim Herrn: Er wird dir jeden Wunsch erfüllen' und, Herr, das Haus in der *Maple Street* ist genau mein Wunsch!"

Gleichzeitig machte ich meinem Mann das Leben schwer. Sein Traum war, eine eigene Kanzlei zu eröffnen, aber das wollte ich auf gar keinen Fall. Das war mir zu riskant. Wir hatten während seines Jurastudiums bereits genug gedarbt. Ich wollte Sicherheit und ein festes Einkommen.

Um mich zufrieden zu stellen, schrieb er Briefe an drei Kanzleien in Fremont, die er sich aus dem Telefonbuch herausgesucht hatte. Ich tippte die Briefe. Aber sie gefielen mit überhaupt nicht. Sie besagten in etwa:

Sehr geehrter Herr ...

haben Sie bestimmte Öffnungszeiten in Ihrer Kanzlei? Wenn nicht, vereinbare ich mit Ihnen einen Termin, wenn ich in Fremont bin.

Hochachtungsvoll
Graydon W. Dimkoff

Die Briefe waren natürlich schon ein bisschen ausführlicher, aber inhaltlich besagten sie nicht viel mehr. Es klang so, als wolle er überhaupt keine Anstellung! Zwei der Rechtsanwälte antworteten und sagten, dass sie ihre Kanzleien nicht vergrößern wollten. Der dritte, Mr Harry Reber, antwortete gar nicht erst.

In den Osterferien fuhren wir kurz entschlossen nach Fremont, um ein Haus und Büroräume für Graydons Kanzlei zu finden. Zuerst hielten wir vor dem alten Haus in der *Maple Street.* Ich verliebte mich sofort in dieses Haus. Mein Herz schlug schneller, als wir über die breiten Stufen stiegen und dann durch die großen Räume schritten. Ich wusste: In diesem Haus wollte ich wohnen.

Anschließend versuchten wir, Büroräume zu mieten. Es gab keine.

Unschlüssig, was wir tun sollten, schlenderten wir durch das Geschäftszentrum, bis wir zu einem leer stehenden Gebäude kamen. Es war in einem miserablen Zustand, aber die Lage war perfekt. Wir rieben mit einem Lappen den Schmutz von der zerbrochenen Scheibe eines Fensters an der Straßenfront und spähten in das düstere Innere.

„Das wäre genau das Richtige!", rief Graydon begeistert. „Vielleicht lässt der Besitzer die Frontseite für meine Kanzleiräume renovieren."

Wir erkundigten uns nach den Besitzverhältnissen des Gebäudes, und man sagte uns, dass wir uns an einen Rechtsanwalt namens Harry Reber wenden sollten. Dieser Name klang sehr vertraut. Mr Reber war der Rechtsanwalt, der uns nicht geantwortet hatte!

Ich erinnere mich noch gut daran, wie wir die Kanzlei von Harry betraten. Es roch nach Leder und alten Büchern. Es roch alteingesessen. Ich fragte mich, wie lange es dauern würde, bis die Kanzlei meines Mannes so riechen würde wie die von Harry Reber. Der nahm ein Dokument von seinem Schreibtisch und studierte es einen Augenblick.

„Das Gebäude ist nicht zu mieten, sondern nur zu kaufen", sagte er. „Seit der Eigentümer vor drei Jahren gestorben ist, wurden seine Häuser treuhänderisch verwaltet. Es ist das letzte Objekt, das zur Verfügung steht. Wenn Sie es kaufen wollen, kann ich Ihnen helfen. Falls nicht, kann ich nichts für Sie tun. Übrigens", fügte er hinzu, „gibt es eine sehr geräumige Wohnung in der oberen Etage des Hauses."

Meine Gedanken liefen Sturm. Wir waren am Kauf dieses Gebäudes nicht interessiert! Wir wollten das Haus in der *Maple Street* kaufen und ein Büro mieten! Ich schaute meinen Mann an, und zu meinem Unbehagen stellte ich fest, dass die Räder in seinem Kopf sich genau entgegengesetzt zu meinen bewegten. Er nickte dem Rechtsanwalt freundlich zu und fragte: „Können wir uns das Gebäude einmal ansehen?" Ich wusste, was mein Mann dachte: *Wie praktisch – oben wohnen und unten arbeiten!*

Meine Gedanken lehnten sich dagegen auf. *O nein, Graydon. Das machst du nicht! Ich bin die Frau des neuen Anwalts in dieser Stadt, und ich habe nicht vor, in einem verfallenen alten Haus an der Hauptstraße zu wohnen! Wir haben jeden Pfennig umgedreht, als du deine Ausbildung gemacht hast, und ich habe in der Schule unterrichtet, damit wir für ein Haus sparen konnten. Bitte mich nicht darum, in einer solchen Bruchbude zu leben!*

Als wir die Straße überquerten und den Schlüssel in das verrostete Schloss steckten, wirkte Gott in meinem stolzen Herzen ein Wunder.

Wir erklommen 32 verstaubte Stufen. Dabei habe ich nicht einmal den Ofen hinter der Eingangstür bemerkt und nicht erkannt, dass es nicht genug Steckdosen oder Heizlüfter gab. Ich habe nicht gesehen, dass der Putz von vier Zimmerdecken fiel und die Farben an den Wänden einfach grauenhaft waren. Ich fand diese Wohnung schön! Ich sah Eichenböden und Oberlichter. Die Decken waren sehr hoch, es gab eine geräumige Küche und ein richtiges Esszimmer. Die Wohnung hatte drei Schlafzimmer und eine Badewanne mit Klauenfüßen. Mit etwas Arbeit würde es eine perfekte Behausung für uns sein.

Wir kauften das Haus und zogen im darauf folgenden Sommer ein. Jeden Pfennig, den wir angespart hatten, steckten wir in die Renovierung der Büroräume im Erdgeschoss. Davon vermieteten wir zwei Räume, um unsere Zinsen zu tilgen. Auch oben wurde verputzt und angestrichen und wir nannten unsere Wohnung im Spaß das „Penthouse". Als der Möbelwagen abfuhr, standen wir in dem herrlichen alten Esszimmer und beteten.

„Herr, in deiner Weisheit hast du uns ermöglicht, dieses Haus zu kaufen. Wir wollen die Pastorenfamilie und Missionare unterstützen. Die Gemeindejugendgruppe kann kommen, und alle Frauen des Missionsgebetsbundes, soweit sie noch die vielen Treppen steigen können, sollen uns willkommen sein. Wir geben das Haus an dich zurück. Wir vertrauen dir die Klienten an, die unten durch die Tür in die Kanzlei gehen werden und unsere Beziehungen, die hier entstehen. Hilf uns, dich an dieser Stelle würdig zu vertreten."

Drei Jahre waren vergangen. Ich saß allein in der Kanzlei. Graydon war bei Gericht. Ich schaute mich um und sah die weiträumige Kanzlei. Gottes Segen war förmlich spürbar. Nach neun Ehejahren erwarteten wir glücklich die Geburt unseres ersten Kindes. Überwältigt von Gottes Güte, lehnte ich mich in meinem Sessel zurück, schloss die Augen und betete.

„Vater, du bist so gut und klug. Danke für dieses herrliche alte Haus, für die Wohnung und dafür, dass du die Arbeit von Graydons Kanzlei so segnest. Danke, dass du meinem Willen nicht nachgegeben hast, als ich dir meine Wünsche aufdrängen wollte. Wir lieben diesen Ort und wir sind dir so dankbar dafür."

Ich öffnete meine Augen und war überrascht, die Besitzerin des Hauses in der *Maple Street* vor unserer Haustür zu sehen. Ich hatte Mrs Longnecker lange nicht gesehen, aber erfahren, dass ihr Mann gestorben war und dass sie das Haus zum Verkauf freigegeben hatte.

„Jennie", sagte sie, „ich habe vor, mein Haus zu verkaufen, und als ich gerade bei euch vorbeiging, ist mir eingefallen, wie sehr euch jungen Leuten das Haus vor drei Jahren gefallen hat. Falls ihr noch immer daran interessiert seid, würde ich es nicht einem Makler übergeben. Graydon könnte die rechtlichen Angelegenheiten selbst regeln. Dadurch würde sich der Preis noch einmal verringern. Wollt ihr euch das vielleicht überlegen und mir Bescheid sagen, wie ihr euch entschieden habt?"

Wie ein Wirbelwind war sie wieder fort und ich blieb schweigend und überrumpelt zurück. Plötzlich fiel mir der Bibelvers, den ich vor drei Jahren zu meinen Gunsten ausgelegt hatte, wieder ein: „Suche dein Glück beim Herrn: Er wird dir jeden Wunsch erfüllen" (Psalm

37,4). Ich stellte fest, dass in genau dem Moment, in dem ich mich aufrichtig über das Handeln des Herrn gefreut hatte, mein Wunsch in Erfüllung gegangen war.

Wenige Wochen später half uns die Jugendgruppe beim Umzug. Es war ein hartes Stück Arbeit. Vom Katzenklo bis zu meinem schweren Klavier musste alles 32 Stufen hinunter auf die Hauptstraße getragen werden! Es ist uns nicht leicht gefallen, das „Penthouse" zu verlassen, um in das Haus zu ziehen, in dem wir als Familie leben wollten.

Abends standen wir auf der Terrasse unseres neuen Hauses zwischen Bergen von Kisten und Hausrat und beteten.

„O Vater, danke, dass du uns dieses Haus zur deiner Zeit gegeben hast und nicht zu unserer Zeit. In diesem Augenblick geben wir es an dich zurück. Die Jugendgruppe war bereits hier, aber du kannst dich darauf verlassen, dass die Jugendlichen wieder kommen werden. Wir werden die Missionare zu uns einladen, den Pfarrer und auch die Frauengruppen. Aber, Herr, wir wollen es nicht nur dafür nutzen. Wir möchten in unserer Nachbarschaft ein Leuchtturm sein. Wir laden dich ein, hier mit uns zu leben und dich denen mitzuteilen, die bei uns aus- und eingehen werden."

Gebet

Lieber himmlischer Vater, ich knabbere mit Unbehagen an der Geschichte von Marta herum, weil sie mich so sehr an mich erinnert. Danke für ihr beispielhaft weites Herz und offenes Haus. Und danke, dass du mit ihr so liebevoll umgegangen bist, als sie die Prioritäten falsch gesetzt hatte.

Vater, hilf mir, auf dich zu hören. Mache mich sensibel für dein Flüstern in meinem Herzen, wenn ich dein Wort lese. Ich möchte nicht verpassen, was du für mich bereithältst, nur weil ich mich durch andere Dinge ablenken lasse.

Herr, ich möchte dir mein Bestes geben. Nicht als Show, nicht um Punkte zu gewinnen, nicht um bewundert zu werden, sondern weil ich dich lieb habe. Bitte mach du mir Mut, auch dann mein Bestes zu geben, wenn der Alltag mich gefangen hält und droht, mich von dir wegzuziehen. Ich möchte mein Haus als einen Ort nutzen, wo Menschen Jesus kennen lernen können. Zeige mir die Gelegenheiten, die ich ergreifen kann, um Menschen in meiner Umgebung liebevoll zu erreichen.

Wenn ich jetzt die Augen schließe, um zu schlafen, dann rede du bitte in der Stille dieser Nacht zu meinem Herzen.

In Jesu Namen, amen.

Mein fester Vorsatz für morgen

Ich will mir morgen Zeit nehmen und Lukas 10,38–42 lesen und Gott bitten, durch sein Wort zu mir zu reden.

Ich will morgen in meinem Terminkalender nachsehen, wann ich mein Haus für Jesus öffnen kann. Ich will eine Freundin anrufen, ein Ehepaar oder eine Familie – Menschen, die Ermutigung brauchen – und will sie zum Essen einladen.

Ich will für meinen Gast (meine Gäste) regelmäßig beten und Gott darum bitten, mich als Instrument seiner Liebe zu gebrauchen. Und ich will ein Essen planen, das nicht zu aufwendig ist, damit ich Zeit für meine Gäste habe und ihren Besuch genießen kann.

Zum Nachdenken

Sind die Gäste, die zu mir kommen, mehr beeindruckt von dem Essen, das ich anbiete, oder von dem Tafelservice, das ich benutze, oder von meiner natürlichen Herzlichkeit?

Bibellese: Lukas 10,38–42

38 Als Jesus mit seinen Jüngern weiter-
zog, kam er in ein Dorf. Dort nahm ihn
eine Frau namens Marta gastlich auf. 39
Sie hatte eine Schwester mit Namen Ma-
ria, die setzte sich zu Füßen des Herrn
nieder und hörte ihm zu. 40 Marta dage-
gen war voll damit beschäftigt, das Essen
vorzubereiten. Schließlich trat Marta vor
Jesus hin und sagte: „Herr, kümmert es
dich nicht, dass mich meine Schwester
die ganze Arbeit allein tun lässt? Sag ihr
doch, dass sie mir helfen soll!" 41 Der
Herr antwortete ihr: „Marta, Marta, du
machst dir viele Sorgen und verlierst dich
an vielerlei, 42 aber nur eins ist nötig.
Maria hat die richtige Wahl getroffen. Sie
hat sich für ein Gut entschieden, das ihr
niemand wegnehmen kann."

Anmerkung: Diese Geschichte wurde von Lukas, einem kultivierten und gebildeten Nichtjuden, etwa 70 n. Chr. berichtet. Lukas war von Beruf Arzt und wurde später Evangelist, Historiker und Autor von etwa einem Viertel des Neuen Testamentes. Ihm wird das Lukasevangelium zugeschrieben, in dem davon berichtet wird, „was Jesus von Anfang an tat und lehrte" (Apostelgeschichte 1,1). Auch die Apostelgeschichte, die die Geschichte der frühen Kirche beschreibt, wurde von Lukas verfasst.

„Du kommst spät, Gott! Wo warst du, als ich dich brauchte?"

Eine Geschichte über Gottes Timing

Pastor William Carmichael lag im Sterben. Er war 86 Jahre alt. Das Gemeindebüro hatte uns angerufen und schweren Herzens hatten meine Tochter und ich uns auf den Weg zum Krankenhaus gemacht, um ihm einen letzten Besuch abzustatten. Seine Frau umarmte uns, als wir ins Krankenzimmer traten. Sie befürchtete, dass er uns vielleicht nicht erkennen würde. Ich trat an sein Bett, während Amber und Lillian im Hintergrund blieben. Beim Anblick seines schwachen Körpers, der nach Luft rang, schnürte sich mir die Kehle zu. Ich nahm seine zerbrechliche Hand mit den blauen, erhabenen Adern in die meine und beugte mich zu ihm hinunter. „Ich bin's, Pastor Carmichael – Jennie. Ich habe Sie sehr lieb. Danke dafür, dass Sie für mich, meine Familie und für viele andere Menschen immer so ein gutes Vorbild waren. Ich nehme an, dass Sie Jesus eher sehen werden als ich, und das macht mich fast ein wenig neidisch."

Seine Finger umklammerten für einen Augenblick meine Hand, und ich wusste, dass er mich verstanden hatte. Im Laufe der Nacht schloss Pastor Carmichael hier auf dieser Erde seine Augen und öffnete sie im Himmel, um Jesus zu sehen. William Carmichael stammte aus Schottland, seine Frau war Engländerin. Sie waren sich in Muskegon, Michigan, begegnet und hatten dort geheiratet. William arbeitete in einer Gießerei. Ihr Leben veränderte sich radikal, als sie eines Tages der Einladung eines Mitarbeiters zum Essen und anschließendem Gottesdienstbesuch folgten. An jenem Abend hörten sie das Evangelium von Jesus Christus zum ersten Mal und beide nahmen Jesus als ihren Retter an. Bill besuchte eine Bibelschule. Ihre Liebe zu Christus brachte sie schließlich nach Ghana, Westafrika, wo sie in selbstloser Arbeit über 24 Jahre lang viele Menschen zu Jesus Christus führten.

In ihrem so genannten Ruhestand zogen sie nach Fremont, um

hier weiter unermüdlich ihrem Herrn zu dienen. Sie waren in unserer Gemeinde sehr beliebt. Ihr wichtigster Dienst galt allerdings Menschen, die im Krankenhaus oder in den verschiedenen Pflegeheimen unserer Stadt lagen. Pastor Carmichael und Lillian waren beide klein von Gestalt, aber sie steckten voller geistlicher Energie. Sie fuhren nicht mit dem Auto, sondern gingen stattdessen alle Wege zu Fuß – zum Gottesdienst, ins Krankenhaus, in die Pflegeheime. Dann wurde bei Pastor Carmichael Krebs diagnostiziert. Er kämpfte gegen die Krankheit an und erholte sich tatsächlich. Kaum war er wieder auf den Beinen, nahm er auch schon seine Wegstrecken wieder auf.

Ich wohnte einen Katzensprung von unserem Krankenhaus entfernt, und als ich eines Tages von meiner Gartenarbeit aufblickte, sah ich Carmichaels forsch auf das Krankenhaus zumarschieren. Ich war erfreut, ihn so frisch zu sehen. Ich winkte ihnen zu und rief: „Pastor Carmichael, wie geht es Ihnen?"

Ohne stehen zu bleiben oder langsamer zu gehen winkte er mir zurück und rief mir mit seinem wohlklingenden schottischen Akzent zu: „Hallo, Jennie. Der Herr hat mir aufgeholfen, sodass ich ihm auch für den heutigen Tag wieder dienen kann!"

Obwohl viele Tränen bei seiner Beerdigung geweint wurden, war sein Begräbnis ein fröhliches Ereignis mit Musik und Gesang. Für alle, die sich an sein Leben erinnerten und seinen Heimgang feierten, war es ein wunderbares Begräbnis.

*

Ein wunderbares Begräbnis? Ist das nicht ein Widerspruch in sich?

In Johannes 11,1–45 gibt es eine Geschichte über ein anderes wunderbares Begräbnis, obwohl die Trauernden zunächst keine Ahnung hatten, dass der Tag freudig enden würde.

Die Geschichte von Lazarus

Marta trug frisches Bettzeug für Lazarus in das schwach beleuchtete Zimmer.

„Geht es ihm etwas besser, Maria?"

Ihre Schwester schaute auf und wandte damit den Blick für einen

Augenblick von dem regungslosen Körper ihres Bruders ab. Angst stand in ihr Gesicht geschrieben.

„Nein. Es geht ihm sehr schlecht. O Marta, ich habe solche Angst! Wenn Jesus doch bei uns wäre! Ich weiß, er würde Lazarus gesund machen!“

Marta ließ das Bettzeug auf einen Stuhl fallen und trat näher an den Kranken heran. Die erschreckende Blässe ihres Bruders schmerzte sie zutiefst. „Wir müssen Jesus benachrichtigen!“

Sie wandte sich an Maria und für einen Moment trafen sich ihre ernsten Blicke.

„Es könnte für Jesus gefährlich werden, zu uns zu kommen, aber wir *müssen* ihn benachrichtigen“, wiederholte Marta. „Bestimmt wird er kommen.“

*

Es war Winter. Jesus hatte Jerusalem nach dem Chanukkafest verlassen. Dort war er im Tempel von ärgerlichen jüdischen Lehrern umgeben gewesen, die ihn mit Fragen gelöchert und ihn der Blasphemie beschuldigt hatten. Wütend hatten sie ihn eingekesselt. Sie wollten ihn steinigen, doch Jesus konnte entkommen und verließ mit seinen Jüngern die Stadt, denn er wusste, dass seine Todesstunde noch nicht gekommen war. Inzwischen hatten sie den Jordan überquert und sich dorthin zurückgezogen, wo Johannes viele Menschen getauft und wo Jesus sein Werk in der Öffentlichkeit begonnen hatte.

Eines Tages erreichte sie dort die dringende Nachricht aus Betanien, dass Lazarus, der Freund von Jesus, ernsthaft erkrankt sei.

Die Jünger, die sich um Lazarus und seine beiden Schwestern ebenfalls Sorgen machten, waren erleichtert, als Jesus sagte: „Die Krankheit wird nicht zum Tode führen. Sie dient dazu, die Herrlichkeit Gottes offenbar zu machen; denn durch sie wird der Sohn Gottes zu seiner Herrlichkeit gelangen.“

Die Bedeutung seiner Worte verstanden sie zwar nicht, aber sie waren nicht nur deswegen erleichtert, weil ihr Freund wieder gesund werden würde, sie waren vor allem dankbar, weil sie nicht mit Jesus nach Betanien zurückkehren und ihre Köpfe riskieren mussten, da der Ort immerhin nur etwa drei Kilometer von Jerusalem entfernt und damit auf feindlichem Territorium lag.

Zwei Tage später überraschte Jesus seine Jünger, als er sagte: „Kommt, wir gehen nach Judäa zurück!“

Was sollte das denn jetzt? „Aber Jesus, es ist noch gar nicht lange her, da haben die Juden versucht, dich zu töten", gaben sie zu bedenken. „Und jetzt willst du dich ihrer Willkür freiwillig aussetzen?"

Weil Jesus wusste, dass Lazarus inzwischen gestorben war, antwortete er: „Unser Freund Lazarus ist eingeschlafen, aber ich werde hingehen und ihn aufwecken."

„Wo ist das Problem, Herr? Wenn er schläft, dann schläft er sich gesund!" Zustimmend nickten die Jünger einander zu. Sie wollten unbedingt bleiben, wo sie waren.

„Lazarus ist tot."

Wie bitte? Jeder Blick war auf Jesus gerichtet. Der seufzte tief und fuhr fort: „Euretwegen bin ich froh, dass ich nicht bei ihm war. Auf diese Weise werdet ihr lernen, mir zu glauben."

Glauben? Natürlich glaubten sie. Moment mal: Was sollten sie denn eigentlich glauben?

Verwundert schauten sie einander an.

Jesus erhob sich. „Und jetzt wollen wir zu ihm gehen."

Die Jünger blieben wie vor den Kopf gestoßen zunächst einmal sitzen. Doch endlich stand Thomas auf, zuckte resigniert mit den Schultern und sagte: „Lasst uns mitgehen und mit ihm sterben."

Nun standen auch die übrigen Jünger nacheinander auf und traten mit einem unwohlen Gefühl im Magen ihren Weg nach Betanien an.

*

Die Begräbnisrituale waren in vollem Gange, als sie sich Betanien näherten. In dem Städtchen wimmelte es von Juden, die von Jerusalem gekommen waren, um Marta und Maria zu trösten und mit ihnen den Verlust ihres Bruders zu beklagen. Schon vor vier Tagen war Lazarus' Leichnam in ein Felsengrab gelegt worden.

Nach seiner Ankunft ließ sich Jesus in der Öffentlichkeit erst einmal nicht blicken. Er ließ aber Marta benachrichtigen, dass sie angekommen seien und außerhalb des Dorfes auf sie warteten.

*

Marta verließ ihr Haus durch die Hintertür, um sich für eine Weile dem Trubel in ihrem Haus zu entziehen. Ihre Gestalt war von Kummer und Enttäuschung gebeugt. Sie musste noch einmal in Ruhe über die Ereignisse der letzten Woche nachdenken, die sie nie vergessen würde. Lazarus hatte mit hechelndem Atem nach Jesus verlangt. Sie und Maria waren sich so sicher gewesen, dass er kommen und ihren Kummer in Freude verwandeln würde. Warum war er nicht gekommen? Die Frage ließ sie ungewollt aufschluchzen. Mühsam musste sie sich beherrschen.

Fremde hatte Jesus doch auch geheilt! Und Lazarus? Jesus war ihrer Familie doch immer zugetan gewesen. Und sie liebten ihn. Was hatten sie nicht alles für ihn getan! Immer und immer wieder hatten sie ihm und seinen Jüngern ihr Haus zur Verfügung gestellt. Sie liebten ihn. Warum, warum, warum war er nicht gekommen?

„Psssst. Marta!“

Das heisere Flüstern ließ sie zusammenzucken. Sie schaute in die Richtung, aus der die Stimme kam, und war überrascht, einen der Jünger zu erblicken, der ihr Zeichen machte, an die Steinmauer hinten im Garten zu kommen.

„Jesus ist hier. Er ist nicht weit weg. Kannst du mir folgen, ohne andere auf uns aufmerksam zu machen? Jesus will dich sprechen.“

Marta nickte, ging schnell zum hinteren Gartentor hinaus und folgte dem Jünger zum Friedhof, wo Jesus wartete. Sie war ganz und gar ernüchtert. Von ganzem Herzen hatte sie geglaubt, Jesus würde Lazarus heilen, aber jetzt war es zu spät! Der Herr hatte sie tief enttäuscht.

Von seinem Platz im Schatten sah Jesus Marta auf sich zukommen. Ihre Augen waren rot und geschwollen, und ihre Stimme brach, als es vorwurfsvoll aus ihr herausbrach: „Wenn du bei uns gewesen wärst, hätte mein Bruder nicht sterben müssen!“ Sie schaute Jesus an. Plötzlich flackerte Hoffnung in ihr auf und sie sagte: „Aber ich weiß, dass Gott dir auch jetzt keine Bitte abschlägt.“

Jesus berührte leicht ihren Arm und sagte freundlich: „Dein Bruder wird auferstehen.“

Marta putzte sich mit einem Stück Stoff die Nase und trocknete die Tränen von ihren Augen und schon war sie wieder die beherrschte Marta. „Ja, ich weiß, am letzten Tag, wenn alle auferstehen, wird auch er wieder ins Leben zurückkehren.“ Ja, eines Tages würden sie im Himmel alle wieder beieinander sein, aber der Gedanke konnte ihren Schmerz nicht lindern.

„Marta.“ Jesus griff nach ihrem Ellbogen, um ihre Aufmerksamkeit auf sich zu lenken, und sagte ernst: „Ich bin die Auferstehung und das Leben. Wer mich annimmt, wird leben, auch wenn er stirbt, und wer lebt und sich auf mich verlässt, wird niemals sterben. Glaubst du das?“

Sie hörte ihm still zu. Dann schaute sie ihm in die Augen. Ein Friede, den sie nicht begreifen konnte, breitete sich in ihr aus. „Ja, ich glaube, dass du der versprochene Retter bist. Du bist der Sohn Gottes, der in die Welt kommen sollte.“

Er nickte ihr zu und lächelte sie an. Dann drückte er ihre Hände. „Sagst du Maria, dass ich hier bin?“

„Ja, Herr.“

Marta drehte sich um und lief zurück zum Haus, wo Maria von lauter trauernden Menschen umgeben war. Sie rief ihre Schwester zur Seite und flüsterte ihr zu: „Jesus ist da und fragt nach dir. Kannst du zu ihm gehen?“

„O ja!“ Blass und gespannt verließ Maria das Haus und lief dorthin, wo Jesus auf sie wartete. Die Trauergäste merkten, wie sie davoneilte. Sie glaubten, dass sie zum Grab laufen wollte, um dort zu trauern, und folgten ihr.

*

Als Maria auf Jesus zulief, konnte er Kummer und Enttäuschung in ihrem schönen Gesicht sehen und ein Schmerz durchfuhr ihn. Sie warf sich vor ihm auf die Knie, weinte und schluchzte: „Herr, wenn du bei uns gewesen wärst, hätte mein Bruder nicht sterben müssen!“

Sogar Maria hatte nicht verstanden, warum er erst jetzt gekommen war. Jesus schaute von ihrem geneigten Kopf auf die weinenden Trauergäste ringsum. Er bedeckte sein Gesicht mit den Händen. Der Sohn Gottes weinte auch.

*

Die Juden, die gekommen waren, um Marta und Maria zu trösten, glaubten nicht alle an Jesus Christus. Als die Nachricht von Lazarus' Tod sich verbreitet hatte, waren die Trauernden zwar gekommen, um Anteilnahme zu zeigen und weil es nun einmal so Brauch war, aber sie waren auch neugierig. Wie würden Marta und Maria auf diesen verheerenden Verlust reagieren? Würde Jesus es wagen, wieder nach Judäa zurückzukehren, um bei dem Begräbnis dabei zu sein, obwohl er genau wusste, dass die Sadduzäer ihn einsperren wollten?

Die Beerdigungsgesellschaft, die Maria zum Friedhof gefolgt war, stand plötzlich vor dem Objekt ihrer Neugierde. Maria warf sich Jesus zu Füßen und machte ihrer Enttäuschung über sein Zuspätkommen Luft. Und als er sie weinen sah, weinte er selbst!

„Er muss ihn sehr geliebt haben", murmelten einige. Andere waren von der allgemeinen Trauer nicht im Geringsten berührt und versuchten, Unruhe zu stiften. Sie sagten: „Den Blinden hat er sehend gemacht. Warum hat er nicht verhindert, dass Lazarus gestorben ist?"

Jesus ignorierte dieses Gerede. „Wo liegt er?", fragte er Maria. Die Leute traten zur Seite, und diejenigen, die in der Nähe von Maria standen, sagten: „Komm, wir zeigen es dir!"

Immer noch tief bewegt, folgte Jesus dem Trauerzug zur Felsenhöhle, vor die ein Stein gewälzt worden war. Auch Marta war inzwischen wieder am Grab angekommen, und die Menschenmenge hatte sich beachtlich vergrößert, seitdem bekannt geworden war, dass Jesus im Ort sei.

„Nehmt den Stein weg!"

Es entstand eine gespannte Stille. Alle waren erschrocken. Marta ergriff das Wort: „Herr, er riecht doch schon. Er liegt seit vier Tagen im Grab!"

„Ich habe dir doch gesagt, dass du die Herrlichkeit Gottes sehen wirst, wenn du nur Glauben hast!"

„Ja, Herr." Marta verschlug es die Sprache, als sie sich erinnerte, wer er war. Was auch immer geschehen würde, es würde die Herrlichkeit Gottes zeigen. Sie glaubte fest, dass es so sein würde. Jetzt drehte sie sich energisch zu einigen Männern neben ihr um, nickte ihnen zu und der Stein wurde weggerollt. Die Menschen schauten in sprachloser Spannung zu.

Jesus betete. Dann rief er laut: „Lazarus! Komm heraus!"

Männer und Frauen schrien vor Entsetzen laut auf, als Lazarus tatsächlich aus seinem Grab gehumpelt kam, Körper, Hände und Füße noch mit Leinentüchern umwickelt. Einige wichen erschrocken zurück. Andere fielen ohnmächtig um.

„Nehmt ihm die Grabtücher ab", befahl Jesus. „Bindet ihn los!"

Marta und Maria sprangen herbei, nachdem ihre momentane Fassungslosigkeit vorüber war. Einige der guten Freunde, die ihnen geholfen hatten, seinen Leichnam einzubalsamieren und ihm die Leinenverbände anzulegen, halfen den Schwestern, Lazarus zu befreien. Als sie die Tücher entfernt hatten, schauten die Frauen in das geliebte Gesicht ihres Bruders. Alle drei weinten vor Freude. Lazarus war wieder gesund und lebendig!

Und Jesus, der Sohn Gottes, hatte bewiesen, dass er der Herr – sogar über den Tod – war. Daran gab es für sie keinen Zweifel mehr.

Hintergrundinformationen

In ihrer kummervollen Enttäuschung über das scheinbare Zuspätkommen ihres Herrn hatten Marta und Maria nicht realisiert, was Gott ihnen damit klarmachen wollte. Jesus hatte den tragischen Tod des Lazarus zugelassen, um ihnen zu demonstrieren, dass er „die Auferstehung und das Leben" ist, bevor er selbst sterben und auferstehen würde. Außerdem waren durch diese harte Lektion für Marta und Maria viele zum Glauben an Jesus Christus gekommen. Er hatte diesen Schmerz in ihren Herzen ebenfalls zugelassen und sie gebeten, ihm zu glauben. So sind Marta und Maria als Zeuginnen des letzten und größten Wunders seines öffentlichen Wirkens in die Geschichte eingegangen.

Beim Studium der Lazarusgeschichte – seines Todes und seiner Auferstehung – habe ich Antworten auf einige Fragen gefunden, die ich zu dieser Geschichte hatte.

Warum haben die jüdischen Lehrer Jesus gehasst?
Sie fürchteten um ihren religiösen Einfluss und ihre politische Macht unter der römischen Regierung.

Es gab zwei große jüdische Religionsgruppen – die Pharisäer und die Sadduzäer. Diese beiden Gruppen hatten Streitkräfte beauftragt, dem Leben Jesu und seiner Popularität ein Ende zu setzen.

Die Pharisäer waren Gesetzesgelehrte und wurden als „Professoren" des mosaischen Gesetzes betrachtet. Sie hielten fanatisch an den Traditionen der Rabbiner fest. Und Jesus war definitiv kein traditioneller Rabbi! Einige weigerten sich sogar, mit Nichtpharisäern zu essen, weil sie fürchteten, sich zu verunreinigen. Jesus dagegen aß sogar mit Sündern, er gab ihnen die Hand und nannte sie Freunde.

Die meisten Sadduzäer waren aristokratischer Herkunft und stammten aus Jerusalem und anderen Gebieten von Judäa. Sie lehnten die Lehre von einem Leben nach dem Tod sowie andere Dinge, die Jesus lehrte, ab. Viele dienten im Hohen Rat, dem höchsten jüdischen Gericht. Kajaphas, ein Sadduzäer, diente als Hoher Priester und war damit zu jener Zeit der mächtigste religiöse Würdenträger. In einer Anmerkung der Bibelausgabe *The Word in Life Study Bible* heißt es: „Kajaphas fürchtete, dass schon die geringste zivile Unruhe die römischen Truppen mobilisieren und den Untergang der Nation herbeiführen würde. Als nun Jesus auf der Bildfläche auftauchte, der die Aufmerksamkeit riesiger Menschenmengen auf sich zog und verblüffende Wunder wirkte – vor allem die Auferstehung des Lazarus –, ordnete Kajaphas an, Jesus zu beseitigen."[1]

Wie sahen Begräbniszeremonien damals aus?

Die Juden balsamierten ihre Toten nicht ein. Darum verwesten sie in dem heißen Klima sehr schnell. Ein Begräbnis fand so rasch wie möglich statt – auf jeden Fall innerhalb von 24 Stunden, bestenfalls sogar innerhalb weniger Stunden nach Eintreten des Todes. Es war die Aufgabe der Frauen, den Toten zum Begräbnis fertig zu machen. Dazu wurde der Leichnam gewaschen und mit parfümierten Ölen und Salben eingerieben. Anschließend wurde der Leichnam entweder mit seinen eigenen Kleidern versehen oder in speziell präparierte Tücher gewickelt, die mit Leinenstreifen umhüllt wurden. Der Körper wurde sofort auf ein Holzgestell in das Grab gelegt. Die Grabeshöhle wurde anschließend mit einem großen Stein oder mit einer Platte fest verschlossen. „Verwandte, Freunde und angeworbene Klagefrauen (siehe Matthäus 9,23) bildeten einen Trauerzug. Von jedem, der auf einen solchen Trauerzug stieß, wurde erwartet, dem Verstorbenen und den Verwandten die letzte Ehre zu erweisen und sich dem Zug anzuschließen. Am Grab wurde oft eine Lobesrede gehalten."[2]

Es ist interessant, dass, als Jesus vier Tage nach der Beerdigung eintraf, immer noch Trauernde aus Jerusalem da waren. Das kann ein Zeichen dafür sein, dass Lazarus' Familie sehr beliebt oder bekannt war. Vielleicht waren aber auch einige Leute nur deshalb dort geblieben, um abzuwarten, ob Jesus sich noch sehen lassen würde.

Warum hat Jesus so lange gewartet, bis er kam, um seinen Freunden zu helfen?

Der Grund war nicht der, dass Jesus Angst vor den jüdischen Führern hatte, die ihn töten wollten. Obwohl sich seine Zeit auf Erden dem Ende näherte, wusste er, dass seine Todesstunde noch nicht gekommen war. „Es blieben ihm nur noch wenige Wochen, um seine Leute, die einmal nach ihm ‚Christen' genannt werden sollten, zu unterrichten."[3] An diesem Vorfall wollte Jesus seinen Jüngern noch etwas Wichtiges demonstrieren.

Was wäre passiert, wenn er seinen Freunden sofort geholfen

hätte? Marta, Maria und Lazarus wären ganz gewiss sehr erleichtert und dankbar gewesen. Vielleicht hätten ihm die Jünger sogar auf die Schulter geklopft und gesagt: „So ist es richtig, Jesus! Preist den Herrn! Du verstehst dich eben auf dein Handwerk, oder vielmehr: auf deinen Dienst!"

Jesus hatte ein anderes Ziel im Blick. Er wollte zeigen: Der Sohn Gottes triumphiert über den Tod. Er wollte den Glauben jener stärken, die ihm folgten, und wollte sie trösten und ihnen Hoffnung für die Zeit nach seiner eigenen Kreuzigung und seinem Tod geben. Er war sich auch sehr wohl bewusst, dass er mit dieser Machtdemonstration beim Hohen Rat den Grundstein für seine Gefangennahme gelegt hatte.

Warum hat Jesus geweint?

Der eigentliche Grund war nicht der, dass er wie die übrigen Trauergäste über Lazarus' Tod getrauert hätte. Er wusste, dass er Lazarus vom Tod auferwecken würde.

Es gibt zwei Auslegungen in Bezug auf diese Frage:

1. Er war ergriffen von dem Kummer von Marta und Maria und den übrigen Trauernden. Wir wissen, dass er ein Mann war, der mit anderen mitfühlte.
2. Er war erschüttert über ihren Unglauben.

Beim Lesen der Geschichte kam ich für mich zu dem Ergebnis, dass es wahrscheinlich eine Kombination aus beidem war. Er liebte Marta und Maria, und ich bin mir sicher, dass er von ihrem Kummer bewegt war. Merkwürdig finde ich allerdings, dass er erst weinte, als er Maria weinen sah. Obwohl Marta ihn mit derselben Äußerung konfrontiert hatte: „Herr, wenn du hier gewesen wärst, hätte mein Bruder nicht sterben müssen", zeigte sie noch einen Hoffnungsschimmer, als sie hinzufügte: „Aber ich weiß, dass Gott dir auch jetzt keine Bitte abschlägt" (Verse 21 und 22).

Als Maria sich vor ihm auf die Erde geworfen und dasselbe geäußert hatte, hatte sie keine Hoffnung zum Ausdruck gebracht. Und dabei war sie diejenige gewesen, die mit den Jüngern zu seinen Füßen gesessen und ihm begierig jedes Wort von den Lippen abgelesen hatte!

Hat ihr mangelnder Glaube in Bezug auf Lazarus' Tod Jesu Herz so erschüttert?

Was auch immer der Grund für seine Tränen gewesen sein mag, die Auferstehung des Lazarus hat Marta und Maria aufgerüttelt. Bei dem Festessen, das zu Jesu Ehren gegeben wurde (Johannes 12,1–19), lesen wir zum letzten Mal etwas über die beiden Frauen: Marta bedient wieder einmal ihre Gäste und erfreut Jesus mit ihrer Gabe der Gastfreundschaft. Und Maria sitzt wieder zu Jesu Füßen. Man wird sich für immer an sie erinnern, wie sie Jesu Füße mit wertvollem Öl salbte als ein Preludium auf sein eigenes, unvermeidliches Begräbnis, womit sie eine erstaunliche Einsicht in geistliche Zusammenhänge bewies, die sogar seinen Jüngern verschlossen geblieben waren.

Was für eine Bedeutung hat diese Geschichte für mein Leben?

Gehen Sie zu Ihrem Retter

Trotz ihrer Ernüchterung gingen sowohl Marta als auch Maria zu Jesus und sagten ihm, was sie empfanden. In 1. Petrus 5,7 steht: *„Alle eure Sorgen werft auf ihn, denn er sorgt für euch.“* Ich denke gern in Bildern und stelle mir vor, dass ich meine Sorgen auf ihn werfen darf. Ich kann meinen Seelenschmerz bei ihm abladen. Ich kann bei ihm meinen Frust wegweinen. Er sorgt für mich. Er liebt mich und er kann damit umgehen. Außerdem hat er einen Plan, den ich noch nicht erkennen kann. Darum möchte er, dass ich ihm vertraue, damit er meine Sorgen in Freude verwandeln kann.

Bewahren Sie Ihren Glauben und freuen Sie sich auf den Segen, der daraus erwächst

Als Marta vor Jesus stand, war sie in ihrer Angst gefangen und warf Jesus weinend vor: „Wenn du bei uns gewesen wärst ...“ Der Wissenschaftler Matthew Henry sagt dazu: „Ihr Glaube war echt, aber schwach wie ein geknicktes Schilfrohr.“[4] Neben dem Grab, als Jesus befahl, den Stein wegzurollen, vergaß sie ihren Glauben. Sie dachte an den grauenvollen Anblick von Lazarus' verwesendem Körper, anstatt sich darauf zu verlassen, dass Jesus schon wusste, was er tat.

Dee Brestin und Kathy Troccoli schrieben in ihrem wunderschönen Buch *Falling in Love with Jesus* (dt. Übers.: Sich in Jesus verlieben) über den Umgang mit Enttäuschungen im Leben: „Es ist einfach zu sagen: ‚Jesus ist gut, er sorgt für uns, und er tut, was das Beste für uns ist.' Nicht ganz so einfach ist es, dies auch mit dem Herzen zu erfassen ... Wie können wir an diesen Punkt kommen? Nun, Gott fordert uns auf, in die Vergangenheit zu schauen und zu erkennen, wie treu er im Leben gläubiger Menschen war und dass er auch in unserem Leben treu gewesen ist."[5]

In einem anderen Abschnitt dieses Buches sagt Kathy: „Haben wir noch Fragen an Gott? Gibt es noch Tage, an denen ich morgens aufwache und das Gefühl habe, schon allein den Kopf vom Kissen zu heben ist furchtbar anstrengend? Ja, natürlich. Wir sind an unseren Körper gebunden und wir müssen uns mit den alltäglichen Dingen auseinander setzen, bis wir Jesus von Angesicht zu Angesicht sehen werden. Bis dahin müssen wir uns immer wieder verzweifelt an den Einen hängen, der uns unendlich liebt, an den, der uns heil machen will, an den, der versprochen hat, uns nie zu verlassen."[6]

Haben Sie schon einmal erlebt, dass Gott Ihnen alle sichtbaren Hilfen oder Stützen genommen hat, damit Sie lernen, Ihr ganzes Vertrauen auf ihn zu setzen?

Freunden Sie sich mit der Zeit des Wartens an

Das soll doch wohl ein Witz sein!? Wenn ich verzweifelt bin und Gott meine Erwartungen offensichtlich nicht erfüllen will, soll ich mich über mein seelisches Tief wohl auch noch freuen? Carol Kent ermutigt uns in ihrem Buch *Secret Longings of the Heart* (dt. Übers.: Heimliches Verlangen des Herzens), die Hoffnung nicht aufzugeben, wenn die Realität unseren Erwartungen nicht entspricht. „Wenn wir unsere unerfüllten Erwartungen loslassen, können wir eine Art von Befreiung erleben, die es uns ermöglicht, eine größere Nähe zu Gott zu erleben. Das bedeutet, ihm zu vertrauen, wenn man noch kein positives Resultat sehen kann."[7]

Unsere Erwartungen loszulassen bedeutet, sie aufzugeben, unsere eigenen Pläne beiseite zu schieben, um Gott zu erlauben, in unserem Leben so zu wirken, wie er es möchte.

*

Die nachträgliche Einsicht war für Marta und Maria in dieser Geschichte ein Segen. Sie hatten sich offensichtlich nicht damit angefreundet, warten zu müssen. Aber sie hatten sehr bald gelernt, dass

Gottes Zeitplan einen besonderen Zweck verfolgte, nämlich den, ihre Ernüchterung zunichte zu machen, Gott die Ehre zu geben und ihren eigenen Glauben zu stärken.

Gott liebt uns so sehr, dass er viel mehr an unserer Entwicklung als an unserer Bequemlichkeit interessiert ist. Nachträgliche Einsicht ist eine wunderbare Sache. Rückblickend erkennen wir häufig, dass schmerzliche Enttäuschungen uns reifer gemacht haben, dass sie charakterbildende Stolpersteine waren, die Gott gebrauchte, um uns auf seinen Plan für unser Leben vorzubereiten. Diese schwierigen Erfahrungen können uns auch mit der Tatsache versöhnen, dass, auch wenn unser Zeitplan nicht mit dem von Gott übereinstimmt, er uns liebt und unsere tiefsten Sehnsüchte kennt. Er möchte, dass wir warten, einen Schritt zurücktreten und Zeugen der Macht Gottes werden.

*

Unsere Enttäuschung über Gottes Handeln ist etwas, was wir mit vielen teilen. Es ist oft sehr schwer zu verstehen, warum er sich nicht beeilt, uns die Antwort, die wir suchen, zu geben, wenn wir doch davon überzeugt sind, dass er unsere Gebete in einer bestimmten Weise erhören sollte. Wie Marta und Maria erkennen wir nicht, was er so gerne in unserem Leben bewirken würde, wenn wir nur unseren Glauben und unser Vertrauen auf ihn setzen würden.

Wenn man meinen Mann im Jahr 1976 gefragt hätte, wie er sich seine Laufbahn vorstelle, würde er geantwortet haben: „Ich möchte Richter für Familienrecht werden. Das wäre für mich Beruf und Berufung zugleich."

Acht Jahre später ergab sich für ihn die Gelegenheit, sich für eine Stelle am Landgericht zu bewerben. Die Prozessliste war in Verzug geraten. Darum war Graydon von einigen Gemeindeabgeordneten gebeten worden, gegen den amtierenden Richter zur Wahl anzutreten. Das war eigentlich keine Position, die er unbedingt haben wollte, aber nachdem er darüber gebetet und sich Rat von Kollegen eingeholt hatte, sagte er zu.

Damit begann eine Zeit intensiver Wahlpropaganda und finanzieller Opfer für uns beide. Wir marschierten in Paraden, schüttelten zahllose Hände, verschickten Werbematerial, schrieben Zeitungsartikel und beteten. Wir waren erschöpft aber zuversichtlich, weil wir wussten, wir folgten Gottes Anweisung, und darum würden wir auch gewinnen. Hatten wir Recht? Nein.

Graydon verlor die Wahl um nur vier Prozent der Stimmen. Wir waren am Boden zerstört. Emotional, körperlich, finanziell und geistlich ausgebrannt. Graydon erholte sich schneller davon als ich. Er schlug keine Türen, schrie auch die Kinder nicht an und trat nicht nach der Katze. Er tauchte wieder in seine Kanzlei ab und versah seine Arbeit und seine Verpflichtungen in der Gemeinde wie zuvor. Natürlich kämpfte auch er mit der Niederlage. Hatten wir etwas falsch verstanden? Sollte es wirklich nicht Gottes Wille gewesen sein? Aber bestimmt hatte Gott doch nicht gewollt, dass wir so viele Mühen auf uns nahmen, nur um zu verlieren!

Elf Jahre später, 1995, bot sich wieder eine einmalige Gelegenheit. Der gleiche Richter, gegen den Graydon in der Wahl angetreten war, ging vorzeitig in den Ruhestand. Nachdem Graydon mit einigen Bezirksleitern gesprochen und darüber gebetet hatte, entschieden wir, dass er sich der Herausforderung stellen sollte. Da er sich schon einmal um diesen Posten beworben und nur um einen winzigen Prozentsatz der Stimmen verloren hatte, schien er als Kandidat gute Chancen zu haben. Graydon suchte Unterstützung bei den Gerichten und Staatsbeamten in seinem Wahlbezirk und startete eine Wahlkampagne, im Zuge derer Hunderte von Wählerbriefen aus dem Bezirk Newaygo in das Regierungsbüro geschickt wurden.

Das Einsetzungsverfahren war kompliziert, aber irgendwie kämpften wir uns durch den Papierdschungel. Wir füllten komplizierte Antragsformulare aus und legten unsere Familienverhältnisse, unsere Finanzen, Gemeindeaktivitäten und unsere politische Einstellung offen dar. Eine Befragung durch den Staatsanwalt von Michigan sollte über die Zulassung der verschiedenen Kandidaten zur Wahl entscheiden. Schließlich wurden die beiden Endkandidaten zu einem Gespräch mit dem Regierungschef des Oberlandesgerichts eingeladen. Graydon war einer der beiden Kandidaten.

Wir waren so begeistert von der Endausscheidung! Wir sahen sogar einen Vorteil darin, dass Gott es Graydon ermöglicht hatte, weitere elf Jahre in seiner Kanzlei zu arbeiten, um ihn auf diesen Posten vorzubereiten. Er würde Gott in seiner neuen Aufgabe die Ehre geben. Wir waren uns ganz sicher, dass nach der harten Arbeit bis zu diesem letzten Gesprächstermin Graydons große Stunde gekommen war.

Der andere Mitbewerber erhielt die Position.

Nach dieser Niederlage weinte ich bittere Tränen. „Gott, ich begreife nicht, was du mit uns machst!“, schluchzte ich. „Zweimal so nahe am Ziel vorbeizuschießen ist für mich unerträglich! Was sollen wir daraus lernen? Demut? Geduld? Enttäuschung? Mit dem zufrieden zu sein, was wir haben? Warum in aller Welt waren wir uns aber so sicher, das zu tun, was du von uns willst?"

Ich kämpfte mit meiner Ernüchterung. Hier stand ich nun, eine christliche Referentin, die selbst die größten Zweifel hegte, ob Gott sich wirklich um die Dinge unseres Lebens oder um unser Herzeleid kümmert! Wo immer ich war, ich war den Tränen nahe – in der Gemeinde oder in meinem Auto ebenso wie im Supermarkt. Ich fand mich unerträglich. „Du musst mir Kraft geben, Herr, denn ich bin am Ende!"

Schließlich kam ich zu dem Schluss, dass es fruchtlos war, nach dem Warum zu fragen. Es war viel produktiver, ernsthaft zu fragen: „Und was sollen wir jetzt tun, Herr?"

Manchmal fürchtete ich, der Schmerz würde nie mehr verschwinden. Doch ich fand Frieden, wenn ich mich auf Gott ausrichtete und die Sache an meinen Retter abgab.

Drei Jahre vergingen und Graydons Kanzlei und auch meine Referententätigkeit trugen gute Früchte. Eines Tages rief mich Graydon an und sagte, dass der langjährige Anwalt am Gericht von Newaygo County vorzeitig in den Ruhestand ginge. Wieder würde die Regierung einen Richter suchen. Ich hielt den Telefonhörer ganz ruhig und sagte gar nichts. Die Erfahrungen aus der Vergangenheit fluteten zurück.

„Was hältst du davon, Liebling?", fragte Graydon. „Ich werde mir die Bewerbungsunterlagen allerdings nicht zuschicken lassen, wenn du keinen Frieden über diese Sache hast. Ich weiß, wie sehr dich das Ganze das letzte Mal belastet hat, und wir müssen das auch nicht alles noch einmal durchstehen."

„Aber Graydon, diese Postion ist dein Traum. Du würdest mit Familien arbeiten können, die Probleme haben. Du würdest in dieser Arbeit aufgehen!"

„Nun ja, die Konkurrenz ist groß. Und das eigentliche Übel an der Sache ist, dass, wer immer die Stelle bekommt, er sie nur auf Zeit, nämlich bis zum Jahresende erhält. Danach muss er sich erneut wählen lassen."

Meine Gedanken drehten sich um das, was Graydon gerade gesagt hatte. Direkt nach diesem komplizierten und stressigen Ernennungsprozess sollte es eine weitere Wahl geben? Sollte Graydon es riskieren, seine Anwaltskanzlei für ein solches Glücksspiel aufzugeben?

Ja. Nachdem wir alle Aspekte betrachtet, weisen Rat eingeholt und über die ganze Sache gebetet hatten, bewarb Graydon sich. Dieses Mal kannten wir die Spielregeln gut genug, sodass einige Stressfaktoren wegfielen. Graydon bekam unerwartet kräftige Unterstützung von einflussreichen Amtsleitern. Wähler überfluteten das Regierungsbüro mit Empfehlungsschreiben. Und wieder standen zwei Kandidaten in der Endausscheidung. Wieder war Graydon einer von beiden.

Während des ganzen Wahlvorgangs hatte ich die meiste Zeit inneren Frieden. Allerdings erlitt ich genau eine Woche vor der Endausscheidung eine Panikattacke. So etwas hatte ich noch nie erlebt. Ich erinnere mich, wie ich am Küchentisch saß, meine Bibel aufschlug und aus dem, was da stand, nicht schlau wurde. Ich stand auf, ging ins Wohnzimmer und fing an zu weinen. Ich streckte die Hände aus, ich glaube, ich versuchte nach Gott zu greifen, und schrie laut: „Ich habe Angst! Wir sind ohne große Schwierigkeiten so weit gekommen und ich habe Angst, wieder zu verlieren. Bitte hilf mir!" Ich sank vor dem Sofa auf meine Knie und weinte und weinte.

Als mein Schluchzen nachließ, breitete sich eine große Ruhe in mir aus. Ich stand auf, ging in die Küche und setzte mich wieder an den Tisch. Ich schaute in die aufgeschlagene Bibel, die ich dort liegen gelassen hatte, und las die Verse 28 bis 31 aus Psalm 107:

Sie schrien zum Herrn in ihrer Not, der rettete sie aus der Todesangst. Er ließ den Sturm zur leichten Brise werden und die tobenden Wellen legten sich. Da wurde ihnen wieder leicht ums Herz und er brachte sie zum ersehnten Hafen. Nun sollen sie dem Herrn danken für seine Güte, ihn preisen für ihre wunderbare Rettung!

Ich erinnere mich, wie ich am Küchentisch saß und spürte, wie ich zur Ruhe kam. Ich stellte fest, dass Gott nicht nur den Schrei meines Herzens gehört, sondern dass er unsere Situation völlig unter Kontrolle hatte, und das von Anfang an. Ich legte meine zitternde Hand über die heiligen Worte und fing an, Gott zu danken.

Am späten Vormittag erledigte ich einige Einkäufe und hielt vor der Apotheke, um ein Rezept abzuholen. Es war noch nicht fertig, darum ging ich ins Kaufhaus und blieb vor einem Tisch stehen, auf dem kleine Poster mit Sprüchen lagen. Zunächst dachte ich, die Fotos seien alle gleich, doch unter dem Stapel zog ich ein Poster hervor, das mich auf der Stelle erstarren ließ. Es war das Bild von fünf

Männern, die sich gegen den Wind stämmten und auf hoher See ein Boot unter fürchterlich blitzenden Wolken herruderten. Darunter stand der Vers: „Sie schrien zum Herrn in ihrer Not, der rettete sie aus der Todesangst. Er ließ den Sturm zur leichten Brise werden und die tobenden Wellen legten sich. Da wurde ihnen wieder leicht ums Herz und er brachte sie zum ersehnten Hafen."

Unter dem Vers stand: „Der Lohn der Reise wiegt das Risiko, den Hafen zu verlassen, bei weitem auf."

Von diesem Augenblick an geriet mein Vertrauen nicht mehr ins Wanken. Graydon brachte das abschließende Gespräch hinter sich und rief danach zu Hause an. Er war sich ganz sicher, dass der Staatsanwalt ihn ernennen würde. Und er tat es. Graydon verkaufte seine Anwaltskanzlei, die er 22 Jahre lang geführt hatte, und zog im April fröhlich in das neue Büro um. Unsere größte Furcht legte sich, als er im folgenden November im Amt bestätigt wurde. Gott schenkte uns einen erstaunlichen Frieden. Wir zweifelten nie mehr, dass er unsere Wege lenkt. Die Wahlkampagne war zwar wieder aufregend, aber dieses Mal gewann Graydon mit fast 70 Prozent der Stimmen.

Gebet

Lieber himmlischer Vater, es scheint so einfach zu sein, zu dir zu laufen, wenn wir in Schwierigkeiten stecken, aber ich muss zugeben, dass ich nicht gerne warte. Bitte hilf mir, dir auch dann zu vertrauen, wenn die Dinge nicht so laufen, wie sie laufen sollten. Du warst in der Vergangenheit so treu. Hilf mir, mich auf die großen Dinge zu konzentrieren, die du bereits für mich getan hast – in meinem Leben, in meinem Herzen und in dem Leben anderer. Bitte schenke mir Geduld und Frieden. Beides brauche ich, während ich auf deine Anweisung warte. Nutze du mein Verhalten und meine Lebensumstände, damit ich dir durch sie Ehre gebe und dich lobe.

In Jesu Namen, amen.

Mein fester Vorsatz für morgen

Ich will den Bereich in meinem Leben aufdecken, wo ich mit Enttäuschungen zu kämpfen habe.

Ich will zu Gott gehen und meinen Schmerz vor ihn bringen, weil er für mich und meine Situation sorgt.

Anstatt Gott in meiner Enttäuschung nach dem Warum zu fragen, will ich ihn bewusst bitten, meine Situation zur Ehre Gottes zu nutzen und mich in die Richtung zu führen, in die ich nach seinem Willen gehen soll.

Zum Nachdenken

Gibt es in meinem Leben Dinge, über die Gott vielleicht weint?

Bibellese: Johannes 11,1–45

1 Lazarus aus Betanien war krank geworden - aus dem Dorf, in dem Maria und ihre Schwester Marta wohnten. 2 Maria war es, die später die Füße des Herrn mit dem kostbaren Öl übergossen und dann mit ihrem Haar getrocknet hat; deren Bruder war der erkrankte Lazarus. 3 Da ließen die Schwestern Jesus mitteilen: „Herr, dein Freund ist krank." 4 Als Jesus das hörte, sagte er: „Diese Krankheit führt nicht zum Tod. Sie dient dazu, die Herrlichkeit Gottes offenbar zu machen; denn durch sie wird der Sohn Gottes zu seiner Herrlichkeit gelangen." 5 Jesus liebte Marta und ihre Schwester und Lazarus. 6 Aber als er die Nachricht erhielt, dass Lazarus krank sei, blieb er noch zwei Tage an demselben Ort. 7 Erst dann sagte er zu seinen Jüngern: „Wir gehen nach Judäa zurück!" 8 Sie antworteten: „Rabbi, kürzlich erst hätten dich die Leute dort beinahe gesteinigt. Und nun willst du zu ihnen zurückkehren?" 9 Jesus sagte: „Der Tag hat zwölf Stunden. Wenn jemand am hellen Tag wandert, stolpert er nicht, weil er das Tageslicht sieht. 10 Lauft ihr aber in der Nacht umher, so stolpert ihr, weil das Licht nicht mehr bei euch ist." 11 Danach sagte Jesus zu seinen Jüngern: „Unser Freund Lazarus ist eingeschlafen. Aber ich werde hingehen und ihn aufwecken." 12 Sie antworteten: „Herr, wenn er schläft, dann geht's ihm bald besser." 13 Jesus hatte jedoch von seinem Tod gesprochen; sie aber meinten, er rede nur vom Schlaf. 14 Da sagte Jesus ihnen ganz offen: „Lazarus ist tot. 15 Und euretwegen bin ich froh, dass ich nicht bei ihm war. So wird euer Glaube gefestigt. Aber gehen wir jetzt zu ihm!" 16 Thomas, der auch Zwilling genannt wird, sagte zu den anderen Jüngern: „Auf, gehen wir mit Jesus und sterben mit ihm!" 17 Als Jesus nach Betanien kam, lag Lazarus schon vier Tage im Grab. 18 Das Dorf war keine drei Kilometer von Jerusalem entfernt, 19 und viele Leute aus der Stadt hatten Marta und Maria aufgesucht, um sie zu trösten. 20 Als Marta hörte, dass Jesus kam, ging sie ihm entgegen vor das Dorf, aber

Maria blieb im Haus. 21 Marta sagte zu
Jesus: „Herr, wenn du hier gewesen
wärst, hätte mein Bruder nicht sterben
müssen. 22 Aber ich weiß, dass Gott dir
auch jetzt keine Bitte abschlägt." 23
„Dein Bruder wird auferstehen", sagte
Jesus zu Marta. 24 „Ich weiß", erwiderte
sie, „er wird auferstehen, wenn alle Toten
lebendig werden, am letzten Tag." 25
Jesus sagte zu ihr: „Ich bin die Auferste-
hung und das Leben. Wer mich annimmt,
wird leben, auch wenn er stirbt, 26 und
wer lebt und sich auf mich verlässt, wird
niemals sterben, in Ewigkeit nicht.
Glaubst du mir das?" 27 Sie antwortete:
„Ja, Herr, ich glaube, dass du der verspro-
chene Retter bist, der Sohn Gottes, der in
die Welt kommen soll." 28 Nach diesen
Worten ging Marta zu ihrer Schwester
zurück, nahm sie beiseite und sagte zu
ihr: „Unser Lehrer ist hier und will dich
sehen!" 29 Als Maria das hörte, stand sie
schnell auf und lief zu ihm hinaus. 30
Jesus selbst war noch nicht in das Dorf
hineingegangen. Er war immer noch an
der Stelle, wo Marta ihn getroffen hatte.
31 Die Leute aus Jerusalem, die bei
Maria im Haus waren, um sie zu trösten,
sahen, wie sie aufsprang und hinauseilte.
Sie meinten, Maria wolle zum Grab
gehen, um dort zu weinen, und folgten
ihr. 32 Als Maria zu Jesus kam und ihn
sah, warf sie sich vor ihm nieder. „Herr,
wenn du hier gewesen wärst, hätte mein
Bruder nicht sterben müssen", sagte sie
zu ihm. 33 Jesus sah sie weinen; auch
die Leute, die mit ihr gekommen waren,
weinten. Da wurde er zornig und war
sehr erregt. 34 „Wo habt ihr ihn hinge-
legt?", fragte er. „Komm und sieh es
selbst, Herr!", sagten sie. 35 Jesus fing
an zu weinen. 36 Da sagten die Leute:
„Er muss ihn sehr geliebt haben!" 37
Aber einige meinten: „Den Blinden hat er
sehend gemacht. Hätte er nicht verhin-
dern können, dass Lazarus stirbt?" 38
Aufs Neue wurde Jesus zornig. Er ging
zum Grab. Es bestand aus einer Höhle,
deren Zugang mit einem Stein verschlos-
sen war. 39 „Nehmt den Stein weg!", be-
fahl er. Marta, die Schwester des Toten,
wandte ein: „Herr, der Geruch! Er liegt
doch schon vier Tage im Grab." 40 Jesus
sagte zu ihr: „Ich habe dir doch gesagt,
dass du die Herrlichkeit Gottes sehen
wirst, wenn du nur Glauben hast." 41 Da
nahmen sie den Stein weg. Jesus blickte
zum Himmel auf und sagte: „Vater, ich
danke dir, dass du meine Bitte erfüllst.
42 Ich weiß, dass du mich immer er-
hörst. Aber wegen der Menschenmenge,
die hier steht, spreche ich es aus - damit
sie glauben, dass du mich gesandt hast."
43 Nach diesen Worten rief er laut: „La-
zarus, komm heraus!" 44 Der Tote kam
heraus; seine Hände und Füße waren mit
Binden umwickelt und sein Gesicht war
mit einem Tuch verhüllt. Jesus sagte:
„Nehmt ihm das alles ab und lasst ihn
nach Hause gehen!" 45 Viele Leute aus
der Stadt, die zu Maria gekommen
waren und alles miterlebt hatten, kamen
zum Glauben an Jesus.

Anmerkung: Die Geschichte wurde von Johannes, dem Bruder des Jakobus, aufgeschrieben. Er beobachtete das Wirken von Jesus Christus zunächst als sein Jünger und später als Apostel. Dieser Bericht wurde wahrscheinlich in der Zeit zwischen 85 und 90 n. Chr. geschrieben, nachdem Jerusalem 70 n. Chr. zerstört worden war und bevor Johannes in seinem hohen Alter nach Patmos ins Exil geschickt wurde. Außer dem Johannesevangelium schrieb er drei Briefe im Neuen Testament und das Buch der Offenbarung.

Dem Tod entronnen!

Eine Geschichte über Befreiung und Gebetserhörung

Wir saßen wie gebannt vor dem Bildschirm und hielten den Atem an, als der Bösewicht in dem Film seine Macht gegen die friedlichen Dorfbewohner ausspielte, um sich an ihnen zu bereichern.

Meine Nachbarin Bernadine und ich sahen uns einen neuen Videofilm über die Geschichte von Robin Hood an. Der Charakter des Sheriffs von Nottingham wurde wirklich sehr treffend dargestellt. Er verlangte unbarmherzig Abgaben von den Leuten und brannte ihre Dörfer nieder. Er beschuldigte ehrenwerte Männer der Blasphemie und verurteilte sie zum Tode. Dadurch konnte er sich ihr Eigentum aneignen. Er ließ Männer und deren Söhne hinrichten, weil sie für ihre hungernden Familien gewildert hatten, benutzte Frauen, wie er gerade lustig war, manipulierte religiöse Führer zu seinen eigenen Zwecken, suchte den Rat einer Wahrsagerin und ließ Maid Marian ins Gefängnis werfen! Alle waren erleichtert, als Robin Hood als Retter auftrat!

Als der Film zu Ende war, kramte ich meine Enzyklopädie hervor und stellte fest, dass, obwohl es aus dem 13. und 14. Jahrhundert sehr viele Balladen und Geschichten über Robin Hood gibt, es nur wenige Beweise gibt, die die Legende tatsächlich bestätigen könnten. Dennoch, ich war über den Charakter jenes Sheriffs äußerst empört. Dabei dämmerte mir, dass er mich an einen Mann erinnerte, der sich einige Jahrhunderte zuvor ganz ähnlich benommen hatte.

*

Sein Name war Herodes Agrippa I. Er war ein schrecklicher König. Er kam einige Jahre nach Jesu Tod und Auferstehung als König der Juden an die Macht. Ich möchte Sie kurz über die Ereignisse informieren, die der folgenden Geschichte vorangingen, bevor ich Sie weiter mit Herodes bekannt mache.

Als seine Stunde gekommen war, wurde Jesus gekreuzigt und in ein Grab gelegt. Nach drei Tagen stand er von den Toten auf, und einige Zeit später fuhr er, nachdem er sich mit seinen Jüngern versammelt hatte, vor vielen Zeugen in den Himmel. Dabei versprach er, dass er eines Tages wiederkommen würde, um alle, die an ihn glauben, zu sich zu nehmen. In der Zwischenzeit würde der Heilige Geist bei ihnen bleiben, sie lehren und führen. Die Gläubigen sollten derweil in die Welt hinausziehen und allen Völkern das Evangelium von Jesus Christus erzählen. Und das taten sie auch. Die Botschaft von Jesus Christus hatte die unglaubliche Macht, soziale und kulturelle Barrieren niederzureißen und ein neues Volk Gottes zu schaffen.

Diese schnell wachsende Bewegung war für die jüdischen religiösen Führer eine große Gefahr. Die Christen wurden verfolgt und wurden Opfer grausamer Hinrichtungen. Und doch wuchs die Gemeinde weiter und breitete sich im ganzen Römischen Reich und darüber hinaus aus.

Die Geschichte von der Befreiung des Petrus

Herodes Agrippa ließ seinen Blick über die weite Arena schweifen und gratulierte sich wieder einmal zu seiner Weitsicht, eine Anlage gebaut zu haben, die vielen Zwecken dienen konnte. Als König der jüdischen Nation unter der Besatzung des Römischen Reiches nutzte er das Kolosseum für Spiele und Wettbewerbe, die Römer und Griechen erfreuten. Inzwischen hatte er außerdem eine Möglichkeit gefunden, es zu nutzen, die sogar den Juden sehr viel Spaß machte.

Die Juden waren nicht leicht zufrieden zu stellen, das war nun einmal so. Sie hatten ihn nur deswegen akzeptiert, weil seine eigene Großmutter Jüdin gewesen war. Gewissenhaft beachtete er ihre religiösen Feste, um sie bei Laune zu halten. Durch die rasche Ausbreitung des Christentums hatte er eine einmalige Gelegenheit gefunden, sich die Gunst der religiösen Führer zu verschaffen. Er hatte einige Mitglieder der so genannten christlichen Gemeinde festnehmen und einsperren lassen, um sie öffentlich hinzurichten. Das gefiel den Juden so sehr, dass sie mutig nach den Anführern der christlichen Bewegung suchten.

Erst neulich war der Apostel Jakobus hier in der Arena mit dem Schwert exekutiert worden, und Herodes hatte festgestellt, dass die Enthauptung ein Spektakel war, das die Menschen in Scharen anlockte. *Einige hatten gelacht, andere geweint,* erinnerte er sich mit einem zynischen Lächeln. Seither verehrten ihn die jüdischen Gelehrten. Die Exekution war ein so populäres Ereignis gewesen, dass er sich entschlossen hatte, es zu wiederholen. Dafür hatte er den Apostel Petrus gefangen nehmen lassen.

Herodes schritt am Richterstuhl vorüber, auf dem er saß, wenn der „Angeklagte" vorgeführt wurde. Stolz strich er mit der Hand über die bequeme Polsterung. Und wieder warf er einen Blick über die weite Arena und stellte sich die begeisterte Menge vor. Morgen waren die religiösen Feiertage zu Ende, und da die Stadt noch voller Juden war, die von weither zum Fest angereist waren, beabsichtigte er, wieder einmal ein solches Schauspiel vorzuführen.

Seine Beute saß im Augenblick in Sicherheitsgewahrsam. Herodes hatte veranlasst, dass der schlüpfrige Fischer gut bewacht wurde. Er hatte erfahren, dass der Mann schon einmal auf geheimnisvolle Weise aus dem Gefängnis entkommen war, und er hatte nicht die Absicht, sein Publikum zu enttäuschen. Er seufzte selbstgefällig und schnalzte mit den Fingern nach seinen Dienern. Sie sollten ihn in seinen Palast zurückbegleiten, wo ihn ein ausgezeichnetes Abendessen erwartete.

*

Petrus murmelte dem Wärter zu seiner Linken eine Entschuldigung zu, als er bei dem Versuch, sich auf die rechte Seite zu legen, an der Kette zog, die an seinem linken Handgelenk befestigt war. An der gegenüberliegenden Wand war eine einzige Laterne befestigt, die verzerrte Schatten auf Petrus und seine beiden Wächter warf. In der Ecke stand ein Tontopf, auf dem er seine Notdurft verrichten konnte. Das Stroh auf dem Boden vervollständigte die Bequemlichkeiten, die sein Gastgeber ihm gewährte.

Als ein bedeutender politischer Gefangener wurde Petrus in vier Tagesschichten insgesamt von nicht weniger als 16 Soldaten bewacht. Jeweils vier von ihnen waren in ihrer Schicht dafür verantwortlich, ihn bis zu seinem öffentlichen Prozess, der für den folgenden Tag angesetzt war, hinter Schloss und Riegel zu halten. Durch seine Handschellen war Petrus immer in engem Kontakt mit seinen Bewachern, da zwei der Soldaten immer an ihn angekettet waren. Die zwei anderen standen als Wachen draußen vor der Tür.

Was haben die armen Kerle für einen miesen Job, dachte Petrus. *Sie sind ihre eigenen Gefangenen.* Und schon waren seine Gedanken beim Ernst seiner eigenen Lage. Er holte tief Luft.

Als er darüber nachdachte, dass dem Urteilsspruch unmittelbar sein Tod folgen würde, rief das bei ihm die verschiedensten Gefühle hervor. Augenblicklich gab es so viel zu tun – die Gemeinde musste wachsen, die jungen Christen mussten ermutigt werden. Es tat ihm unendlich Leid, als er sich vorstellte, nicht mehr Teil des sich ausbreitenden Wunders einer so schnell wachsenden Bewegung zu sein! Es war so wichtig, dass jemand die Leitung übernahm. Gott musste Ersatz für ihn finden.

Dieser Gedanke löste in ihm die Erinnerung an den Tod von Jakobus aus. Wie sehr hatte seine Hinrichtung die Schwestern und Brüder in Christus erschüttert! Er dachte an die Gläubigen, die sich im Haus von Maria, der Mutter des Markus, versammelten, seitdem sie die Nachricht erfahren hatten. Er erinnerte sich an ihre Ängste und schloss die Augen. Es waren so wertvolle, treue Glaubensgeschwister. Er bezweifelte nicht, dass sie von seiner Inhaftierung wussten und auch von Herodes' Plänen für morgen. Sie würden Gott um ein Wunder bitten, dass er auf irgendeine Weise sein Leben retten würde. Der Gedanke daran, wie sie für ihn beteten, tröstete ihn. Sollte Gott nicht eingreifen, nun gut, dann würde er morgen Jesus sehen, und dieser Gedanke tröstete ihn auch. Wie wunderbar würde es sein, seinen geliebten Herrn wieder zu sehen!

Seine Gedanken wanderten weiter. Er würde auch Stephanus sehen, den guten Stephanus, der zu Tode gesteinigt worden war. Und er würde Jakobus, seinen sturmerprobten Fischerkollegen, wieder sehen. Sie würden wieder zusammen sein. Wie oft hatten sie gemeinsam das Galiläische Meer befahren, die rauen Seile um ihre schwieligen Hände geschlungen und ihre Netze gemeinsam mit Johannes und Andreas und ihren Vätern eingeholt! Dann war Jesus gekommen. Er hatte ihr ganzes Leben verändert. Er hatte sie gelehrt, Menschenfischer zu werden.

Mit seinem Mantel, den er zu einem Kissen zusammengeknüllt hatte, unter dem Kopf atmete Petrus tief ein und schloss die Augen. Der Friede Gottes umgab ihn, sodass er trotz der unerträglichen Umstände einschlafen konnte.

*

Mitten in der Nacht wurde Petrus wach. Jemand hatte ihn an der Seite berührt, und er hörte eine Stimme, die flüsterte: „Schnell, steh auf!"

Er stützte sich auf einen Ellbogen und blinzelte mit den Augen. Er versuchte, das strahlende Licht einzuordnen, das seine Zelle erhellte. Was er sah, ließ ihn mit einem Mal wach werden. In seiner Zelle stand ein Engel des Herrn! Rasch blickte er zu den Wachen hinüber. Sie lagen noch genauso da, wie zu dem Zeitpunkt, als er eingeschlafen war, und merkten nichts von dem hellen Licht und dem Engel. Als Petrus sich aufrichtete, fielen die Fesseln von seinen Handgelenken.

„Zieh deine Kleider und Sandalen an!", befahl der Engel.

Petrus griff nach seinem Ledergürtel und legte ihn über seine Tunika. Er bückte sich, um seine Sandalen zu schnüren, und dachte: *Ich muss träumen!*

„Jetzt nimm deinen Mantel und folge mir!", drängte der Engel.

Mit einem letzten Blick auf die bewegungslosen Wachen folgte Petrus seinem Führer durch das Tor. Er sah ängstlich in den langen Gang, der an den ersten und zweiten Wachposten vorüberführte. Die Soldaten standen da, aber sie schienen um sich herum nichts wahrzunehmen! Was war das nur für ein merkwürdiger Traum!

Endlich erreichten sie das Außentor, das in die Stadt führte. Petrus war ganz erstaunt, dass das schwere Eisentor sich lautlos und wie von selbst öffnete! Sie schritten hindurch, dann begleitete ihn der Engel noch eine Straße entlang und ... verschwand.

Petrus blieb völlig verwirrt stehen. Die Kühle der Nacht durchdrang sein Bewusstsein und er fasste sich mit beiden Händen ins Gesicht. Mit schockierender Klarheit stellte er fest, dass das, was gerade passiert war, kein Traum gewesen sein konnte! „Es ist also wirklich wahr!", sagte er laut vor sich hin. „Der Herr hat mir einen Engel geschickt, um mich vor Herodes zu retten und vor dem zu bewahren, was die Juden sich erhofft haben!"

Plötzlich wurde ihm klar, dass er aus Herodes' Gefängnis ausgebrochen war und dass jeden Moment Alarm geschlagen werden konnte! Er musste unbedingt wenigstens einigen Gläubigen sagen, was Gott getan hatte, und eilte durch die dunklen Straßen zu dem Haus von Maria, der Mutter des Markus. Zu seiner großen Freude konnte er sehen, dass dort immer noch ein kleines Licht brannte, sogar zu dieser frühen Morgenstunde! Nachdem er sich vergewissert hatte, dass ihm niemand gefolgt war, klopfte er an das Außentor des großen Hauses.

*

Die Gläubigen hatten sich in Marias Haus zum Nachtgebet eingefunden, als sie von Petrus' Verhaftung und seinem bevorstehenden Prozess erfahren hatten. Der gewaltsame Tod des Apostels Jakobus hatte ihnen gezeigt, wie ernst Petrus' Situation war. Darum waren sie zusammengekommen, um die ganze Nacht hindurch im Gebet vor dem Herrn für ihn einzustehen. Nach den langen Nachtstunden schütteten sie in der Morgendämmerung inbrünstig ihre Herzen vor Gott aus und baten ihn um ein Wunder. Würde Gott ihre Feinde zur Strecke bringen? Konnte der Prozess durch eine schlagkräftige Verteidigung abgebrochen werden? Stunde um Stunde beteten sie, aber die Wahrscheinlichkeit, dass Petrus der nächste Märtyrer sein würde, machte ihnen immer wieder das Herz schwer.

Das ernste Beten und die Schreie der Herzen seiner Kinder wurden von dem Einen, den sie um Erbarmen anflehten, erhört.

*

Was war das für ein Geräusch? Rhode, eine junge Dienerin, schaute vom Gebet auf und horchte. Da! Da war es wieder! Das hörte sich an, als ob jemand ans Hoftor klopfte. Schnell stand sie auf und schlich zum Ausgang, weil sie die anderen nicht beim Gebet stören wollte. Jetzt war sie sich ganz sicher, da klopfte jemand ans Tor, und zwar ganz energisch! Ihr Herz raste beim Gedanken daran, dass in der letzten Zeit immer wieder Christen in dieser Gegend gefangen genommen worden waren, und sie wagte nicht, das Tor zu öffnen.

„Lass mich rein! Schnell! Öffne das Tor. Ich bin's, Petrus! Bitte lass mich ein!"

Als Rhode die Stimme von Petrus erkannte, war sie so erschrocken, dass sie, nachdem sie einen Augenblick stocksteif dagestanden hatte, zurück zu den anderen rannte. In ihrer Aufregung vergaß sie, den Riegel vom Tor wegzuschieben, und sie ließ Petrus draußen in der dunklen Gasse stehen.

„Petrus ist hier! Ich habe seine Stimme gehört! Petrus ist hier!", rief sie durchs Haus.

Noch ganz in ihr heißes Ringen um das Leben ihres Bruders vertieft, schalten die Beter Rhode wegen ihrer lauten Unterbrechung. Schließlich wollten sie die ganze Nacht beten. Darum schickten sie die Dienerin fort.

„Aber ich sag's euch: Er steht vor dem Tor!"

„Hast du ihn gesehen?", fragte Maria, die Hausherrin.

„Nein, aber ich habe seine Stimme gehört!“, beteuerte Rhode.

„Dann muss es sein Schutzengel gewesen sein“, gab einer zu bedenken. Den Gedanken aufgreifend, meinte eine andere: „Ob er vielleicht schon hingerichtet wurde?“

Maria erhob sich und ging in den Hof. „Ich glaube, es ist besser, ich sehe selbst einmal nach, was los ist.“

„Ich habe seine Stimme gehört“, beteuerte Rhode wieder. „O Schreck! Ich habe vergessen, das Tor zu öffnen!“ Schnell drehte sich das Mädchen zum Ausgang und lief hinter seiner Herrin her. Die anderen folgten und drängelten sich in den Hof.

*

Petrus klopfte immer noch verzweifelt, weil niemand zurückkehrte, um ihn einzulassen. Hatten sie Angst, verhaftet zu werden, wenn sie ihm öffneten? *Das kann ich ihnen kaum übel nehmen,* dachte er und klopfte ein wenig lauter. Wieder warf er einen unruhigen Blick auf die Straße in die Richtung, aus der er gekommen war. Vielleicht waren die Wachen schon hinter ihm her! Es war tatsächlich einfacher, aus dem Gefängnis heraus- als in dieses Haus hineinzukommen.

Endlich hörte er Schritte hinter dem Tor und er flüsterte, so laut er konnte: „Öffnet das Tor! Ich bin es, Petrus! Beeilt euch!“

*

Maria zog hastig den Riegel zur Seite und hieß Petrus herzlich willkommen. Erstaunt fingen alle zugleich an zu reden, aber Petrus winkte mit der Hand, dass sie Ruhe geben sollten, und drängte sie ins Haus zurück.

„Macht kein Licht an“, flüsterte er. „Ich habe nur ein paar Minuten, bevor ich verschwinden muss, aber ich wollte euch unbedingt erzählen, was der Herr in dieser Nacht getan hat. Wir wollen nicht die Aufmerksamkeit der Nachbarn auf uns lenken, sonst wird womöglich Verdacht geschöpft!“

Als alle ruhig waren, berichtete Petrus von den erstaunlichen Ereignissen der vergangenen Stunde und erklärte die wunderbare Befreiung, die der Herr ihm gewährt hatte. „Habt Dank, meine lieben Freunde, für eure treuen Gebete! Gott hat sie auf eine Weise erhört, die wir uns niemals hätten vorstellen können! Jetzt muss ich mich beeilen. Es geht um eure und meine Sicherheit. Vergesst nicht, Jakobus, dem Bruder von Jesus, zu sagen, was geschehen ist, und gebt diese Neuigkeiten an unsere anderen Brüder und Schwestern in Christus weiter, damit auch sie im Herrn ermutigt werden."

Petrus umarmte seine Freunde und wandte sich rasch zum Gehen. Maria steckte ihm noch schnell einen Beutel mit Proviant zu. Er huschte hinaus in die Dunkelheit und verschwand.

*

Am nächsten Morgen war das ganze Gefängnis in Aufruhr.

Als es Zeit zur Wachablösung war, entdeckten die vier Soldaten, die abgestellt waren, um Petrus in der Nacht zu bewachen, zu ihrem großen Entsetzen, dass ihr Gefangener weg war. Sofort wurde das Gefängnis bis in die letzten Winkel durchsucht, denn falls Petrus es irgendwie geschafft haben sollte, seiner Zelle zu entfliehen, hatte er garantiert nicht durch das eiserne Eingangstor ins Freie entwischen können. Leider blieb ihre verzweifelte Suche ohne Erfolg. Petrus war und blieb verschwunden. Mit Zittern und Zagen musste der Fall Herodes gemeldet werden.

*

Herodes stand auf und ließ sich ankleiden. Er war schon ganz gespannt auf die anstehenden Ereignisse des Tages. Er summte vergnügt vor sich hin und suchte den Schmuck aus, den er für seinen wichtigen öffentlichen Auftritt tragen wollte, streifte verschiedene Ringe über und gebot seinem Diener, ihm eine schwere Goldkette um den Hals zu legen.

Auf ein Klopfen an der Tür erschien Blastus, sein treuer Diener, der ihm mitteilte, dass der Chef der Wachen ihn zu sprechen wünsche.

„Schick ihn zu mir!", sagte Herodes jovial. „Ich lasse mir gerne sagen, dass mein kleiner Gefangener mich heute Morgen um Gnade anflehen will! Wenn er mich in der Arena inbrünstig anwinselt, wird das eine weitaus unterhaltsamere Vorführung, als wenn der Kerl nur dasteht wie ein stummes Lamm, das zur Schlachtbank geführt wird!"

Der Soldat trat in den Saal, verbeugte sich vor dem König und blieb einen Moment in unbehaglichem Schweigen stehen.

„Sprich!", befahl Herodes. „Irgendwelche Neuigkeiten?"

„Mein König, der Gefangene ist entkommen."

Herodes legte den Kopf zur Seite und starrte den Soldaten, der vor ihm stand, ungläubig an. „Waaaas?", brüllte er nach einigen Sekunden los. „Du wagst es doch wohl nicht, mit mir zu scherzen, oder?"

„Der Apostel Petrus ist weg. Die Wachen haben nichts gesehen und nichts gehört. Wir haben das Gefängnis durchsucht und können ihn nicht finden."

„Ihr werdet ihn finden, verstanden?", brüllte Herodes. „Findet ihr ihn nicht, werdet ihr dafür zahlen!"

*

Obwohl eine erneute Durchsuchung ohne Ergebnis verlief, veranstaltete König Herodes sein öffentliches Schauspiel. Er ließ alle 16 Soldaten, die Petrus bewacht hatten, auf einen Streich hinrichten.

Später verließ Herodes Jerusalem und reiste in seine Heimat nach Cäsarea, wo er eine Zeit lang blieb. Während er dort weilte, gewannen die führenden Männer der Küstenstädte Tyrus und Sidon das Vertrauen von Blastus, dem Palastverwalter des Herodes. Sie wünschten eine Audienz beim König, weil er die Lebensmittellieferungen aus seinem Gebiet zurückhielt, auf die sie angewiesen waren. Blastus legte ein Wort für sie ein und Herodes bestimmte einen Tag, an dem er die Sache entscheiden wollte.

Herodes zog seine königlichen Gewänder an, setzte sich auf seinen Thron und hielt vor dem Volk eine große Rede. Die Menschen applaudierten und riefen ihm zu: „So redet ein Gott, nicht ein Mensch!"

Für einen Moment badete sich Herodes in der Ehre, die nur Gott allein gebührt. Im selben Augenblick schlug ihn der Engel des Herrn. Der König wurde von Würmern gefressen und starb.

Die Botschaft Gottes wurde indes immer weiter verbreitet.

Hintergrundinformationen

Wer ist wer? Bevor wir uns diese Geschichte näher anschauen, ist es sicher hilfreich, die Identität zweier Personen in dieser Geschichte zu klären.

Noch eine Maria?

Die Maria in dieser Geschichte ist nicht die Mutter Jesu und auch nicht die Schwester von Marta und Lazarus. Diese Maria ist die Mutter von Johannes mit dem Beinamen Markus, dem Evangelisten, der als junger Mann der Reisegefährte der drei großen Missionare Paulus, Barnabas und Petrus war. Er war einer der Ersten, die die Ereignisse vom Leben Jesu berichten, und zwar im Markusevangelium. Seine Mutter Maria war eine reiche Witwe, die ihr großes Haus in Jerusalem der Arbeit des Herrn zur Verfügung stellte. „In den Tagen der schrecklichen Verfolgung in Jerusalem versammelten sich regelmäßig Gläubige in ihrem schönen Heim, um das Wort Gottes zu lesen und auszulegen und um für die gefährdeten Heiligen zu beten.“[1] Offensichtlich hat sich Petrus dort häufiger aufgehalten, denn Rhode, die Dienerin, erkannte sofort seine Stimme.

Maria war ein sehr gebräuchlicher Name. Er stammt von dem Namen Mirjam ab. (Erinnern Sie sich an die gleichnamige Frau im Alten Testament, deren Leben wir in Kapitel drei dieses Buches betrachtet haben?)

Noch ein Jakobus?

Der Apostel Jakobus wurde von Herodes Agrippa I. hingerichtet, bevor Petrus hinter Schloss und Riegel gebracht wurde. Als Petrus die Gebetsgruppe in Marias Haus verlassen wollte, bat er seine Glaubensgeschwister in Vers 17: „Berichtet das Jakobus und allen anderen Brüdern und Schwestern!“ Dieser Jakobus war einer von Jesu leiblichen Brüdern, das heißt, er war ein Sohn von Maria, der Mutter Jesu, und von Josef, ihrem Mann. Er wurde einer der bedeutendsten Gemeindeleiter in Jerusalem während der für die ersten Gemeinden so gefährlichen Zeit.

Jetzt wollen wir uns die Hintergründe dieser Geschichte und die Herausforderungen, denen sich Petrus und die frühen Christen gegenübergestellt sahen, noch etwas näher anschauen. Und wir wollen sehen, woher sie die Kraft nahmen, solche Herausforderungen zu meistern.

Herodes Agrippa I. war ein mächtiger und boshafter Feind der Christen

Er war ein bösartiger Regent aus einer langen Reihe von bösartigen Herrschern. Sein Großvater, Herodes der Große, hatte, als er von den

Waisen aus dem Morgenland erfuhr, dass Jesus geboren worden war, versucht, Jesus zu töten, indem er alle männlichen Säuglinge in Betlehem und Umgebung ermorden ließ. Seine Schwester Herodias war für den Tod Johannes des Täufers verantwortlich (Markus 6,17–28). Herodes Agrippa I. folgte ihren bösen Fußspuren.

Die Römer hatten ihn zum Herrscher über fast ganz Palästina eingesetzt, einschließlich der Gebiete von Galiläa, Peräa, Judäa und Samaria. Er verfolgte die Christen, um den jüdischen Religionsführern zu gefallen, die sich gegen die Nachfolger Jesu stellten. Er versprach sich davon, seine Position zu festigen. Petrus wurde während des Laubhüttenfestes gefangen genommen. Das ist das Fest, das eine Woche lang direkt nach dem Passafest gefeiert wird. Weil sich nach den Festtagen mehr Juden in der Stadt aufhielten als sonst und Herodes in dieser Zeit besonders vielen Menschen imponieren konnte, hatte er zu diesem widerlichen strategischen Zug angesetzt.[2]

A. T. Robertson gibt uns in seinem Buch *Word Pictures in the New Testament* (dt. Übers.: Metaphern im Neuen Testament) noch einige Einzelheiten über Herodes: „Er war der Liebling von Caligula, dem römischen Kaiser, und bemühte sich eifrig, seinen jüdischen Untergebenen zu gefallen, während er gleichzeitig die Gunst der Römer suchte. Darum baute er Theater und veranstaltete Spiele für die Römer und die Griechen und verfolgte die Christen, um den Juden zu gefallen.“[3]

Petrus wurde in Fesseln gelegt

Herodes hatte Petrus fesseln lassen. Mit der Absicht, dass nichts und niemand sein Programm durcheinander bringen durfte, bestimmte er 16 Soldaten, die Petrus bis zur Gerichtsverhandlung bewachen sollten. Robertson beschreibt Petrus’ Situation wie folgt: „Je vier Soldaten waren für jedes Tages- beziehungsweise Nachtviertel zuständig, zwei lagen an ihn gefesselt bei ihm in der Zelle und zwei standen davor. Sie wechselten sich alle sechs Stunden ab. Insgesamt waren es 16 Soldaten, wie es nach römischem Brauch Sitte war.“[4]

Herodes hatte nichts ausgelassen, um sicherzustellen, dass Petrus in seinen Fängen blieb und ihm für seine abscheulichen Zwecke zur Verfügung stand. Matthew Henry schreibt: „Petrus wurde unter großen Sicherheitsvorkehrungen in Gewahrsam gehalten, sodass es ganz und gar unmöglich war – und sei es unter Anwendung von Gewalt oder Tücke –, ihn da herauszuholen; aber die Gemeinde betete ohne Unterlass für ihn zu Gott.“[5]

Petrus hatte eine Geheimwaffe

Die frühe Gemeinde betonte die besondere Wichtigkeit des Gebets sehr stark.

„Die erste Gebetsversammlung der neuen Bewegung zeichnete sich dadurch aus, dass sie viele unterschiedliche Menschen umfasste, auch Frauen waren mit dabei (Apostelgeschichte 1,14), was in jüdischen Versammlungen undenkbar war. Hier saßen Männer und Frauen getrennt und hatten auch unterschiedliche Rollen inne. Im Gegensatz dazu hatten sich die Frauen, die Christus gefolgt waren, nun den Aposteln angeschlossen. Dazu gehörte auch seine Mutter. Gemeinsam bildeten sie eine gleichberechtigte Gruppe hingebungsvoller Nachfolger und Nachfolgerinnen. Gott wollte, dass alle seine Zeugen waren.“[6]

Neben der eigentlichen Geschichte von der dramatischen Flucht des Petrus aus dem Gefängnis erfahren wir: „Die Gemeinde aber betete Tag und Nacht inständig für ihn zu Gott“ (Apostelgeschichte 12,5). In der Luther-Bibelübersetzung heißt es: „Die Gemeinde betete ohne Aufhören für ihn zu Gott.“ Nach seiner Befreiung machte Petrus vor dem Haus der Witwe Maria Halt, wo die ganze Nacht über für ihn gebetet wurde. Die Christen nutzten das Gebet als ihre mächtigste Waffe im geistlichen Kampf gegen ihren Feind.

„Herodes hatte ohne jeden Zweifel den Plan, Petrus zu enthaupten. Aber die Gläubigen rangen im Gebet um sein Leben. Das ernsthafte Gebet der Gemeinde hatte maßgeblich zu dem wunderbaren Ausgang dieser Ereignisse geführt.“[7]

Der Feind war in der Tat stark und mächtig, und damit war die Situation menschlich gesehen hoffnungslos. Aber Gott griff ein. Der Kampf wurde durch Gebet gewonnen.

Petrus erlebte eine übernatürliche Befreiung

Während Petrus in seinen Ketten schlief, wurde er von niemand anderem als von einem Engel des Herrn geweckt. Daraufhin folgten verschiedene höchst ungewöhnliche Ereignisse. Ein strahlendes Licht fiel in die dunkle Zelle. Die Fesseln fielen von Petrus ab. Keine der Wachen nahm seine Bewegungen wahr. Das schwere Eisentor öffnete sich automatisch. Was da geschah, schien Petrus so unwirklich, dass er dachte, er träume oder er habe eine Vision! Anschließend führte ihn der Engel eine Straße entlang und verschwand. Erst als er zu sich gekommen war, begriff er, dass er tatsächlich auf einer Straße außerhalb der Gefängnismauern war und sagte deutlich hörbar, dass Gott ihn aus den Fängen des Herodes und von den Plänen der Juden befreit habe.

Gott hatte in Petrus' Leben ein bemerkenswertes Wunder bewirkt. Nun war es an ihm, selbst zu handeln.

Was für eine Bedeutung hat diese Geschichte für mein Leben?

Gibt es Parallelen zwischen dieser Geschichte und unserem Leben? Ganz bestimmt!

Herodes war ein mächtiger und böser Feind

Herodes, der eiskalte Taktiker, war leicht als boshafter Feind der frühen Christen zu erkennen. Derjenige, der damals *ihn* im Griff hatte und ihn leitete und inspirierte, ist allerdings auch *unser* Feind heute.

Heute wird nicht mehr viel über Satan gesprochen. Aber er lebt und jeden Tag fordert er Christen zum Kampf heraus. Er freut sich, wenn er sieht, wie Familien zerbrechen, Leben durch Selbstmord, Gewalt, Unfall, Bitterkeit und Hoffnungslosigkeit vernichtet werden. Er freut sich über alles, was Christen von einem freudigen und siegreichen Leben abhält. Sherrer und Garlock führen in ihrem Buch *A Woman's Guide to Spiritual Warfare* (dt. Übers.: Eine Anleitung zum geistlichen Kampf für Frauen) anhand der Bibel die Methoden und das Wesen des Feindes auf. Satan ist:

- klug (1. Mose 3,1)
- ein Verführer (1. Mose 3,13)
- der Feind und Widersacher (Psalm 8,3)
- der Versucher (Matthäus 4,3; 1. Thessalonicher 3,5)
- Herrscher der Dämonen – der Beelzebul (Matthäus 12,24)
- ein Mörder (Johannes 8,44)
- ein Lügner und der Vater der Lüge (Johannes 8,44)
- der Böse (Matthäus 6,13; Johannes 17,15)
- der Herrscher dieser Welt (2. Korinther 4,4)
- falsch – Er verstellt sich und gibt sich als Engel aus (2. Korinther 11,14).
- Herrscher dieser Welt, der sein Reich zwischen Himmel und Erde hat (Epheser 2,2)

- der Drache, ... die alte Schlange (Offenbarung 12,7–9)
- der Ankläger (Offenbarung 12,10)[8]

Fürchterlich! Diese Liste ist geradezu abstoßend! Jedoch fürchte ich, dass wir viel zu selten merken, wer und was Satan ist. Wir flirten mit der Versuchung, mit der er uns lockt, anstatt sie zu bekämpfen.

Aus einer Gefängniszelle schrieb Paulus an die Christen in Ephesus: „Noch ein letztes Wort: Werdet stark durch die Verbindung mit dem Herrn! Lasst euch stärken von seiner Kraft! Legt die Waffen an, die Gott euch gibt, dann können euch die Schliche des Teufels nichts anhaben" (Epheser 6,10–11). Wir sollten diesen Ratschlag befolgen und realisieren, dass wir einige großartige Waffen haben, die uns vor den Angriffen des Feindes schützen und uns befreien.

Petrus wurde in Fesseln gelegt

Petrus' Gebundenheit war sichtbar und greifbar – er konnte seine Ketten sehen und fühlen. Viele Frauen heute sind ebenfalls gefesselt. Die meisten zwar nicht körperlich, dafür aber emotional und geistlich. Sehr oft verstecken Frauen ihre Fesseln hinter einem charmanten Lächeln, hinter der Fassade einer glücklichen Ehe und Familie, hinter Aktivitäten in ihrer Gemeinde oder hinter anderen Masken, während sich der Feind ins Fäustchen lacht.

Als Referentin bei Freizeiten und Konferenzen bin ich immer wieder Frauen begegnet, die gefesselt sind. Einige lassen sich von ihrer Angst, Wut oder ihren Erinnerungen an eine böse Vergangenheit fesseln. Viele Frauen kämpfen mit Schuldgefühlen durch Heimlichkeiten. Sie spielen Computerspiele, schauen sich seichte Filme an oder lesen eine Schnulze nach der anderen, bis es so weit kommt, dass sie ihre Familien, ihre Arbeit oder andere Verpflichtungen vernachlässigen. Einige sind an Drogen oder an Alkohol gebunden, ohne dass jemand in ihrem Umfeld davon weiß. Immer mehr Frauen sind gefesselt durch Pornografie oder Chatrooms im Internet. Einige werden durch Wut, Scham, Sorgen oder Verzweiflung über das Verhalten ihrer Kinder oder das ihres Ehepartners angefochten. Ihr Zuhause scheint häufig wie ein unentrinnbarer Kriegsschauplatz zu sein.

Auf einer großen Frauenfreizeit in Kanada fragte mich eine junge Frau, ob sie mich einmal privat sprechen könne. Wir fanden ein ruhiges Plätzchen in der Hotellobby, und sie erzählte mir, wie gern sie in ihrer Gemeinde musiziere. Dann reichte sie mir ein Foto ihrer reizenden Familie. „Ich liebe sie alle sehr", sagte sie, „aber ich habe seit fast zwei Jahren eine Affäre mit einem anderen Mann. Ich treffe mich mit ihm auf Geschäftsreisen und mein Ehemann weiß nichts davon. Ich wollte nur vorübergehend mal meinen Spaß haben und die Sache dann beenden. Aber ich kann mich nicht mehr von ihm trennen." Sie war gefesselt.

Sharon war eine junge Frau mit Kaufsucht. Wenn sie sich „etwas Gutes tun musste", rannte sie in die Stadt und kaufte ein. Ihr Mann merkte das zunächst gar nicht, doch dann beschwerte er sich über ihre Ausgaben. Anstatt ihrer Sucht den Kampf anzusagen, gab sie immer mehr Geld aus und lieh sich viele hundert Dollar von einer Freundin, damit sie ihre Rechnungen bezahlen konnte, bevor ihr Mann etwas merkte. So verstrickte sie sich immer tiefer in Schulden. Sie war gefesselt.

Solche Bindungen sind Kontrollfaktoren im Leben vieler Frauen. Die Scham hindert sie häufig daran, sich Hilfe zu suchen. Die rettende Nachricht ist, dass Jesus uns liebt. Er ist gekommen, um Gebundene zu befreien. Ich weiß, dass das stimmt, weil Jesus auch mich befreit hat, und ich habe gesehen, wie er das Leben vieler Menschen verändert hat.

Petrus hatte eine tröstende Geheimwaffe

Die ersten Christen nahmen das Gebet sehr ernst. Sie wussten, wenn Gott nicht in ihr Leben und in ihre Lebensumstände eingriff, waren sie in einer hoffnungslosen Lage. Sie wagten es, sich zu treffen. Gemeinsam schütteten sie ihr Herz vor Gott aus. J. Vernon McGee sagte: „Sie kamen nicht mit einer Art Einkaufsliste vor Gott. Sie traten vor Gott und beteten ernsthaft, dass dieser Mann, Simon Petrus, befreit werden würde. Sie beteten mit Herzblut."[9]

Das Ergebnis dieser Gebete war, dass Petrus in der Nacht vor seinem Urteilsspruch angstfrei und friedlich schlafen konnte. Ein weiteres Ergebnis war eine übernatürliche Befreiung, wie sie sich keiner hätte vorstellen können! Außerdem nutzte Gott dieses Wunder, um ihren Glauben und ihren Entschluss, das Evangelium zu verbreiten, zu stärken. Zusätzlich zu all diesen Ereignissen fegte Gott ihren Feind Herodes buchstäblich hinweg.

Nehmen Sie das Gebet ernst? Ist es ein lebendiger Teil Ihres Lebens? Geben Sie Ihr Herzblut ins Gebet? Machen Sie sich die Mühe und beten gemeinsam mit anderen, die Ihre Lasten mittragen? Beten Sie speziell für Ihre Familienangehörigen? Sehr oft sind Christen der

Tatsache gegenüber blind, dass man sich für ein siegreiches Leben als Christ in geistlicher Kampfführung üben muss, und dabei ist das Gebet eine sehr mächtige Waffe.

Petrus erfuhr eine übernatürliche Befreiung

Dass Gott bei der Befreiung des Petrus seine Hand im Spiel hatte, ist unumstritten. Ist es nicht interessant, dass Petrus, als Gott ihm seine Antwort in Form eines Engels schickte, glaubte, sie sei viel zu großartig, um wahr zu sein, und dachte, er träume? Und dass, als Gott die Gebetserhörung bereits direkt vor die Haustür gestellt hatte, die Christen, die in Marias Haus versammelt waren, vor lauter Beten zunächst gar nicht erkannten, dass Gott bereits geantwortet hatte? Ich entdecke darin den Humor Gottes. Gleichzeitig tröstet es mich, dass Gott ihren Hilferuf hörte und *er*hörte, obwohl ihr Glaube nicht so stark war, wie er hätte sein können.

*

Ich schließe dieses letzte Kapitel dieses Buches mit der rührenden Geschichte meiner Freundin Katie. Dafür gibt es zwei Gründe. Erstens wird diese Geschichte viele Frauen ermutigen, die das Gefühl haben, dass ihnen in ihrem Leben etwas fehlt, und zweitens berührt sie vier Schlüsselelemente der Petrusgeschichte: ein mächtiger Feind, Fesseln, die in diesem Fall die Namen Angst und Sucht tragen, die Kraft des Gebetes und die Freiheit in Christus. Außerdem passt es sehr gut, dieses Buch mit der Geschichte von Katie zu beenden, weil sie Christin wurde, nachdem sie für sich die Bibel gelesen hatte.

Katie war besonders schüchtern und hatte ein so geringes Selbstbewusstsein, dass sie am liebsten gar nicht unter Menschen ging. Sie musste sich zwingen, die nötigsten Einkäufe für ihre Familie zu erledigen. Dazu wählte sie Geschäfte, die bis spätabends geöffnet waren, sodass sie so wenigen Menschen wie möglich begegnete. Da sie eine begabte und sehr intelligente junge Frau war, sehnte sie sich nach Austausch und Freundschaft und nach einem Sinn in ihrem Leben. Doch leider fühlte sie sich hoffnungslos in ihren Lebensumständen gefangen. Sie war gefesselt durch Angst und Gewohnheit.

Wir begegneten uns, als wir unsere Kinder in den Kindergarten brachten. Man merkte sofort, wie schrecklich schüchtern Katie war. Darum verlief unser erstes Gespräch etwas gehemmt. Aber nach und nach erfuhr ich, dass sie die Frau eines angesehenen Diplomaten, eine hingebungsvolle Mutter und eine begabte Künstlerin war. Nachdem sie erfahren hatte, dass ich für meine Arbeit als Rednerin ein paar grafische Darstellungen brauchen konnte, überraschte sie uns beide, als sie eine Woche später mit einigen kreativen Entwürfen unter dem Arm vor meiner Türe stand. Wir kamen überein, dass sie mein Logo entwerfen sollte.

Etwa eine Woche später stand Katie wieder unerwartet vor unserer Tür. Ich bat sie herein und setzte mich mit ihr an den Esstisch. Eigentlich erwartete ich Besuch und hatte bis zum Abend noch eine Menge zu tun, aber ich spürte den Drang, mich mit Katie tiefer gehend zu unterhalten als bei ihrem ersten kurzen Besuch.

„Katie, ich freue mich sehr, dass wir uns durch unsere Kinder kennen gelernt haben!"

Sie lächelte zurück und nickte. „Ich mich auch."

„Eigentlich würde ich dir gern einiges von mir erzählen, damit wir uns noch besser kennen lernen", fuhr ich fort. Ich lächelte sie über den Tisch an und legte los. „Ich bin Christin und ich möchte dir gerne erklären, was das für mich bedeutet."

Und so erzählte ich Katie, dass ich in einer christlichen Familie aufgewachsen war, aber als junges Mädchen festgestellt hatte, dass ich eine persönliche Beziehung zu Gott brauchte. Ich sagte ihr, wie ich ihn in mein Leben eingeladen hatte und wie ich verändert wurde, nachdem ich ihm erlaubt hatte, mich zu führen. Ich erzählte ihr auch, wie mein Mann nach dem Sinn in seinem Leben gesucht und ihn in der Wahrheit des Wortes Gottes, der Bibel, gefunden hatte. Als ich fertig war, antwortete mir Katie unverblümt: „Das war wirklich eine interessante Geschichte, Jennie. Aber jetzt muss ich dir leider etwas sagen: An religiösen Sachen bin ich nicht interessiert! Ich habe mich schon als Teenager gegen alles, was nach Religion klang, gewehrt. Für mich ist es einfach Kinderkram. Darum hoffe ich sehr, dass du mir jetzt nicht jedes Mal, wenn wir zusammen sind, mit religiösen Dingen kommst!"

Das war für mich wie ein Schlag ins Gesicht. Immerhin gelang mir noch ein kleines entschuldigendes Lächeln. „Ich wollte dich auf keinen Fall kränken, Katie, und darum gebe ich dir gleich hier ein Versprechen. Ich werde niemals mehr mit dir über den Glauben und geistliche Dinge sprechen, es sei denn, du sprichst das Thema an. Und ich gebe dir noch ein zweites Versprechen: Ich verspreche, jeden Tag für dich zu beten, dass du – auch ohne dass ich ein Wort darüber sage – Christus in mir erkennst und Lust bekommst, ihn kennen zu lernen."

An diesem Tag ging sie sehr bald, doch nach etwa einer Woche kam sie das nächste Mal vorbei. Seit diesem einen Nachmittag waren unsere Treffen zunächst immer ein wenig steif, doch das legte sich sehr schnell. Und ich betete jeden Tag für meine neue Freundin.

Es vergingen einige Wochen. Dann klingelte morgens das Telefon. „Jennie, schau mal aus deinem Küchenfenster und sage mir, was du siehst." Es war Katie.

Es hatte in der Nacht geschneit und der Anblick war atemberaubend. „Ich sehe zentimeterhohen Schnee auf jedem Ast und Zweig liegen", sagte ich begeistert. „Die Sonne strahlt und der Schnee glitzert. Es ist herrlich, Katie!"

„Ja, hier auch. Jennie, erinnerst du dich noch an den Tag, an dem ich bei dir war und du mir die lange Geschichte über Gott erzählt hast und davon, wie du seinen Sohn Jesus in dein Leben eingeladen hast und wie Gott das Leben deines Mannes und all das verändert hat?"

Ich lächelte in den Telefonhörer hinein. „Natürlich, Katie, und ich hoffe, du hast gemerkt, dass ich mein Versprechen, dieses Thema nicht mehr anzuschneiden, gehalten habe! Ich habe auch das andere Versprechen gehalten. Ich habe jeden Tag für dich gebetet."

„Ja, das habe ich mir gedacht, dass du betest", sagte sie leise und fuhr dann fort: „An jenem Tag war ich so wütend, dass ich dich am liebsten geschlagen hätte, Jennie. Hast du das gemerkt? Als ich danach nach Hause kam und einige Tage vergangen waren, fühlte ich mich schrecklich verloren. Ich stellte fest, dass mein Künstlerblick nicht mehr da war. Bisher war ich in der Lage gewesen, aus dem Fenster zu schauen und einen Anblick, wie du ihn gerade beschrieben hast, auf dem Papier festzuhalten. Plötzlich war diese Gabe verschwunden. Das machte mir Angst und ich ärgerte mich. Ich habe auf dich geschimpft. Und ich fiel in meine alte Drogensucht zurück. Ich hoffte, das würde mir meine Kreativität zurückgeben, aber ich wurde nur noch frustrierter."

Mein Herz klopfte wild, während ich Katie zuhörte, und ich merkte, wie ich um Weisheit betete. Sie fuhr fort.

„Danach entschloss ich mich, es wie dein Mann zu machen und die Bibel zu lesen. Ich habe sogar mit dem Johannesevangelium angefangen, wie du es mir vorgeschlagen hattest. Eigentlich las ich es nur, um dir zu bestätigen, dass die ganze Sache wertlos ist. Stattdessen passierte etwas ganz anderes.

„Ich las regelmäßig ein Kapitel pro Tag. Ich war ganz zufrieden, dass die Geschichten mich nicht berührten, bis ich zum neunten Kapitel kam, wo Jesus sagt, dass er nicht nur die Blinden sehend machen möchte, sondern vor allem die, die glauben, sie könnten sehen, aber in Wirklichkeit blind sind. Ich habe das gelesen und plötzlich wurde mir meine eigene geistliche Blindheit klar! Ich fiel auf meine Knie. Kannst du dir das vorstellen? Ich schrie zu Gott und sagte ihm, wie verzweifelt ich seine Hilfe brauche, um wirklich sehen zu können, und dass ein solches Durcheinander in meinem Leben herrschte."

Ich spürte, wie mir die Tränen über die Wangen rannen. „O Katie. Weißt du, was du gerade gesagt hast? Du hast Gott dein Herz geöffnet!"

„Ja, das habe ich getan, Jennie, und dabei kam dieser unglaubliche Friede und diese Freude über mich. Ich habe dich nicht sofort angerufen, weil ich dachte: *Vielleicht verschwindet das Gefühl ja wieder.* Aber es ist noch da. Es wird immer stärker. Ich habe das Johannesevangelium zu Ende gelesen und angefangen, das ganze Neue Testament zu lesen. Könnte ich vielleicht bei dir vorbeikommen und mir ein paar Bücher von dir ausleihen? Es gibt noch eine Menge für mich zu lernen."

*

Es war spannend zu beobachten, wie sich Katies neues Leben entfaltete. Die einst so verschlossene und zerrissene junge Frau fand ihr Heil in Jesus Christus. Im Laufe der folgenden drei Jahre schrieb sie mir elf herrliche Briefe über ihr geistliches Erwachen und Erwachsenwerden. Ich möchte ein paar Passagen aus diesen Briefen zitieren, damit Sie die Wunder verstehen können, die Gott in Katies Leben wirkte.

1) *Ich bin überrascht, wie sehr Glaube und Vertrauen zu festen Bestandteilen meines neuen Lebens werden. Wenn man sich Gott zuwendet, ist das weit mehr als ein erster mutiger, vertrauensvoller Schritt.*
2) *Gott beginnt, tiefer in mein Leben einzugreifen und macht darin einen richtigen „Hausputz". (Ich stelle mir mein Leben immer als „Haus meiner Seele" vor.) Er untersucht vorsichtig und liebevoll ein paar sehr alte Themen meines Lebens. Jedes Problem ist wie*

ein großes, altes, verstaubtes Möbelstück, das im Keller meines „Seelenhauses" versteckt lag, und es ist höchste Zeit, es loszuwerden.

3) *Ich hatte ein großes Verlangen, dir alles das mitzuteilen, was passiert ist, seitdem wir uns das letzte Mal gesehen haben. Das Erstaunlichste ist mein geistliches Wachstum, das ich erlebe, wenn ich die Bibel lese und wenn ich bete.*
4) *Meine Gebete sind angefüllt von Lob und Dank, von Reue und von Bitten für mich und andere, und es geht immer weiter. Gebet ist für mich eine dynamische, lebensspendende Erfahrung geworden!*
5) *In meinem alten Leben konnte ich ein Problem entweder in eine Schublade schieben, es vergraben oder es verneinen. Ich konnte mich auch in eine andere Welt hineinrauchen oder mit einem Drink meinen Schmerz betäuben. Nun gibt es die alten Wege, mit Problemen umzugehen, für mich nicht mehr. Ich glaube, Gott lässt es zu, dass all diese Dinge wieder an die Oberfläche kommen, um sie endlich zu erledigen, damit mein Leben authentisch wird und in Ordnung kommt.*
6) *Ich besuche zwei Frauenbibelkreise. Das sind für mich die Höhepunkte der Woche, und ich glaube, dass die Kontakte, die ich dort knüpfe, der Anfang für einige sehr gute Freundschaften sein werden.*
7) *Der wahre Gott, der sich mir weiterhin offenbart, erfüllt mich mit einer unaussprechlichen Freude, mit Glück und Dankbarkeit.*
8) *Ich habe angefangen zu sehen, wie Gott für alle Bereiche meines Lebens sorgt und dass es seine Absicht ist, dass ich durch ihn in jedem dieser Bereiche „ganz" werde. Er bietet mir überall seine Hand. Ich brauche nicht allein zu kämpfen. Ich werde Stück um Stück verwandelt, je mehr sein Licht in mich eindringt. Er offenbart sich mir in „verdaulichen" kleinen Portionen.*
9) *Ich erkenne die Wirklichkeit der Veränderung und sehe echte Heilung, die durch Gott möglich ist. Der Prozess des Heilwerdens ist unbeschreiblich! Wenn ich bereit bin, Dinge an ihn abzugeben, dann gibt er mir mehr zurück, als ich es je für möglich gehalten hätte ... Er kann uns tatsächlich zu neuen Menschen machen. Wenn ich mich umschaue und die verhärteten Herzen und kaputten Persönlichkeiten sehe, dann kann ich mein Vertrauen in ihn setzen, der wahrhaftig alles vermag. Heute ist es für mich leicht zu glauben, da er mein eigenes Leben von Grund auf verändert hat.*

10) *Rückblickend sehe ich, dass ich zeitweise durch gefährliches Territorium gegangen bin. Ich war versucht, einem Abklatsch von dem, was ich in Wirklichkeit wollte, nachzujagen ... Darin besteht die große Prüfung – zu sehen, ob man etwas ablehnen kann, was man unbedingt möchte, weil man einfach weiß, dass es nicht richtig ist. Zwei Monate habe ich in dieser Hinsicht gekämpft. In jener Zeit fand ich nur wirklichen Frieden, wenn ich sagen konnte: „In Ordnung, Gott, ich überlasse es dir."*
11) *Ich bin durch alles nur hindurchgekommen, indem ich mir vor Augen gehalten habe, welchen Status ich jetzt habe – nämlich den, dass ich vor Gott gerechtfertigt bin durch seinen Sohn Jesus Christus –, und indem ich an dieser Rechtfertigung festgehalten habe, dadurch, dass ich mich ihm voll und ganz überlassen habe. Danke, dass du das alles durchgelesen hast, Jennie. Mir wird ganz warm ums Herz, weil ich weiß, dass wir immer miteinander reden können, ganz gleich, wie lange es dauert, weil das, worüber wir sprechen, zeitlos ist.*

Alles Liebe,
Katie

Gebet

Lieber himmlischer Vater, danke, dass du zuhörst, wenn ich bete. Die Tatsache, dass du dich um die Einzelheiten meines Lebens kümmerst, eingreifst, mich schützt und führst, füllt mich mit Vertrauen, wenn ich durch ungewisse Tage gehe. Danke für deine erstaunliche Macht, mich und andere von den Lasten zu befreien, die wir durch die Fesseln der Sünde tragen. Du bist wirklich ein herrlicher Gott!

Danke für die Bibel, dein wertvolles heiliges Wort. Es lehrt mich, wie ich leben soll, und macht mir Mut zu beten. Herr, bitte greif du in mein Leben ein und mache Hausputz in meinem Seelenhaus. Bitte hilf mir, dass ich Hunger nach Gerechtigkeit habe und die Dinge ablege, die mich von einer guten Beziehung zu dir abhalten.

Ich liebe dich, Vater. Danke, dass du mich auch liebst.

In Jesu Namen, amen.

Mein fester Vorsatz für morgen

Morgen will ich einen „Gebetsspaziergang“ machen, das heißt, ich will spazieren gehen, um ungestört Zeit mit Gott zu verbringen. Ich will beim Gehen mit ihm reden, ihn loben und ihm für seine Schöpfung danken. Ich will mich ihm auch öffnen und ihm die Sorgen nennen, die mich beschweren. Falls eine Freundin oder mein Mann mich begleiten wollen, werden wir abwechselnd leise oder laut im Gehen beten. Wenn ich morgen nicht spazieren gehen kann, will ich einen anderen Weg suchen, wie ich mit Gott Zeit im Gebet verbringen kann.

Ich will mir in Erinnerung rufen, wie Gott in letzter Zeit meine Gebete erhört hat, und ihm dafür danken.

Ich nehme mir vor, regelmäßig und treu für eine Person aus meinem Bekanntenkreis zu beten, die Befreiung durch Jesus Christus braucht.

Zum Nachdenken

Hat sich durch das Lesen dieses Buches etwas in meinem Leben verändert?

Bibellese: Apostelgeschichte 12,1–24

1 Um diese Zeit ließ König Herodes ver-
schiedene Mitglieder der Gemeinde von
Jerusalem festnehmen und schwer miss-
handeln. 2 Jakobus, den Bruder von Jo-
hannes, ließ er enthaupten. 3 Als er
merkte, dass dies den Juden gefiel, ging
er noch einen Schritt weiter und ließ
auch Petrus gefangen nehmen - gerade
in den Tagen des Passafestes. 4 Petrus
wurde ins Gefängnis gebracht; zu seiner
Bewachung wurden vier Gruppen zu je
vier Soldaten abgestellt, die einander
ablösen sollten. Herodes wollte ihm nach
dem Fest vor allem Volk den Prozess ma-
chen. 5 So saß Petrus also streng be-
wacht im Gefängnis. Die Gemeinde aber
betete Tag und Nacht inständig für ihn
zu Gott. 6 In der Nacht, bevor Herodes
ihn vor Gericht stellen wollte, schlief
Petrus zwischen zwei der Wachsoldaten,
mit Ketten an sie gefesselt. Vor der Tür
der Zelle waren die zwei anderen als
Wachtposten aufgestellt. 7 Plötzlich
stand da der Engel des Herrn, und die
ganze Zelle war von strahlendem Licht
erfüllt. Der Engel weckte Petrus durch
einen Stoß in die Seite und sagte:
„Schnell, steh auf!" Da fielen Petrus die
Ketten von den Händen. 8 Der Engel
sagte: „Leg den Gürtel um und zieh die
Sandalen an!" Petrus tat es, und der
Engel sagte: „Wirf dir den Mantel um
und komm mit!" 9 Petrus folgte ihm
nach draußen. Er wusste nicht, dass es

Wirklichkeit war, was er da mit dem Engel erlebte; er meinte, er hätte eine Vision. 10 Sie kamen ungehindert am ersten der Wachtposten vorbei, ebenso am zweiten, und standen schließlich vor dem eisernen Tor, das in die Stadt führte. Das Tor öffnete sich von selbst. Sie traten hinaus und gingen die Straße entlang, doch als Petrus in die nächste einbog, war der Engel plötzlich verschwunden. 11 Als Petrus zu sich kam, sagte er: „Es ist also wirklich wahr! Der Herr hat seinen Engel geschickt, um mich vor Herodes zu retten und vor dem zu bewahren, was das jüdische Volk sich erhofft hat!" 12 Als ihm das klar geworden war, ging er zu dem Haus, das Maria gehörte, der Mutter von Johannes mit dem Beinamen Markus. Dort waren viele Christen versammelt und beteten immer noch für seine Freilassung. 13 Petrus klopfte an das Hoftor, und die Dienerin Rhode kam, um zu hören, wer draußen sei. 14 Als sie Petrus an der Stimme erkannte, vergaß sie vor Freude, das Tor zu öffnen; sie rannte ins Haus und meldete, Petrus stehe draußen. 15 „Du bist nicht ganz bei Verstand!", sagten die im Haus. Und als Rhode darauf bestand, meinten sie: „Das ist sein Schutzengel!" 16 Petrus aber klopfte und klopfte, bis sie schließlich aufmachten. Als sie ihn sahen, gerieten sie außer sich. 17 Er bat mit einer Handbewegung um Ruhe und erklärte ihnen, wie ihn Gott aus dem Gefängnis befreit hatte. „Berichtet das Jakobus und allen anderen Brüdern und Schwestern!", sagte er. Dann verließ er Jerusalem. 18 Als es Tag wurde, gab es bei der Wachmannschaft eine große Aufregung, weil Petrus verschwunden war. 19 Herodes ließ überall nach ihm suchen, aber vergeblich. Darauf verhörte er die Soldaten. Er befand sie für schuldig und ließ sie hinrichten. Danach begab sich Herodes von Jerusalem hinab nach Cäsarea in seine Hauptresidenz. 20 König Herodes lag im Streit mit den Bürgern von Tyrus und Sidon, und sein Zorn über sie war groß. Nun hatten sie eine Abordnung geschickt und um eine friedliche Beilegung des Konflikts gebeten. Den königlichen Palastverwalter Blastus hatten sie dafür gewonnen, beim König ein Wort für sie einzulegen. Die Bürger von Tyrus und Sidon waren nämlich für ihre Lebensmittelversorgung auf Lieferungen aus dem Gebiet des Königs angewiesen. 21 An dem Tag, an dem die Beilegung des Streits feierlich verkündet werden sollte, nahm Herodes in der Pracht seiner königlichen Gewänder auf der Tribüne Platz und hielt in öffentlicher Volksversammlung eine Rede an die Abordnung aus Tyrus und Sidon. 22 Das Volk von Cäsarea aber rief laut: „So redet ein Gott, nicht ein Mensch!" 23 Im selben Augenblick schlug ihn der Engel des Herrn – weil er sich als einen Gott feiern ließ, anstatt dem wahren Gott die Ehre zu geben. Der König wurde von Würmern zerfressen und starb. 24 Die Botschaft Gottes aber breitete sich aus und die Zahl der Glaubenden nahm immer mehr zu.

Anmerkung: Lukas, der erste Historiker der frühen Kirche, hat diese Geschichte zwischen 63 und 70 n. Chr. aufgeschrieben.

Nachwort

Mit diesem Buch wollte ich Ihnen einen Vorgeschmack auf das geben, was die Bibel zu sagen hat. Ich hoffe, es hat Ihren Appetit angeregt, Gottes Wort zu öffnen und ein wenig tiefer darin zu lesen, um zu sehen, wie sich Gottes Wort auf Ihr Leben anwenden lässt. Ich bete dafür, dass die Geschichten einen Hunger in den Herzen derjeniger meiner Leser hinterlassen, die bisher keine persönliche Beziehung zu Gott hatten, und dass sie sie veranlassen, nach dem Einen zu suchen, der sie liebt und die Macht hat, Freiheit, Frieden und Ganzheit in ihr Leben zu bringen.

Wer auf ihn hört, bestätigt damit, dass Gott die Wahrheit sagt.
Johannes 3,33

Anmerkungen

Ein Bund, der im Himmel geschlossen wurde

[1] Dr. Bruce H. Wilkinson: *Das Gebet des Jabez,* Gerth Medien GmbH, Asslar 2002, S. 21.

[2] Ralph Gower: *The New Manners and Customs of Bible Times,* Chicago: Moody Press, 1987, S. 236–237.

[3] Ebd., S. 54.

Vertrauen wagen

[1] Quelle unbekannt

[2] Originalquelle der Geschichte nicht bekannt. Grundidee wurde von der Autorin dieses Buches übernommen.

Zuerst komm ich! Zuerst ich!

[1] Rabbi Josef Telushkin: *Biblical Literacy,* New York: William Moorow and Company 1997, S. 130.

[2] Diese Geschichte ist auch in Carol Kent: *Mothers Have Angel Wings,* Colorado Springs: Nav Press, 1997, erschienen.

[3] Walter Elwell: *Baker Commentary on the Bible,* Grand Rapids: Baker 1989, S. 86.

Der Stolze nimmt ein Bad

[1] A. R. Fausset: *Faussets Bible Dictionary,* Grand Rapids: Zondervan, 1981, S. 430.

[2] Bruce Wilkinson and Kenneth Boa: *Talk Thru the Old Testament,* Nashville: Thomas Nelson 1983, S. 92.

Liebe Abby!

[1] Susan Hunt: *Spiritual Mothering,* Wheaton, Ill.: Crossway Books 1992, S. 146.

[2] *Our Daily Bread,* Grand Rapids: RBC Ministries, Datum und Autor unbekannt.

Gottes Angesicht in der Hektik des Lebens suchen

[1] Quelle unbekannt

[2] John Powell. *Why Am I Afraid to Tell you Who I Am?,* Allen, Tex.: Thomas More 1993, S. 11.

[3] Gower: *The New Manners and Customs of Bible Times,* S. 178.
[4] einer Studie über den Beruf der Zöllner aus dem Verzeichnis „Jobs and Occupations" aus *The Word in Life Study Bible,* Nashville: Thomas Nelson 1996, S. 2449 entnommen

Seht mal, wer zum Essen kommt!

[1] Originalquelle unbekannt. Grundidee wurde von der Autorin dieses Buches übernommen.
[2] Herbert Lockyer: *All Woman of the Bible,* Grand Rapids: Zondervan, 1988.
[3] Jeanne W. Hendricks: *A Woman for All Seasons,* Nashville: Thomas Nelson 1977, S. 152.
[4] Gower: *The New Manners and Customs of Bible Times*, S. 2427.
[5] einer Studie über Lukas 23,49 in *The Word in Life Study Bible* S. 1846 entnommen
[6] Randy Alcorn: *Can't You See That I'm Busy?*, Moody, Oktober 1984, S. 36.
[7] Matthew Henry: *Matthew Henry's Commentary on the Whole Bible*, Marshallton, Del.: The National Foundation for Christian Education, 1845, S. 397.

„Du kommst spät, Gott! Wo warst du, als ich dich brauchte?"

[1] einer Notiz zu Matthäus 26,3–5 in *The Word in Life Study Bible* auf S. 1693 entnommen
[2] einer Notiz zu Johannes 12,1–8 in *The Word in Life Study Bible* auf S. 1894 entnommen
[3] einer Notiz zu Lukas 9,51 in *The Student Bible,* New International Version, Grand Rapids: Zondervan 1986, S. 1077, entnommen
[4] Henry: *Matthew Henry's Commentary on the Whole Bible,* S. 607.
[5] Dee Brestin and Kathy Troccoli: *Falling in Love with Jesus,* Nashville: Word 2000, S. 32.
[6] Ebd., S. 173.
[7] Carol Kent: *Secret Longings of the Heart,* Colorado Springs: NavPress 1997, S. 204.

Dem Tod entronnen!

[1] Lockyer: *All the Women of the Bible*, S. 141.
[2] *Life Application Bible*, New International Version, Wheaton. Tyndale House and Grand Rapids: Zondervan, 1991, S. 1974.

[3] A. T. Robertson: *Word Pictures in the New Testament,* Grand Rapids: Baker, 1990, zitiert bei http://bible.crosswalk.com

[4] Ebd.

[5] Henry: *Matthew Henry's Commentary on the Whole Bible,* Band 3, S. 803.

[6] *The Word in Life Study Bible,* S. 1921.

[7] Dieses Zitat ist einer Studie zu Apostelgeschichte 12,4 in *Life Application Bible,* New International Version, S. 1974 entnommen.

[8] Quin Sherrer and Ruthanne Garlock: *A Woman's Guide to Spiritual Warfare,* Ann Arbor, Mich.: Servant Publications, 1991, S. 33–34.

[9] J. Vernon McGee, Apostelgeschichte Kapitel 1–14, Thomas Nelson 1991, S. 139.